HISTOIRE
DES CAMPAGNES
DE 1814 ET DE 1815.

Actuellement sous presse pour paroître à la fin de février 1816.

Le troisième volume de l'*Histoire des Campagnes de 1814 et de 1815*, comprenant tous les événemens de 1815.

Ouvrages du même auteur, qui paroîtront en 1816.

Histoire générale de la Guerre d'Espagne depuis 1807 jusqu'en 1814; précédée d'un discours préliminaire sur la monarchie espagnole, depuis son origine jusqu'en 1807. Quatre vol. in-8°. de 500 pages chacun, avec une carte du théâtre de la guerre.

Histoire complète de la Guerre de la Vendée, depuis son origine jusqu'en 1815. Quatre vol. in-8°. de 500 pages chacun, avec carte et portraits. Cette quatrième édition, retardée par la communication successive de nombreux documens et de mémoires particuliers, sera la dernière; elle comprendra l'histoire détaillée des royalistes de l'Ouest, depuis 1790 jusqu'à la seconde paix de Paris au 20 novembre 1815.

N. B. Les personnes qui souscriront *par soumission* pour les deux ouvrages, obtiendront la réduction d'un quart sur le prix de la vente. S'adresser, franc de port, à M. le Normant, rue de Seine.

IMPRIMERIE DE LE NORMANT, RUE DE SEINE, N°. 8.

HISTOIRE
DES CAMPAGNES
DE 1814 ET DE 1815,

Comprenant l'Histoire Politique et Militaire des deux Invasions de la France, de l'entreprise de Buonaparte au mois de mars, de la chute totale de sa puissance, de la double restauration du Trône, et de tous les événemens dont la France a été le théâtre, jusqu'à la seconde Paix de Paris, inclusivement.

RÉDIGÉE SUR DES MATÉRIAUX AUTHENTIQUES
OU INÉDITS,

PAR M. ALPHONSE DE BEAUCHAMP,

CHEVALIER DE LA LÉGION-D'HONNEUR.

TOME PREMIER.

PARIS,
LE NORMANT, IMPRIMEUR-LIBRAIRE.
1816.

PRÉFACE

DE LA NOUVELLE ÉDITION.

L'Histoire des Campagnes de 1814 et de 1815 ne seroit que l'histoire de la chute rapide de l'empire de Napoléon, si elle ne comprenoit aussi le tableau détaillé de la restauration du trône de saint Louis. Quand je composai la première partie de cet ouvrage, j'étois loin de m'attendre que le grand drame qui en formoit le sujet auroit deux dénoûmens, et que je n'en étois encore qu'au premier. Absorbé dans un immense travail, dont la promulgation de la Charte royale devoit être le terme, je n'apercevois point l'abîme qui commençoit à s'entr'ouvrir sous nos pas. Un court intervalle de repos me suffit pour en mesurer toute la profondeur, et j'en fus effrayé. Je pressentis qu'un complot alloit éclater pour renverser le trône légitime et bouleverser l'Europe (1). Mais tel étoit alors l'aveuglement de la cour et du ministère, que mille indices et mille avis certains ne purent rompre le talisman fatal d'une trompeuse sécurité. LE MAL RÉSIDOIT DANS LA NATURE MÊME DES CHOSES.

Mon ouvrage parut sous ces tristes auspices.

Les premières réclamations auxquelles il donna lieu, furent inspirées par de nobles motifs : tous les royalistes de la capitale vouloient avoir participé à la journée du 31 mars, sentiment honorable, expression de leurs vœux et de leurs volontés pour le rétablissement du trône légitime (2).

Après avoir réclamé partout des faits et des preuves, j'invoquai publiquement les lumières

---

(1) Je l'annonçai positivement à plusieurs personnes, entre autres à un grand du royaume, M. le duc de F., l'un des plus zélés partisans de la cause des Bourbons.

(2) Voyez la note qui est à la page 275 du second tome.

d'une critique franche, historique, impartiale. De même que les peintres de l'antiquité exposoient leurs tableaux aux regards du public pour s'enrichir des remarques de la critique, je soumis au jugement de mes concitoyens le tableau historique des événemens politiques et militaires de 1814.

Je m'étois proposé d'éclairer la nation, et de confondre, par l'ascendant de la vérité, les adhérens d'une domination cruelle; mais déjà ils disposoient des sources de l'opinion, et s'efforçoient de la soulever contre un ouvrage plein de révélations importunes.

Toutes les passions furent déchaînées. Plus l'ouvrage fit du bruit, plus il intéressa la curiosité publique, et plus on le décria, pour en amortir l'influence, par un dénigrement concerté. Une foule de journaux et de pamphlets m'attaquèrent avec autant d'acharnement que d'injustice. Le dépit et la fureur enfantèrent des critiques bruyantes, pleines de malveillance et d'amertume; quelques-unes même dégénérèrent en calomnie et en diffamation (1). Celui-ci prétendoit, avec autant d'aigreur que de mauvaise foi, que j'avois humilié l'armée ; que j'avois exalté les étrangers aux dépens de la nation : celui-là soutenoit que je n'avois écrit que sous la dictée de l'ennemi, et que j'étois pensionné par les puissances étrangères.

J'avois pressenti ce déchaînement (2).

Le dirai-je ? ce fut même sans surprise que je vis, dans les rangs de mes adversaires, des écrivains périodiques hautement prononcés pour la restauration. Toutefois il ne s'agissoit point d'une pure discussion littéraire, mais d'une controverse politique qui intéressoit essentiellement l'autorité royale. Les journaux étant sous la main du ministère, il étoit visible que j'étois pour le moins *abandonné*, moi qui, dans un ouvrage régulier et répandu,

---

(1) Voyez le recueil du *Nain Jaune*, depuis janvier jusqu'au mois de juin 1815.
(2) Voyez la préface de la première édition.

venois de flétrir l'usurpation, et de proclamer, comme un bienfait divin, la restauration et la paix du Monde. Etoit-ce pour avoir tonné contre Napoléon et contre ses adhérens, qu'on me livroit ainsi aux ennemis cachés de la restauration? Quelle foiblesse de la part du ministère! ou plutôt quelle indigne animosité d'un ministre armé d'une confiance usurpée, qualifiant de libelliste l'écrivain qui avoit osé révéler toutes les circonstances de ses revers! Ainsi, dans ma propre cause commença le procès de la restauration.

Examinons d'abord les principales imputations de mes critiques. Avec quelle franchise remarquable M. D., dans le Journal de Paris (1), ne m'a-t-il pas reproché de m'être montré partout comme une *puissance conjurée* contre Napoléon; m'indignant, dans la soif de sa ruine, contre tous les obstacles qui la retardoient; attaquant, comme s'ils me résistoient encore,

---

(1) Du 16 février 1815.

et *les vils suppôts du despotisme et les lâches esclaves de la tyrannie?* Ici j'ai mérité, je l'avoue, toute l'animadversion du critique, et j'essaierois en vain de me justifier. Il seroit même douteux aujourd'hui encore que M. D. voulût recevoir mes motifs pour excuse.

Mais si toutes les leçons de l'histoire ne sont pas perdues, peut-être conviendra-t-il que mes jugemens n'étoient pas si hasardés; que je ne voyois pas tout-à-fait sous un faux jour le côté politique et moral des événemens, ainsi qu'il l'assuroit à ses lecteurs. Je puis donc en appeler de ses arrêts contre moi, et persister à croire qu'il eût fallu que la nation entière eût participé au renversement de Napoléon.

Mais ne devinoit-il pas juste, M. D.; ne lisoit-il pas dans l'avenir, quand il soutenoit que la Campagne de 1814 étoit encore à faire? Hélas! oui, elle étoit à refaire en 1815, pour le malheur de la patrie. Pourquoi M. D. n'en a-t-il pas prévu les conséquences funestes?

Convenons toutefois que ses observations,

exemptes au moins de personnalités offensantes, n'ont pas toujours porté à faux, surtout quand elles se sont bornées à la critique de détail. M. D. m'a justement reproché quelques omissions, quelques inexactitudes ; j'y ai eu égard, ayant pour maxime de déférer même à la critique la plus passionnée, quand elle porte sur des faits positifs. Je n'écris que pour émettre la vérité avec une entière indépendance, sans avoir la ridicule prétention de produire des ouvrages irréprochables. Si mon talent n'a pas toujours répondu à mon zèle, du moins ai-je senti dans cet ouvrage toute l'importance de mon sujet.

Je dois repousser maintenant une critique plus partiale et plus virulente, qui semble avoir eu pour objet d'exciter l'indignation de l'armée contre moi (1).

M. B—re m'a accusé, dans la Gazette de France, de n'avoir écrit l'Histoire de la Cam-

---

(1) Article signé B—re dans le n° de la Gazette de France du 10 février 1815.

pagne de 1814 qu'avec les bulletins de l'ennemi ? Si M. B—re fût resté dans les bornes d'une critique décente, il eût pu dire, avec raison, que l'historien doit toujours être en garde contre les exagérations ou les réticences de ces premiers documens rédigés à la hâte et sous l'influence d'une politique intéressée et mensongère ; mais qu'il ne doit pourtant pas se dispenser de les consulter, et que c'est de la comparaison des relations des deux partis, modifiée par les renseignemens particuliers qu'apparoît la vérité dans tout son jour. La plus insigne mauvaise foi pourroit seule refuser de reconnoître que mes récits reposent sur cette base inattaquable. Ce n'est jamais qu'après avoir tout lu et tout comparé que j'ai pris la plume. Selon M. B—re, ce seroit par ses fondemens même que pécheroit mon ouvrage. Citons ses propres expressions.

« Ainsi, dit-il, les étrangers qui décriront
» un jour les événemens, se croiront autori-
» sés, d'après l'historien, à omettre nos faits

» d'armes les plus éclatans ; à porter aux nues
» comme des retraites glorieuses, ou des ma-
» nœuvres brillantes, les défaites les mieux
» constatées des généraux russes ou prussiens. »

Où sont les faits d'armes éclatans de l'armée française que j'ai passés sous silence? où sont les défaites les mieux constatées de l'ennemi que j'ai élevées aux nues comme des manœuvres brillantes ? Je porte au critique le défi le plus formel de rien préciser de semblable.

« Selon l'historien, poursuit-il, dans les
» différentes occasions où les alliés ont été bat-
» tus en Champagne, ils n'avoient jamais que
» quinze ou trente mille combattans à opposer
» à soixante mille hommes, presque tous de
» l'armée d'Espagne ou de la vieille garde.
» C'est ainsi qu'à Montmirel, à Craonne et
» à Reims, les alliés ne trouvent presque per-
» sonne pour se tirer des mauvais pas où ils
» se sont engagés ; et, par une inconcevable fa-
» talité, cela se répète toutes les fois qu'ils
» rencontrent l'armée française.

» A toutes les époques de la campagne, » M. de Beauchamp nous montre Buonaparte » à la tête de soixante mille hommes. On le » rencontre partout avec la même armée. Ce- » pendant l'historien lui en fait perdre vingt » mille à Brienne, par le seul effet de la dé- » sertion, sans compter les six mille qu'il » laisse sur le champ de bataille. Le reste fond » à vue d'œil dans les combats, dans les hô- » pitaux, dans les marches forcées, et di- » minue enfin par les pertes continuelles en » prisonniers de guerre. »

Il faut, ou n'avoir pas lu le livre qu'on critique, ou s'être fait un jeu de le dénigrer, pour le condamner avec cette légèreté malveillante.

Si dans plusieurs engagemens partiels, à Montmirel, à Nangis, à Montereau, à Reims, à Craonne même, Buonaparte, en multipliant ses forces par le mouvement, s'est trouvé supérieur en nombre aux alliés, c'est un fait positif qu'on n'a jamais pu révoquer en doute.

Ses adversaires tâtonnoient, craignoient de s'engager, et cette faute de leur part je ne l'ai point dissimulée dans mon ouvrage.

Y trouve-t-on, ainsi que l'affirme M. B—re, que les alliés n'aient jamais eu que quinze ou trente mille combattans à opposer aux soixante mille hommes de l'armée de Buonaparte ? Qu'on lise mes descriptions des batailles de Brienne, de Laon et d'Arcis, et on verra précisément le contraire de ce que m'attribue faussement le critique. C'est parce que Napoléon trouva toute la grande armée alliée réunie, qu'il refusa la bataille à Arcis-sur-Aube, où il avoit espéré surprendre l'ennemi en détail.

Qu'auroient dit mes lecteurs, qu'auroient pensé les militaires des deux partis, si j'avois adopté les évaluations de M. B—re, qui fait monter les forces agissantes des alliés en 1814 à cent vingt mille hommes de cavalerie et à cinq cent mille hommes d'infanterie ? A peine eurent-ils successivement deux cent mille hommes engagés contre l'armée de Champagne, commandée par Napoléon en personne ; mais n'étoit-ce donc rien que d'être trois contre un ?

Quant à l'évaluation de cette armée de Champagne dans laquelle M. B——re a trouvé une contradiction si choquante, il n'en est pas moins constant que si l'armée augmentoit par les renforts venus d'Espagne, et par les levées que Napoléon essayoit partout, elle diminuoit dans une proportion presque égale par les marches, les combats et les désertions.

L'avouerai-je pourtant, le critique me parut triompher de moi dans la déclaration suivante : « Je puis certifier, dit-il avec assurance, qu'il » n'y a pas un seul des documens de l'histo- » rien, qui soit exact par rapport aux opéra- » tions militaires qui ont eu lieu dans la Bel- » gique ; pas un seul événement qui se soit » passé de la manière qu'on indique. »

Que pouvois-je opposer à une assertion

aussi positive de la part d'un homme qui, chargé par Buonaparte de la police générale d'Anvers, s'étoit trouvé à portée d'explorer les opérations de cette partie du théâtre de la guerre? Je crus à la sincérité de M. B—re quand, dans une rencontre fortuite, s'excusant sur ce qu'il appeloit la franchise de sa critique, il m'offrit gracieusement des documens et des mémoires propres à rectifier mes erreurs. C'étoit vers la fin de février; et sans doute que ma seconde édition paroissoit alors très-aventurée à M. B—re. Survint en effet le 20 mars; et bientôt après, la rechute rapide de Napoléon. Sommé alors de produire ses documens, ses notes, ses mémoires, le critique n'a pu me donner en résultat que la preuve certaine de sa mauvaise foi littéraire.

N'est-ce pas lui encore qui a osé m'accuser avec tant d'injustice d'avoir ravalé la gloire des armées françaises, et d'être resté insensible aux maux que la guerre a versés sur ma patrie, tandis que presque toutes les pages de mon livre sont un hommage rendu à la valeur de nos soldats, et respirent la profonde douleur dont les infortunes de la France ont pénétré mon âme?

Mais quelques consolations m'étoient réservées : d'autres critiques (1), et je n'en ai pas perdu le souvenir, en donnant l'exemple de ces discussions franches et polies qu'inspirent la bonne foi et l'intérêt de la vérité, ont rendu toute justice à la pureté de mes intentions.

« N'oublions pas, a dit le Mercure de
» France, que l'histoire n'est pas la satire.
» Juvenal accuse les grands coupables ; Tacite
» les condamne.

» L'auteur de la Campagne de 1814 ne dé-
» clame point contre l'oppresseur; mais en sa
» qualité d'historien il lui prononce son arrêt,
» et son indignation n'est que celle d'un juge
» convaincu.

» . . . . . . *Partout il rend l'hommage le*

———

(1) Le Journal Général, le Mercure de France et le Journal des Débats.

» *moins équivoque à la valeur des armées*
» *françaises......* »

Tel fut aussi le témoignage d'un critique du premier ordre (1). « Les écrivains qui ont
» dénigré avec fureur M. de Beauchamp, a-t-il
» dit, l'ont accusé d'avoir voulu flétrir la gloire
» de nos armées et les lauriers de nos soldats.
» Rien n'est plus injuste, rien n'est plus perfide
» que cette accusation : la valeur de nos troupes
» est célébrée dans chaque récit et à chaque page
» dans l'Histoire de la Campagne de 1814. »

Ce jugement impartial fut porté également par tous les lecteurs de bonne foi. Mais j'étois coupable aux yeux de mes détracteurs d'avoir exercé le droit de censure politique, inhérent au genre sévère de l'histoire ; d'avoir eu le courage de suivre cette maxime de Cicéron : *Ne quid veri tacere non audeat.* Qu'on ne s'étonne donc pas si j'ai été en butte aux accusations les plus injustes.

---

(1) Voyez l'article signé A dans le n° du Journal des Débats du 6 mars 1815.

Les vrais motifs de ce déchaînement n'échappèrent point au judicieux critique dont je viens de rapporter le témoignage.

« C'est surtout aux ouvrages historiques
» des époques extrêmement récentes, a-t-il
» ajouté (1), qu'il faut appliquer cet adage
» connu : *Pro captu lectoris habent sua fata*
» *libelli*. M. de Beauchamp en a fait l'épreuve,
» et il a dû s'y attendre. Plus les intérêts sont
» divers, les passions exaltées, les commo-
» tions violentes, les changemens importans,
» et plus l'historien qui retrace cette période
» d'agitation et de convulsion politique, est
» exposé à la diversité, et même à la contra-
» diction des jugemens. M. de Beauchamp ne
» pouvoit donc échapper à ce partage d'opi-
» nions, ni même au dénigrement d'un parti.
» Très-franc et très-décidé dans l'expression
» de ses sentimens, ennemi déclaré de l'an-
» cienne tyrannie, appelant de tous ses vœux

---

(1) Même article déjà cité du Journal des Débats.

» la révolution qui s'est opérée, il a dû dé-
» plaire aux amis, aux agens, aux suppôts de
» cette tyrannie, qui ont pour représentans
» les écrivains de cette *police littéraire* que
» s'étoit adjointe la police du despotisme. »

C'étoient ces mêmes hommes qui préparoient alors contre moi, avec une joie fréné-
tique, un triomphe qui devoit satisfaire leur
vindicative animosité. Profitant d'une erreur
involontaire qui s'étoit glissée dans l'un de mes
récits, on les vit bientôt envenimer avec la
plus radieuse confiance un procès bruyant
et scandaleux, procès suscité par l'esprit de
parti, plus encore que par le besoin d'une
juste réparation. Accusé, comme historien,
d'avoir imprimé à un fait le caractère de la
calomnie, je fus arraché de mes travaux paisibles, et traduit devant un tribunal de police
correctionnelle. En vain j'offris la réparation
publique de mon erreur involontaire. Des
juges, qui n'auroient dû voir dans la plainte
portée contre moi que le mouvement de l'or-

gueil blessé, et l'animosité d'une faction ; des juges auxquels il ne pouvoit échapper que cette cause étoit transformée en procès politique, portèrent contre moi une condamnation dont la rigueur étonna même mes ennemis. Ce jugement, on le qualifia de *révolutionnaire*, ayant été rendu *neuf jours après* le débarquement de l'usurpateur, marchant sur Paris, secondé par ses complices, et dans une cause où il pouvoit être considéré comme le véritable accusateur. Ici je dois m'arrêter, les convenances et mon propre caractère m'imposent l'obligation d'étouffer la plainte. Mes adversaires, l'un avoué, l'autre caché, se trouvent aujourd'hui sous le poids d'une accusation nationale ; ils gémissent peut-être dans le repentir ou dans le remords, et la récrimination doit expirer sur mes lèvres. Quant à ma justification historique, on la trouvera dans le texte même de cette édition nouvelle (1).

---

(1) Elle devoit naturellement résulter de certaines pièces qui auroient complété ma justification morale, mais qu'il me

Je dois révéler pourtant (et ceci leur est étranger) la suite scandaleuse donnée à ce procès politique. Condamné au milieu de la crise affreuse du 20 mars, en fuite alors, et ne pouvant en appeler sans danger, je ne rentrai que vers la fin de juillet dans mon domicile. A peine avois-je passé quelques jours au sein d'un repos si chèrement acheté, que l'ex-procureur-général Legoux me fit signifier, au nom *de Napoléon, empereur des Français*, ce même jugement rendu le 9 mars, tandis que le roi jouissoit encore dans sa capitale de la plénitude de ses droits, et quoique la signification portât la date du 3 août (1); elle étoit donc à la fois monstrueuse et illégale : illégale, en ce que le jugement n'étant que de première instance, ce n'étoit pas au procureur-général qu'il appartenoit d'en suivre l'exécution, mais à M. le procureur du roi.

---

fut interdit de produire pour ma défense. Voyez au surplus les pag. 455 et 487, tom. II, et la note qui est au bas de la pag. 487.

(1) Près d'un mois après la rentrée du Roi.

C'étoit ce même esprit d'animosité et de vengeance, qui, pendant les trois mois d'interrègne, avoit réchauffé et entretenu contre ma personne la rage des pamphlétaires.

Je ne m'abaisserai point ici à répondre aux invectives, et à repousser des calomnies. L'écrivain laborieux qui passe sa vie dans l'étude et dans l'exercice des lettres, qui, fuyant l'intrigue comme la bassesse, n'importune ni les ministres, ni les grands, qui ne se mêle ni aux factions ni aux coteries ; qui n'a jamais professé, dans ses ouvrages, que les principes de la plus saine politique et de la plus pure morale ; l'écrivain qui n'a reçu, pour toute faveur depuis qu'il s'est voué au genre sévère de l'histoire, que des persécutions ou un abandon décourageant ; qui ne trouve une honorable indépendance et quelques compensations que dans le succès de ses travaux ; cet écrivain, disons-le hautement, ne redoute ni la malveillance, ni la diffamation : il peut tout attendre du temps et du calme des passions politiques.

Que mes adversaires renoncent donc à me décourager. Doué d'une constance inébranlable et d'une patience à toute épreuve, rien ne me détournera de la carrière que je me suis frayée moi-même. Enfoncé dans le genre épineux de l'histoire contemporaine, j'y persévèrerai, et aucun obstacle ne pourra me rebuter.

Telle est ma seule défense ; je la devois à ma réputation qui est inséparable du succès moral de mes ouvrages.

Il me reste à rendre compte maintenant du travail de cette édition nouvelle de la Campagne de 1814.

J'ai déjà déclaré que j'avois profité de toutes les critiques, même des plus passionnées.

Les corrections se réduisent à des retranchemens et à des additions considérables.

On m'a reproché trop de détails militaires et géographiques ; mais, à cet égard, mon excuse est dans le sujet même que j'ai traité. Devois-je écrire l'histoire d'une invasion si mémorable sans faire connoître la marche et le mouvement des troupes; sans donner la description des combats, des batailles et du terrein devenu le principal théatre de la guerre? Je ne m'étois pas proposé d'écrire un précis ou un simple commentaire; j'avois annoncé l'histoire particulière et détaillée de la Campagne de 1814, et je voulois en retracer tous les événemens. Dans une composition de ce genre, les détails soutiennent l'intérêt. Ici tout les provoquoit; ils offrent d'ailleurs des souvenirs attachans aux militaires des deux partis, et aux habitans des pays devenus le théâtre de l'invasion.

Quant aux descriptions géographiques, je ne crois pas les avoir prodiguées; j'y ai eu recours, à l'exemple des historiens qui nous sont présentés comme des modèles. L'art d'écrire l'histoire réside, je le sais, dans la combinaison des trois élémens qui la constituent, et dans leur proportion relative : je me suis efforcé de faire une juste application de ces principes.

J'ai supprimé les détails qui m'ont paru trop minutieux, et je les ai remplacés, soit par des développemens nécessaires, soit par des faits que j'avois ignorés. Les éclaircissemens me sont parvenus en foule. J'ai eu le rare avantage d'avoir pour guide, dans mes rectifications, un des hommes les plus judicieux du royaume, propriétaire très-estimable en Champagne, plein de sagacité, et doué de ce tact d'observation qui saisit et embrasse les événemens dans leur ensemble comme dans leurs détails. Cet excellent guide, qui a été à portée de recueillir des renseignemens précieux, avoit rédigé des notes et un précis historique de ce qui s'est passé en Champagne, qu'il a bien voulu m'abandonner avec autant de désintéressement que de bienveillance. Sa modestie refuse même de recevoir ici mon tribut de reconnoissance, c'est-à-dire, l'hommage personnel et public que j'aurois tant désiré lui rendre dans l'effusion de mon cœur.

Ainsi tout ce qui concerne la Champagne,

Laon et Soissons, n'offre plus ni lacunes ni inexactitudes.

Les événemens de Lyon m'ont été mieux connus aussi : je les ai rectifiés et développés sur des documens authentiques.

La campagne du Midi entre le maréchal Soult et lord Wellington, a été corrigée également sur des renseignemens nouveaux et positifs ; souvent même, sur les récits de mes adversaires, quand ils se sont trouvés conformes à la vérité. On n'aura plus rien à désirer sur ce grand morceau d'histoire militaire. J'ai eu aussi égard aux réclamations de la garde nationale de Toulouse, et j'ai fait connoître, d'après des mémoires très-dignes de foi, les particularités du mouvement royaliste de cette ville dans la journée du 12 avril.

J'ai rempli de même quelques lacunes qui m'avoient été indiquées dans le tableau général de cette campagne immortelle, après avoir consulté, quelquefois avec fruit, les différentes brochures qui en ont rendu compte partiellement (1).

La partie politique a reçu une extension nécessaire et des développemens lumineux qui, je crois, l'ont mise en harmonie avec les relations militaires.

Le congrès de Châtillon, les vues générales qui ont guidé les cabinets, les vrais mobiles de la restauration, la journée du 31 mars, l'histoire secrète de la constitution du sénat, les dernières circonstances du séjour de Napoléon à Fontainebleau, les dispositions morales de l'armée, le mouvement général de la restauration, la situation politique de la France

---

(1) Campagne de Paris en 1814 par Giraud; tableau politique de l'Europe depuis la bataille de Léipsic jusqu'au 31 mars 1814; la Régence de Blois; Itinéraire de Buonaparte; Nouvelle relation de l'Itinéraire de Napoléon, par le comte de Waldbourg-Truchsess, commissaire prussien; Correspondance relative aux événemens qui ont eu lieu à Bordeaux dans le mois de mars 1814; De Buonaparte et des Bourbons, par M. de Chateaubriand; Etat de la France au mois de mars et au mois d'octobre 1814; Détails sur la bataille de Toulouse, par A. Carel. Voyez aussi la préface de la première édition.

au moment de l'arrivée du Roi, sont autant de points principaux de cette histoire, qui ont été plus particulièrement éclaircis ou développés.

J'ai fortifié beaucoup d'autres passages, et retouché le style, quoiqu'il eût reçu des éloges même de la part de mes plus sévères critiques. En un mot, sous le triple rapport des faits, des opinions et des jugemens, j'ai été au-delà des corrections qui m'avoient été indiquées, et qui rentroient la plupart dans une simple critique de détail. Je ne me suis point érigé en accusateur tout en portant des jugemens dans toute la sévérité historique. Mais je ne dois pas me dissimuler que mes récits touchent encore de trop près à des passions vives et à des opinions exaltées, pour ne pas les irriter quelquefois malgré tout le soin que j'ai apporté à éviter les déclamations et les personnalités.

Nous le répétons, rien de plus épineux que l'histoire contemporaine, parmi nous surtout

PRÉFACE.

où la déesse de la Vérité se montre capricieuse et irritable. Ne savons-nous pas d'ailleurs que les mêmes événemens peuvent être vus et jugés sous différens aspects ; que même d'excellens aperçus peuvent échapper à la sagacité d'un écrivain exercé, et enfin qu'il est dans le genre de l'histoire des erreurs et des omissions inévitables?

Je puis toutefois assurer que je n'ai à me reprocher dans cet ouvrage ni aucun défaut d'attention, ni le manque de soin et de travail.

Si j'ai exclu de cette nouvelle édition les pièces officielles et justificatives, c'est parce qu'elles étoient déjà connues et classées dans différens recueils auxquels on peut avoir recours. Il en est résulté l'avantage de pouvoir donner plus de développemens au texte, sans être obligé d'augmenter le nombre des volumes.

Quant aux graves événemens de la campagne de 1815, qui sont renfermés dans mon troisième et dernier volume, actuellement sous presse, je rendrai compte au public, dans un avant-propos, des sources où j'ai puisé mes matériaux, du plan de mon travail, et enfin des sentimens qui m'ont guidé dans le récit de cette catastrophe imposante et terrible.

PRÉFACE

DE LA PREMIÈRE ÉDITION.

C'est une entreprise hardie sans doute que d'écrire et de mettre au jour l'histoire impartiale de la campagne de 1814, et de notre miraculeuse restauration. Ces grands événemens viennent de se passer sous nos yeux : les acteurs et les témoins sont là ; ils remplissent la France et l'Europe ; leurs passions ne sont pas éteintes ; les haines sont encore récentes, et les préventions sont invétérées. Quelle témérité, dira-t-on, d'oser braver ainsi les difficultés dont l'histoire contemporaine est toujours hérissée, surtout quand elle retrace un changement de domination et d'empire ! Nous ne nous sommes pas dissimulé ces objections ; mais nous pourrions leur opposer de puissantes autorités et de grands exemples, soit dans l'antiquité, soit parmi les modernes.

Que sont d'ailleurs les obstacles quand on éprouve le noble désir de les surmonter ? L'horreur de la tyrannie, l'amour de la vérité et des lois sont aussi des passions. Si l'écrivain est pénétré, c'est pour lui un attrait invincible, plutôt encore qu'un devoir, de flétrir la bassesse et le crime, d'honorer la vertu et le courage.

Telles sont, nous osons le dire, les seules passions dont nous ayons été animé en écrivant cette campagne de trois mois, si féconde en actions mémorables et en résultats décisifs. Les annales politiques et militaires des nations n'avoient point encore offert de si grands tableaux à l'intérêt et à la méditation des hommes: toutes les leçons de l'histoire s'y trouvent réunies.

Le temps est venu de publier et de discuter des faits qui appartiennent autant aux contemporains qu'à la postérité. Réhabilitons l'histoire parmi nous, après y avoir ramené la liberté civile et politique avec la légitimité du pouvoir suprême : « Heureux temps que ce- » lui où il est permis de dire tout ce qu'on » pense, et de penser tout ce qu'on dit, » s'écrioit l'inimitable Tacite au sortir de la tyrannie sanglante de Domitien, et sous le règne du vertueux Nerva. Qui d'entre nous ne saisit la justesse de ce rapprochement ?

Le premier besoin des tyrans est de condamner leurs esclaves à l'ignorance ; d'envelopper de mystères leur marche tortueuse et leurs actions criminelles. Jamais dominateur n'a mieux connu cet art que l'astucieux Napoléon.

Toutes les sources de la vérité étoient empoisonnées ou taries ; toutes les issues qui pouvoient conduire vers elle étoient obstruées ou fermées. Tout à coup le voile épais qui la couvroit se déchire à nos yeux, et l'histoire apparoît de nouveau comme un frein que nul homme, nul potentat ne pourra plus éluder ni braver.

Mais n'y a-t-il ni inconvéniens ni dangers à instruire le procès de la tyrannie, tandis que ses plus fermes soutiens, ses fauteurs les plus ardens existent encore, tandis que, possesseurs paisibles des riches produits de leur lâcheté et de leur turpitude, ils n'ont contre eux que les vagues échos de l'opinion publique? Rappeler les crimes et les extravagances de cette déplorable époque, n'est-ce pas ranimer les haines, réveiller les ressentimens, allumer les vengeances? Non, répondrons-nous; c'est remplir les devoirs pénibles, mais nécessaires de l'histoire qui, sans acception de partis, d'époques et d'opinions, juge les actions des peuples et des rois; c'est évoquer le passé pour l'instruction de l'avenir; et maintenant que le souvenir de nos dissensions et le bruit de nos chaînes viennent mourir au pied d'un trône où la sagesse et la clémence sont assises avec le meilleur des rois, la justice des siècles commence pour ces longues années de nos erreurs et de nos excès. Du haut de son

tribunal inflexible, l'histoire réclame le té‑
moignage des contemporains pour en tirer les
lumières qui doivent éclairer ses jugemens. Sa
mission est de livrer à jamais au blâme ou à
l'estime, au mépris ou à l'admiratiou, les
hommes qui désolent ou consolent l'univers.
En vain réclameroient-ils l'oubli du passé ; ils
ont paru sur la scène du monde, il n'est
point en leur pouvoir d'échapper aux souve‑
nirs : l'histoire est là qui les attend ; ils sont
condamnés à entendre les applaudissemens ou
les cris d'indignation des peuples instruits par
une tradition fidèle. Sont-ils descendus *vivans*
du théâtre politique, il ne reste plus d'eux
que leurs actions attestées par des milliers de
témoins, et eux-mêmes sont là pour rétablir
les faits si les témoignages sont dictés par la
passion ou par l'intérêt. Des plaintes vagues,
des accusations mensongères seroient sans
aucun poids devant le grand jury des siècles
qui pèse toutes les réputations dans la balance
de l'impartialité.

PRÉFACE.

Mais que d'objections se présentent encore ? Ne demandera-t-on pas si l'historien est exempt lui-même de préventions, de haines, de partialité ? s'il jouit de toute l'indépendance que réclame la liberté des opinions et des jugemens ? N'ira-t-on pas jusqu'à l'envelopper dans ces allégations si souvent reproduites contre les gens de lettres en général ? Quelle confiance, dira-t-on, peuvent inspirer leurs écrits ? Depuis près de dix ans, la littérature politique n'a-t-elle pas été parmi nous mercenaire, décriée, flétrie par le souffle empoisonné du despotisme ? Un concours sembloit ouvert pour obscurcir la vérité et pour dégrader la nation : les gens de lettres s'y sont présentés en foule, et ils ont trafiqué de la patrie comme d'une marchandise. Panégyristes outrés du pouvoir, sous quelque forme qu'il se présente, ne les a-t-on pas vus préconiser le crime, se prosterner au pied du trône de l'usurpateur, grossir la foule de ses émissaires et de ses satellites ? Ne les a-t-on pas vus tendre les mains aux ministres de l'idole, pour recevoir le prix de leur bassesse; et enrichis des dons du tyran, le déifier dans la prospérité, le trahir, l'accabler dans l'infortune, briser des premiers ses images? Ne les a-t-on pas vus, dans tous les temps, rechercher, ce qui est utile, adorer, égarer le pouvoir pour se mieux perpétuer dans les pensions, dans les honneurs et dans les places?

Ces accusations ne sont que trop fondées, il est vrai; mais n'atteignent-elles pas également toutes les classes de la nation? N'est-il pas d'ailleurs des exceptions nombreuses et honorables en faveur des hommes de lettres? A cet égard notre réfutation personnelle sera franche et positive.

Long-temps nous avons été persécuté pour avoir retracé des événemens contemporains (1). Mais notre horreur pour la tyrannie étoit antérieure : elle prenoit sa source dans nos prin-

---

(1) Dans l'Histoire de la Guerre de la Vendée.

cipes politiques. Ce n'étoit pas d'ailleurs le tyran qui nous poursuivoit, mais ses ministres et son système de gouvernement, incompatibles avec toute indépendance morale. Avant et depuis notre exil (1) nous aurions pu comme tant d'autres, et selon le conseil de personnages éminens dans l'Etat, composer aussi avec la tyrannie, et la préconiser dans des livres : tout nous y invitoit; le dominateur nageoit alors dans des prospérités indéfinies ; mais nous ne trouvâmes de consolation que dans la retraite, l'étude et le travail. Jamais le tyran n'eût obtenu de nous qu'une de ces soumissions vagues arrachées par la menace des proscriptions et des cachots; mais aussi cette courageuse indépendance ne nous a valu ni décorations, ni dotations, ni faveurs. Nous pouvons donc, sans déroger aux lois de l'honneur et de la reconnoissance, accabler le gouvernement usurpateur sous le poids de la vérité histo-

---

(1) A Rheims, en 1809.

trique. Ne l'ayant pas flatté dans sa haute fortune, il nous est permis de le juger après sa catastrophe.

Mais, dira-t-on encore, pourrez vous apprécier avec le même désintéressement tous les événemens de la restauration? Oui, répondrons-nous avec assurance. Nos habitudes, nos principes, nos études, et notre destinée même, rien n'a changé : il y a plus ; nos intérêts personnels ont été froissés ; mais nos opinions et nos écrits ne se règlent pas sur de misérables calculs. Pour l'écrivain courageux, il n'y a point à balancer entre la légitimité et l'usurpation, entre l'esclavage et la liberté.

Toute pénible que puisse être l'indépendance de nos travaux, au moins nos lecteurs ne pourront-ils pas la révoquer en doute ; et, sous ce point de vue, ils accorderont à nos récits un plus haut degré de confiance. Oui, nous osons l'affirmer, c'est sous la seule influence de notre conscience et de notre propre conviction que nous avons écrit cet ouvrage.

Il nous reste maintenant à en faire connoître le plan, ainsi que les principales sources où nous avons puisé les nombreux matériaux qui nous ont servi à le composer.

C'est dans le sujet même que nous avons trouvé notre plan.

Après avoir fait trembler l'univers, un conquérant étoit enfin repoussé jusqu'aux limites de sa propre domination. La nation française mécontente, fatiguée, épuisée, frémissoit et vouloit secouer le joug, tandis que nos armées long-temps invincibles, mais réduites à un petit nombre de braves, étoient forcées d'abandonner les frontières. En vain nos soldats déploient-ils un courage digne de leur renommée; ils sont réduits à combattre les forces immenses de toute l'Europe à quarante lieues de la capitale, dans nos plus belles provinces. La lutte alors se prolonge par des marches surprenantes, par des manœuvres hardies. Des villes sont surprises, abandonnées ou défendues. Des combats acharnés se renouvellent;

PRÉFACE.

on livre des batailles sanglantes sur la Marne, sur l'Aube, sur le Rhône, sur l'Adour. Un mélange de succès et de revers, de négociations et d'opérations militaires, d'incidens brusques et de vicissitudes inouïes, suspend la catastrophe. Enfin, attaqué par toutes les forces confédérées, Paris, dérobé au tyran, cède à la magnanimité du plus puissant souverain de la terre. Alors s'éclipse tout à coup la fortune de l'homme extravagant et fier que le vulgaire croyoit encore invincible; alors renaît, pour ainsi dire, de ses cendres, le trône antique de saint Louis.

Telle est la masse confuse des événemens divers dont nous avons débrouillé le chaos, pour en former un corps d'histoire. Le tableau de la vie politique et militaire de Napoléon sert d'introduction au sujet, et s'y rattache naturellement. Viennent ensuite, dans un ordre méthodique et détaillé, les événemens de la campagne, marchant de front avec les négociations politiques, avec les mouvemens de l'intérieur, le tout appuyé sur les discours publics, sur les proclamations, les adresses, les mémoires secrets, l'explication des évolutions et des manœuvres fondée sur les règles de la stratégie et de la tactique.

Au tableau de l'entrée des alliés à Paris, et de l'occupation de la capitale, succède celui du renversement total de la puissance de Buonaparte. Cette partie de l'ouvrage est fortifiée, comme tout ce qui précède, par les traits particuliers, par les anecdotes avérées qui caractérisent ce fléau des peuples, ce nouvel *Attila*.

Enfin, l'ouvrage est terminé par le tableau consolant de la restauration de la monarchie française et du retour fortuné de l'auguste famille des Bourbons rétablie sur le trône de Clovis, et par droit d'héritage et par droit d'affection.

Le simple aperçu du plan suffit pour donner une idée générale de la complication du sujet, des difficultés que présentoient sa contexture, la marche de la narration et le développement de tant de faits dont il ne restoit que des relations décharnées ou des impressions incohérentes et vagues, quoique les événemens se fussent passés sous les yeux mêmes de la nation. Que de scènes mobiles et variées à transmettre et à décrire!

Toutes les armées, de part et d'autre, formoient, à l'ouverture de la campagne, un immense cordon qui, du nord à l'est et au midi, enveloppoient toutes les parties de la France, à l'exception des côtes maritimes; ces armées manœuvroient sur la ligne qui du Texel se prolonge le long du Rhin jusqu'aux montagnes de la Suisse, et, après un court intervalle, vers la base des Pyrénées. Le cercle s'étant rétréci ensuite, en se repliant sur le centre, il a fallu suivre, décrire, expliquer non-seulement les opérations de l'armée française en Champagne, commandée par Napoléon en personne, mais encore les manœuvres correspondantes et parallèles des forces alliées, divisées en grande armée et en armée de Silésie. La même attention et la même exactitude, il a fallu les porter également sur les manœuvres de l'armée autrichienne du sud et de l'armée française du Rhône et de l'Isère, et avec plus de détail encore sur les savantes opérations des armées du midi, commandées par lord Wellington et par le maréchal Soult.

Le récit de cette dernière campagne, tout-à-fait séparée, quoique liée au système général d'invasion, est un morceau entièrement neuf, et qui doit exciter, par l'importance des événemens et des résultats, un haut degré d'intérêt et de curiosité.

Ainsi l'ouvrage renferme, pour ainsi dire, plusieurs morceaux d'histoire différens, qui viennent aboutir à un centre commun, et se terminer par le tableau détaillé des événemens de la restauration de la monarchie. C'est dans ce dernier cadre que nous nous sommes attachés à donner des notions positives sur la confédération secrète qui embrassoit la France d'un bout à l'autre, et dont les différens foyers étoient principalement à Paris, en Bretagne, dans la Vendée, à Bordeaux et à Toulouse: La liaison de toutes ces masses détachées, en apparence, a formé un ouvrage suivi et complet, et qui peut être considéré comme le dernier acte de la tragédie européenne qui ensanglantoit la terre depuis vingt-deux ans.

Tout, dans ce travail, réclamoit l'étude, l'ordre et la méditation : aussi avons-nous eu besoin d'y réunir toutes nos forces, tous nos moyens, et de nous environner de toutes les lumières, pour ne pas rester trop au-dessous d'un sujet si imposant, et qui, depuis plusieurs mois, étoit l'objet continuel de nos réflexions.

On ne nous contestera pas qu'il n'y ait une grande différence de créer son sujet, ou de le trouver déjà traité par des devanciers, plus ou moins heureux qui peuvent servir de guides ou de modèles. Tel est le désavantage attaché aux sujets contemporains : ils forment, en quelque sorte, l'histoire de la veille, l'histoire *vivante*, et mille difficultés les environnent. Nous ne nous flattons pas d'avoir pu les surmonter toutes avec le même bonheur; mais, au moins, n'avons-nous rien négligé pour obtenir et pour mettre en ordre les immenses matériaux nécessaires à la construction de cet édifice historique : veilles, soins, démarches, conférences, conversations, éclaircissemens, lectures, traductions, notes, analyses, rien n'a pu rebuter notre persévérance.

Nous avons d'abord comparé ensemble les bulletins officiels allemands, anglais, français, russes; mais ces relations étudiées sont toujours incomplètes quand elles ne sont pas infidèles, et l'historien ne doit y déférer qu'avec une extrême précaution et beaucoup de discernement. Ce n'est là, en quelque sorte, que le squelette de l'histoire. La substance et les couleurs, on ne les trouve que dans les mémoires particuliers, dans les relations confidentielles, dans les notes communiquées par des personnes dont le témoignage est irrécusable, et ayant vu par elles-mêmes les événemens. C'est sur des matériaux et des documens semblables que nous avons établi les fondemens de l'Histoire de la Campagne de 1814. La réunion et la comparaison de ces témoignages nous ont donné une masse de renseignemens telle, que nous pouvons annoncer avec confiance l'ouvrage le plus exact, et le plus complet qui ait encore été offert au public sur les grands événemens qui viennent d'étonner l'Europe.

Le sentiment de la vérité nous fait un devoir de déclarer ici qu'une foule de personnes distinguées nous ont communiqué, avec autant d'aménité que de bienveillance, des lumières et des informations précieuses qui ont éclairci plus d'une fois nos doutes, et fixé notre détermination dans le narré des événemens. Nous pourrions donner, en faveur de la véracité de nos récits, plusieurs témoignages d'un grand poids; mais des considérations particulières, et plus souvent encore un excès de

PRÉFACE.

modestie de la part des personnes qui ont favorisé notre entreprise, ne nous permettent pas d'acquitter envers elles toute la dette de la reconnoissance. Il en est pourtant qui ne pourront se dérober à l'effusion publique de nos sentimens de gratitude et de haute estime. Par exemple, M. Hase, aussi distingué par son urbanité que par son immense savoir, a bien voulu mettre à notre disposition une collection entière de bulletins et pièces officielles allemandes, que M. le comte Achille de Neuilly a traduits, par le seul désir de nous obliger, avec une rapidité et une précision, qu'un traducteur mercenaire n'auroit certainement jamais égalées. Nous avons aussi été redevable à l'amitié et à l'intérêt de M. Bailly de Neuilly, d'une foule de notes précieuses sur les événemens dont la province de Champagne a été le théâtre pendant cette guerre animée. M. le marquis de Widranges nous a confié, avec une honnêteté infinie, ses Mémoires manuscrits, où nous avons puisé des renseignemens très-honorables aux royalistes

PRÉFACE.

de la ville de Troyes. Tout ce qui concerne les mouvemens préliminaires et la marche secrète de la restauration, nous a été communiqué confidentiellement par différens personnages dont le nom seul fait autorité.

Rien n'a été dérobé aussi à notre connoissance sur les opérations des alliés. Le journal circonstancié de M. W., officier plein d'intelligence et d'instruction, secrétaire privé de S. M. Prussienne, nous a fourni de grandes lumières sur les marches et les manœuvres de l'armée de Silésie. Les opérations de la grande armée alliée nous ont été expliquées dans des notes intéressantes écrites sous la dictée de M. de N..., officier aux gardes nobles de l'empereur Alexandre.

Ces documens particuliers ont été fortifiés par les rapports des commissaires et officiers anglais, attachés aux différens états-majors des armées confédérées.

Nous ne pouvions pas négliger non plus de connoître avec précision et détail, les mouvemens de nos propres armées, et nous avons consulté, avec fruit, une foule d'officiers supérieurs, d'officiers de toute arme de l'armée de Champagne.

A cet égard, rien ne pouvoit nous être plus utile et plus précieux que la communication du Journal Militaire du colonel comte Arthur de la Bourdonnaye, attaché à l'état-major général. Nous avons trouvé, dans cet officier distingué, cette politesse aimable, cette noblesse de caractère qui font aimer et honorer le talent. Son journal, ou plutôt ses Mémoires, nous ont paru si substantiels et si lumineux, que nous n'avons pas hésité de les absorber, pour ainsi dire, dans notre propre ouvrage.

Les opérations de l'armée française du Midi ne sont point parvenues à notre connoissance avec autant d'exactitude et de détail, le gouvernement français n'ayant rien publié d'officiel à cet égard; nous sommes parvenus toutefois à former, de cette campagne particulière, un tout historique circonstancié et sans lacunes.

Nous avons d'abord eu pour guide les rap-

PRÉFACE.

ports modestes et véridiques de lord Wellington, puis une foule de notes et d'informations locales, et en outre un Mémoire confidentiel, écrit sous la dictée de M. de P., ancien capitaine au régiment d'Aquitaine, ancien compagnon d'armes de l'illustre Arthus de Bonchamp, chef des royalistes vendéens. M. de P., royaliste lui-même, et l'un des plus zélés partisans de la légitimité, a été témoin des principales scènes du Midi.

Nous aurions voulu relever avec plus de précision encore les actions brillantes des braves qui, sous les ordres du maréchal Soult (1), ont défendu avec tant d'héroïsme l'Adour, la Garonne, Bayonne et Toulouse (2). Persuadé que la recherche scrupuleuse des circonstances mal connues ou défigurées, atteste dans un historien l'amour de la vérité, nous avons réclamé auprès du maréchal Soult lui-même les documens officiels qui auroient donné à notre

---

(1) Duc de Dalmatie, alors ministre et secrétaire d'État de la guerre.
(2) Voyez la Préface de la seconde édition.

récit le degré d'exactitude dont il étoit susceptible. Mais notre attente a été trompée : il est vraisemblable que les hautes occupations de M. le maréchal, alors dans son gouvernement de Bretagne, ne lui auront pas permis de condescendre à nos désirs, et peut-être même de reconnoître toute la pureté de nos intentions.

Dans l'état actuel de la civilisation, l'histoire est plus que jamais une puissance : elle étend son empire sur les hommes publics comme sur les nations elles-mêmes ; ceux qui appartiennent à la renommée par leurs actions ne devroient jamais dédaigner ses arrêts, car les jugemens de la postérité se composent du récit des contemporains.

Quelle que puisse être l'opinion que se formeront de cet ouvrage les hommes revêtus du pouvoir, il n'en sera pas moins un noble et juste hommage rendu à la valeur de nos armées, de ces armées, l'orgueil de la France et l'admiration de l'Europe, et qui, sous un gouvernement légitime, pourroient s'illustrer par des prodiges moins éclatans peut-être, mais plus réels et plus solides.

Nous ne terminerons pas notre Préface sans avouer avec la même franchise qui l'a suggérée, combien il sera facile à la critique de relever dans l'ouvrage même quelques incorrections de style, quelques répétitions vicieuses, et peut-être quelques traits qui pourront paroître hasardés; il peut aussi nous être échappé quelques erreurs de date et de nom; mais ces taches sont inséparables d'un grand travail, surtout quand il est fait rapidement. Quelques-unes aussi peuvent appartenir à la typographie; la célérité avec laquelle les XX livres qui forment cette histoire ont été composés et imprimés, ne nous a pas toujours laissé le temps de revoir le texte avec la maturité que nous aurions voulu y apporter, ni de donner à notre style tous les soins que réclamoient l'importance du sujet et le système de rédaction que nous avons adopté (1). Au

---

(1) Voyez la Préface de la seconde édition.

milieu même de la correction des épreuves, il survenoit de nouveaux renseignemens, de nouveaux mémoires : de là des additions et des changemens continuels ; notre zèle et notre amour pour la vérité ne connoissant pas de bornes, nous nous trouvions engagé dans des détails presque au-dessus de nos forces. La recherche et la classification des matériaux ; la rédaction et la mise au net de près de douze cents pages manuscrites ; enfin la révision successive de cet immense travail pourront donner une idée de tout ce qu'a exigé de soins, de peines et de veilles ce corps d'ouvrage commencé vers la fin d'avril, et terminé au mois de décembre, après plusieurs interruptions forcées ou imprévues.

Mais, tel qu'il est, nous ne le croyons pas tout-à-fait indigne de l'intérêt et de l'indulgence des contemporains. Puisse-t-il répondre à leur attente ! puisse-t-il mériter quelques éloges sincères et des critiques franches ! nous profiterions de celles-ci, et les éloges seroient pour nous la plus douce récompense de nos travaux.

HISTOIRE
DES CAMPAGNES
DE 1814 ET DE 1815.

LIVRE PREMIER.

Introduction. — Caractère et élévation de Napoléon Buonaparte. — Ses succès, sa domination, ses revers. — Tableau des principaux événemens des campagnes de 1812 et de 1813. — Confédération des Rois et des peuples de l'Europe pour abattre la prépondérance de Napoléon, et pour ramener la paix générale.

L'Europe, souvent déchirée par des révolutions sanglantes, n'a offert que de nos jours l'effrayant spectacle d'une monarchie de quatorze siècles tombant sous les coups redoublés de l'anarchie populaire. Sur les ruines du trône antique de Clovis s'éleva brusquement une république colossale, devenue presque aussitôt la proie d'un soldat audacieux. Ce foyer de troubles politiques transformé en empire absolu, désola et opprima l'Europe; sa puissance menaçante s'étendit bientôt des bouches de la Vistule aux rives du Tage. Le monde civilisé touchoit au plus déplorable événement, à la monarchie universelle, quand le Nord envahi dissipa le danger par une glorieuse résistance. l'Europe, enfin réveillée, présenta le tableau imposant d'une coalition, cimentée par la morale et par l'amour de la paix. On vit alors trois souverains confédérés conduire en personne leurs nombreux soldats jusqu'au sein de ce vaste empire, naguère l'effroi du monde, et réduire un conquérant, qui avoit fait trembler tous les peuples, à défendre les approches de sa propre capitale. Assaillis par les armées formidables de la ligue européenne, les guerriers français, toujours intrépides, cèdent le terrain pied à pied, et animés par le sentiment de l'honneur national, ils bravent la mort, versent leur sang pour l'intégrité de l'État. Invasions extraordinaires, marches surprenantes, provinces subjuguées, convulsions populaires; villes surprises, abandonnées ou défendues; combats multipliés, batailles sanglantes, actions héroïques, mélange de succès et de revers, de négociations politiques et d'opérations militaires; incidens brusques, vicissitudes inouïes; toutes les nations de l'Europe dans l'arène; Paris menacé, attaqué, défendu et délivré par la magnanimité; la puissance d'un despote extravagant et superbe se dissipant comme les nuées orageuses devant les rayons d'un soleil bienfaisant; une monarchie de quatorze siècles renaissant, pour ainsi dire de ses cendres, aux acclamations unanimes de la France et de l'Europe, tel fut le premier dénoûment du grand drame qui avoit tenu l'univers en suspens. On respiroit enfin. Tout à coup les traités sont rompus; un noir complot ramène à Paris le perturbateur de l'univers; le mensonge, la trahison l'accompagnent, et le remettent en possession du pouvoir suprême. L'édifice des lois est renversé; la France est remplie de troubles; la terreur et la violence règnent l'une par l'autre. Mais l'Europe, telle que la lionne irritée d'un grand combat, étoit prête à le recommencer: elle rugit et se lève de nouveau. La guerre universelle succède à la paix générale, et une seule bataille renverse celui qui défioit et affligeoit l'univers : il est rejeté à jamais de la scène du Monde. La fidélité et la sagesse rappellent au trône le père de la patrie, que des enfans parjures avoient séparé d'une nation dévouée. La France encore envahie, foulée, souffrante, se relève pourtant, et sort de ses ruines sous les auspices de la paix et de son Roi tutélaire. Telle est la masse des événemens divers ; telles sont les catastrophes que présente le tableau des campagnes mémorables de 1814 et de 1815. L'esprit encore frappé, le cœur encore ému de ce spectacle nouveau et terrible, je veux essayer d'en rassembler les traits fugitifs, d'en retracer toutes les scènes. Ces faits immortels ne sont-ils pas déjà le patrimoine de l'histoire? Un tel corps d'ouvrage ne sauroit être prématuré, quand la vérité a repris son empire. Il offrira de si utiles leçons, il rappellera des circonstances si dignes de mémoire, que les contemporains me sauront gré peut-être de les avoir recueillis, et d'avoir osé prendre l'initiative sur le jugement de la postérité.

Jetons d'abord un coup d'œil rapide sur le caractère et sur l'élévation du personnage fameux dont l'ambition insatiable a forcé l'Europe entière de s'armer deux fois contre lui.

Lorsque l'oubli des devoirs, la corruption des mœurs, l'égarement des esprits et une sorte de dégoût du bonheur public firent éclater parmi nous les discordes civiles, on vit une révolution irrésistible tout renverser comme un torrent, immoler un roi vertueux, et parcourir toutes les modifications du gouvernement populaire. Selon l'expression de l'illustre Pitt, les Français traversèrent la liberté sans pouvoir s'y arrêter d'eux-mêmes. Mais on vit aussi pendant le sommeil des lois, tandis que des passions atroces se mêloient à l'amour de la patrie; on vit, dans ces jours de terreur et de sang, la France briller du plus grand éclat militaire, et ses forces colossales abattre les coalitions formées pour la délivrer du monstre de l'anarchie. On devoit d'autant moins s'en étonner, que l'élan des peuples n'est jamais plus redoutable que dans les bouleversemens politiques.

Après sept années de guerres et de convulsions en 1799, la France se trouva menacée d'une confédération plus formidable encore, et dont le succès eût compromis son indépendance. Entamée au nord, envahie dans ses conquêtes du midi, déchirée dans son intérieur, épuisée dans ses finances, désorganisée dans son administration, la France, ou plutôt quelques chefs de la révolution française, fatigués d'une si longue tourmente, songèrent à se reposer sous l'égide du gouvernement d'un seul. Il étoit visible que ce changement, par une transition naturelle, devoit conduire à une sorte de dictature militaire. On l'offrit à deux capitaines que la guerre venoit d'illustrer. L'un refusa par modestie : c'étoit Moreau ; l'autre, n'ayant point encore de trophées assez éclatans, ambitionna le commandement en chef d'une armée, dans l'espérance de reconquérir l'Italie, et d'arriver au pouvoir sous les auspices de la victoire : c'étoit Joubert. Mais la fortune le repousse à Novi, et, avant même la perte de la bataille, un coup mortel, parti d'une main inconnue, lui arrache la vie. Cette mort, suspecte, laissoit aux prises plusieurs partis acharnés dans l'intérieur. Tous les esprits étoient dans l'attente, lorsque des bords du Nil, accourut sur les côtes de Provence le général Buonaparte ; ce Corse déjà si fier d'avoir, jeune encore, rempli du bruit de son nom, l'Italie et la France, l'Europe et l'Egypte.

Remontons à l'origine de sa fortune. Né avec un caractère opiniâtre, un esprit inquiet, exalté, un cœur inflexible, Buonaparte, rongé par la fièvre de l'ambition, avoit su profiter pour s'élever d'un jour de larmes et de deuil. Le sang des Parisiens fut son premier titre de gloire, l'Italie sa première proie. Doué d'une mémoire immense, d'une volonté indomptable, d'un coup d'œil sûr dans les batailles, il subjuguoit la fortune, qui lui ouvroit une route facile vers la domination. Prodigue des dépouilles de l'Italie conquise, il eut bientôt en France un parti, fortifié par l'enivrement qu'inspiroient à une nation belliqueuse des victoires qui sembloient tenir du prodige. Mais des esprits clairvoyans soupçonnèrent ses vues secrètes. On n'avoit pas remarqué sans inquiétude ce jeune capitaine affectant de créer dans son armée la *race des braves*, comme si la valeur n'eût pas été le trait distinctif de toutes les armées françaises. La paix, ou plutôt une trêve, qui fut aussi son ouvrage, donna plus d'essor encore à ses prétentions. Alors, soit crainte, soit prudence, les chefs du gouvernement se décident à l'éloigner avec ses plus braves soldats, sous le prétexte de porter les lois de l'égalité dans les antiques domaines des Pharaons et des Ptolémées : c'étoit un exil honorable. Soixante mille Français abordent en Egypte.

Là c'est au nom de la liberté et des arts que le conquérant de l'Italie se baigne dans le sang des Egyptiens, des Turcs et des Mamelucks. Ses talens militaires rencontrent un premier écueil au pied des murailles d'une ville de la Syrie. Humilié à Saint-Jean-d'Acre, sans flotte, sans secours, et presque sans espoir, Buonaparte apprend que la France est déchirée de nouveau. L'instant lui paroît propice pour l'accomplissement de ses desseins ; trahissant son armée, il vient en fugitif s'emparer du souverain pouvoir, secondé par de lâches magistrats qui proclament un maître pour se perpétuer dans les charges.

Aucune autorité n'est plus absolue que celle d'un chef qui succède à une république. Dans ses mains se trouve bientôt réunie toute la puissance du peuple, qui n'avoit pu la limiter lui-même. Tel fut Auguste quand il rétablit l'ordre, c'est-à-dire, une servitude durable : tel fut Cromwel, qui eut à vaincre le caractère noble et fier des Anglais : tel fut Buonaparte, qui n'eut qu'à se montrer à une nation fatiguée de l'anarchie, mais agrandie par des conquêtes, mais exaltée par des triomphes. Héritier de la révolution, maître de plusieurs armées créées par d'habiles généraux, il se déclare seul l'arbitre des destinées de la France; il caresse d'abord tous les partis; conçoit, exécute, poursuit des travaux prodigieux; réorganise la république, et conspire contre elle; flatte la nation, et lui prépare des fers. Sous le titre modeste de consul, il se proclame le restaurateur des lois, de la religion, de la morale; dans son orgueil insensé, il se regarde comme l'instrument des décrets du ciel, et déclare au sénat, déjà disposé à la servitude, « qu'il est envoyé par celui de qui tout émane » pour rétablir sur la terre l'ordre, la justice » et l'égalité (1). »

Aussi long-temps qu'il lui est possible de taire ou de dissimuler son ambition, il n'est aucun nom sacré qu'il ne profane, aucun sentiment noble qu'il ne déshonore en le faisant servir à ses desseins, aucune espérance chère à l'humanité dont il ne se joue.

A peine a-t-il saisi les rênes de la puissance, qu'il se montre implacable et perfide envers le comte Louis de Frotté, chef des royalistes

---

(1) Voyez le *Moniteur* de 1801.

normands; plus tard il est plus cruel encore à l'égard de Toussaint Louverture, généralissime des noirs de Saint-Domingue. L'un a payé de sa tête, au mépris d'un sauf-conduit, des proclamations qui dévoiloient le caractère de l'usurpateur; l'autre périt comme Jugurtha, de misère et de faim, dans une prison fétide, victime expiatoire de la fatale expédition de Saint-Domingue.

La guerre et le carnage sembloient avoir pour Napoléon un charme irrésistible. Il s'étoit élancé de nouveau en Italie; les Alpes avoient fléchi sous ses pieds. Défait à Marengo, il avoit triomphé par la fraude, à la fin de la bataille, contre toute attente. Dès lors il veut étendre sa domination de l'Océan au golfe de Venise, de la Méditerranée à la Baltique. L'Europe étoit perdue si, à l'insatiable amour de l'autorité et des conquêtes, il eût joint la profondeur des vues politiques; mais, en proie aux passions violentes, surtout à la colère, il n'eut bientôt plus ni règles ni frein dans l'exercice du pouvoir absolu, et l'idée d'une nécessité inflexible sembla le diriger au hasard.

Un crime éclatant glaça d'horreur et d'épouvante la nation tout entière : l'unique, le précieux rejeton du sang des Condé, le jeune duc d'Enghien, fut enlevé dans un pays libre, en violation du droit des gens, et fusillé aux flambeaux dans les fossés de Vincennes : exécution atroce dont le souvenir seul porte le deuil dans tous les cœurs. L'indignation fut universelle ; mais rien ne pouvant plus arrêter la course ambitieuse de l'usurpateur, le cadavre d'un prince de la Maison de Bourbon scella son pacte avec les régicides, et lui servit de marche-pied pour arriver au trône.

D'autres crimes signalent son avènement. Jaloux de la gloire de Moreau et de Pichegru, il ourdit des trames pour les perdre ; et quand, à la faveur d'une conspiration provoquée par ses propres agens, ces deux illustres capitaines tombent dans ses pièges, il sait écarter l'un par l'exil, et se défaire de l'autre par un assassinat commis dans l'ombre des cachots.

Il règne enfin, il règne, et n'osant pas être roi, il s'élève à la dignité d'empereur ; mais sous ce titre fastueux il n'est que le mobile d'un gouvernement convulsif créé pour l'intérêt d'une aristocratie insolente et grossière. S'il établit sa dynastie, c'est pour saper toutes les autres, car il croit ne pouvoir régner sur la France qu'en bouleversant l'Europe.

Il jette d'abord le désordre dans tous les

cabinets, et la confusion dans toutes les relations politiques. Un voile impénétrable couvre toutes ses trames et celles de ses agens. Mais il est une île célèbre où l'opinion surveille sa conduite, où la liberté de la presse le dénonce à l'Europe, aux Français aveuglés. Aussi redoutoit-il le patriotisme britannique bien plus que l'or et les armées navales des Anglais. Il brûloit d'atteindre et d'envahir l'Angleterre dans l'espoir d'y étouffer à jamais les germes de la vérité.

Cette conquête, qui fut le rêve de sa vie, lui eût assuré la monarchie universelle. Le continent de l'Europe fut sauvé parce qu'une île, qui lui appartient par ses usages, quoiqu'elle en soit séparée par les mers, sut conserver toute sa vigueur politique.

Poussé par le dépit, l'empereur-soldat fond à l'improviste sur les grandes puissances de l'Europe, qu'il trouve désunies et sans aucun plan de résistance. Avec des torrens de soldats intrépides il renverse toutes les barrières, il triomphe de tous les obstacles; ses invasions subites sont irrésistibles. La fraude et le mensonge marchent devant lui. Se montre-t-il l'olivier à la main, chaque négociation couvre un piège, chaque traité n'est qu'un simple armistice. L'Italie subjuguée, l'Autriche humiliée, la Prusse envahie, dévastée, l'Allemagne sous le joug, la Russie repoussée, tels furent en trois campagnes les grands résultats qui assujettirent l'Europe à la prépondérance de Napoléon.

Soit aveuglement, soit ignorance, il crut à la soumission de tant de nations vaincues : faute capitale qui fut la source de toutes les aberrations de sa politique. La moitié de ses ennemis lui avoit servi à affoiblir l'autre ; mais, n'osant compter sur un seul allié fidèle, il forma autour de son empire une ceinture de royaumes qu'il distribua à sa famille. Dès lors sa révolution politique fut manquée, l'Europe se refusant à voir l'homme du destin, le régénérateur de l'ordre social dans celui qui, par des guerres sanglantes, par des pacifications astucieuses, mettoit en question la souveraineté des rois et l'indépendance des peuples.

Il n'y avoit déjà plus qu'un système, qu'un seul code dans toutes les parties du continent soumises à la domination de Buonaparte : telle est la folie des conquérans, de vouloir donner à tous les peuples leurs lois et leurs coutumes.

Enivré de l'encens de l'univers, il n'imagine point que la nature puisse résister à ses volontés : les Pyrénées, l'Océan, l'immensité de la Russie n'étonnent point sa pensée ; partout où il est des hommes, il se croit appelé à vaincre.

Alors sa carrière se partage entre les extrêmes de l'habileté et de l'extravagance ; alors s'ouvre cette guerre impie, entreprise pour subjuguer les Espagnes ; guerre réprouvée par la France ; guerre cruelle que l'avide envahisseur signale en semant la division chez un peuple allié et fidèle, en faisant sur son territoire une irruption subite, en se rendant maître de ses places frontières par surprise, et des princes de la maison régnante par la plus noire perfidie.

Mais il a humilié les grands ; il a blessé l'orgueil d'un peuple généreux auquel il vient d'apprendre le secret de son énergie. Déjà la voix prophétique d'un ministre d'Etat espagnol a retenti dans les cabinets de l'Europe ; don Pedro Cevallos, après avoir dévoilé l'odieuse conduite de Buonaparte pour usurper la couronne d'Espagne, s'est écrié, comme par inspiration : « Oui, j'ose le prédire, cette guerre » sacrilège que Napoléon a suscitée tournera

» à sa confusion; les cabinets de l'Europe
» ouvriront enfin les yeux sur ses projets dé-
» vastateurs; et les peuples réunis ne forme-
» ront plus qu'un seul vœu, commandé par
» le salut de tous, celui de sa destruction (1) : »
courageuse prophétie, mais qui ne devoit
s'accomplir, pour le repos du monde, qu'après
sept années de carnage et de dévastation. Ce
fut en effet la guerre d'Espagne qui révéla aux
autres peuples l'art de la défense nationale,
qui dissipa le prestige de l'ascendant de Buonaparte, qui fit pâlir l'éclat de ses armes, et
qui creusa lentement l'abîme où devoit s'engloutir sa puissance. Humilié par cette résistance, il brûloit de se venger de l'Angleterre,
l'alliée, l'appui des Espagnes, et qui la première avoit bravé ses menaces. Dans son aveugle
fureur il se persuade qu'un simple décret suffira
pour asservir une nation insulaire, maîtresse
absolue de la mer, et résolue de combattre
jusqu'au dernier soupir en faveur de l'humanité.
Ne pouvant lui opposer une flotte puissante,
il veut que l'Europe lui ferme tous ses ports,
et il proclame le *blocus continental*, système

---

(1) *Exposé de tous les moyens employés par Napoléon Buonaparte pour usurper la couronne d'Espagne;* par don Pedro Cevallos.

absurde, qui, par la violation de toutes les propriétés publiques et particulières, auroit anéanti le commerce de l'univers, et précipité les nations dans l'indigence et la barbarie.

Déjà même, ne gardant plus envers les souverains aucun ménagement, il viole tout ce que les hommes ont de plus sacré; il dépouille de ses États, et retient captif le vénérable chef de la religion, dont il avoit extorqué le saint ministère pour la cérémonie de son couronnement. Le vertueux pontife, chargé de fers, n'en est pas moins l'objet de la vénération, des regrets et des hommages de l'Europe entière; bientôt même on le verra triompher du despote le plus redoutable, par la sainteté de sa résignation.

L'usurpateur de la puissance des rois frappoit l'Europe d'épouvante, en même temps que son génie s'épuisoit à flétrir la France par un despotisme asiatique. On n'y reconnoissoit déjà plus que deux classes d'hommes : ceux qui ressentoient tout le poids de la servitude, et ceux qui, dans leur intérêt, cherchoient à la faire souffrir. Aussi l'ordre n'y étoit plus fondé que sur les délations et sur la terreur; les cachots regorgeoient de prisonniers d'État; une sorte de stupeur remplaçoit la sécurité dans les familles, où l'autorité paternelle n'étoit pas même respectée. La jeunesse, précipitée dans des écoles organisées militairement, n'étoit plus façonnée que pour le métier des armes. Toute pensée généreuse, toute action noble sembloit un sentiment de dérision contre la majesté du souverain. Le devoir consistoit à se dévouer à ses caprices, à le louer, à épuiser toutes les formules de la flatterie, devenue inséparable de toute action publique, de toute production des arts. Les lettres avilies n'étoient plus que l'instrument du despotisme, qu'elles érigeoient en idole. La politique du gouvernement ne résidoit que dans l'imposture et l'erreur : son chef, environné de mystère, ne communiquoit avec les Français que par des discours emphatiques, par les basses adulations de ses ministres et de son sénat. Journaux, livres, discours, tout déguisoit la vérité, et la France entière, comme enveloppée de ténèbres, ignoroit non-seulement ce qui se passoit en Europe, mais dans son propre sein. Napoléon confondoit un siècle de lumières avec les temps reculés de la barbarie, vers lesquels nous reportoient à grands pas ses propres institutions. Que nous offroient-elles? Un sénat conservateur pour décimer chaque année la population de la France, pour sanctionner toutes les extravagances du pouvoir absolu; un corps législatif muet pour faire le bien, mais non pour disposer de la fortune des citoyens au gré du despote. A ses lois arbitraires il joignit aussi un concordat avec le chef auguste de la religion catholique, et qui lui servit à usurper la puissance spirituelle.

Tous les pouvoirs étoient confondus dans ce gouvernement bizarre; et, après les empereurs de Maroc et d'Abyssinie, le souverain le plus absolu de l'univers, c'étoit Napoléon. S'il montroit quelquefois de la vigilance, c'étoit pour fouler aux pieds les décisions des tribunaux; pour faire casser leurs arrêts; s'il modéroit quelquefois le zèle de ses suppôts, c'est que lui seul vouloit exercer le privilége de l'oppression. Tout en donnant un Code civil aux Français, Napoléon violoit le droit des gens; il multiplioit les bannissemens et les lettres de cachet; les pages de son Code étoient successivement déchirées par des décisions ministérielles, par les arrêts des cours, et par les interprétations contradictoires des commentateurs.

S'il maintenoit le jury, c'étoit à côté de

commissions militaires et prévôtales ; s'il tonnoit contre d'anciens priviléges, c'étoit pour en créer de nouveaux ; s'il rétablissoit les anciens titres, les dignités de la monarchie, c'étoit pour faire illusion sur la vraie nature de son gouvernement.

Passons-nous à son administration intérieure, nous n'y verrons qu'un tissu de contradictions et d'inconséquences; tous les rouages en étoient compliqués et embarrassés. Il avoit multiplié les charges, les emplois, pour acheter des complices.

On avoit fondé les finances de l'Etat sur l'impôt foncier, et l'on ne cessoit de ruiner les fermiers en arrachant les cultivateurs aux campagnes et en les frappant d'énormes réquisitions. Si Napoléon instituoit des chambres de commerce, il tarissoit en même temps les sources de l'industrie en fermant aux Français les mers des deux hémisphères. Les recettes extérieures soutenoient seules les finances; la guerre nourrissoit les armées; les licences étoient le foible véhicule du trafic maritime.

De fastueux monumens s'élevoient, il est vrai, dans la capitale de l'Empire; de vastes palais, des portiques, des arcs triomphaux, des colonnes consacroient de sanglans trophées; mais, parmi tant d'édifices érigés par l'orgueil, on en cherchoit vainement un seul qui retraçât d'heureux souvenirs.

Depuis que l'Europe, désolée par l'ambition d'un seul homme, n'étoit plus qu'un champ de bataille, les trésors et la population de la France alloient s'engloutir dans l'abîme de la guerre. Au lieu de quatre cents millions que la France payoit sous ses rois, quinze cents millions suffisoient à peine pour ses besoins toujours renaissans, quoiqu'elle n'eût ni le triple de ses anciens revenus, ni le double d'étendue en surface. Le code inhumain de la conscription décimoit chaque année la fleur de la population virile; et, selon l'expression pittoresque employée par un écrivain illustre et par un législateur plein de talent et de courage (1), quatre-vingt mille jeunes gens étoient abattus comme les arbres d'une forêt mise en coupe réglée tous les douze mois. Quand la guerre eut pris une extension funeste, jusqu'à trois moissons d'hommes furent successivement dévorées. On vit marcher en escadrons, sous le titre de *gardes d'honneur*, les fils des

---

(1) M. de Chateaubriand et M. Lainé.

plus grands propriétaires. Privés du droit de se faire remplacer, ils alloient périr les premiers dans les combats, répondant ainsi de la fidélité de leurs familles, dont ils étoient les otages. Le conquérant retraçoit, disoit-on, la fable du minotaure : on le comparoit aussi à Saturne, qui dévoroit ses propres enfans.

Déjà tous les Etats voisins avoient eu recours pour leur propre défense, à ces levées anti-sociales. On ne pouvoit plus combattre ce système destructeur que par le même système : extrémité fatale! tous les peuples furent comme précipités les uns sur les autres pour s'entre-dévorer. L'ordre du monde civilisé étoit bouleversé : la réaction de l'Europe contre ce menaçant empire paroissoit inévitable. A ce colosse venoit d'être réunie par décret et comme partie intégrante, une portion de l'Allemagne septentrionale : l'œil mesuroit avec effroi des limites qui, des colonnes d'Hercule, s'étendoient aux mers du Nord; mais cette vaste domination perdoit en sûreté ce qu'elle gagnoit en étendue. Sa ruine fut accélérée par l'expédition la plus extravagante qu'aient jamais pu concevoir la passion et la soif des conquêtes.

Avant de jeter un coup d'œil sur la fameuse invasion de Russie, examinons le génie militaire de Buonaparte, et pourquoi, sachant envahir, il ne sut ni rien défendre ni rien conserver.

Si tout l'art de la guerre consiste à opérer avec de grandes masses de soldats, si des forces immenses peuvent seules décider des batailles, en attaquant des points foibles ou mal défendus, sans doute Buonaparte a surpassé dans cet art meurtrier les Attila et les Gengiskan. L'Italie seule fut pour lui un vrai théâtre de gloire : une sorte d'instinct le porta depuis à renverser, à envahir, à détruire. Tranquille dans le tumulte et dans le carnage, maître de lui comme de tout ce qui l'environnoit, il n'aimoit que le jeu cruel de la guerre; et malgré ses vicissitudes, il contraignit long-temps la fortune de lui obéir. Mais la guerre ne se compose pas uniquement des parties de l'art qu'on nomme stratégie et tactique; dispositions prévoyantes, sages lenteurs, mouvemens inattendus, retraites savantes, tel est l'ensemble du talent qui caractérise le capitaine du premier ordre : tout émane de son génie; il plane sur les empires, décide du destin des armées, des nations, et tel que le Jupiter d'Homère, il envoie aux uns la victoire, aux autres la fuite et la mort. A-t-il réuni les combinaisons militaires aux vues politiques, celui qui se montra incapable de prudence, celui qui sacrifia tout pour des succès éphémères, sans s'inquiéter des chances de la fortune; celui qui, troublé dans les revers, vouoit ses soldats aux plus dures privations, et les sacrifioit dans des marchés au-dessus des forces humaines? Il ne s'éleva point au premier rang, celui dont la tactique furibonde bouleversa l'art de la guerre, et le fit rétrograder; celui dont les batailles ne furent que des boucheries d'hommes; celui dont la gloire militaire disparut devant les infidélités de la fortune; celui enfin qui, poussant les unes sur les autres les générations de l'Occident vers le Midi et vers le Nord, se condamna par ses ravages à une funeste immortalité: celui-là, s'il a pu élever un empire, étoit incapable de le maintenir et de le conserver.

Tel fut Buonaparte en Espagne, en Russie, en Allemagne, et dans cette campagne mémorable, où, réduit à défendre sa propre capitale, il ne sut pas même la garantir.

Un fantôme de gloire l'entraîne dans les profondeurs de l'empire russe, et il se flatte que l'humiliation d'une si grande puissance fera revivre parmi les nations la terreur de ses armes, dont l'impression commençoit à s'affoiblir, et retiendra l'Europe sous sa domination. Plein de cette idée chimérique, il rassemble la plus belle, la plus florissante armée qui ait jamais paru sur la terre.

Laissant l'Europe morne et dans la plus vive attente, il passe le Niemen, inonde la Lithuanie, et dédaigne la conquête plus utile de la Volhinie et de l'Ukraine; il néglige d'organiser la Pologne derrière lui, et, avec une armée et des bagages immenses, il court sur Moscou par une seule route, persuadé qu'il dictera la paix dans cette capitale; qu'il reviendra vainqueur et maître de la terre : mais l'inexorable destin avoit lancé ses arrêts. Napoléon rencontre un peuple antique et encore près de la nature, inaccessible aux deux puissans auxiliaires, le mensonge et la terreur, qui lui ont frayé la route à l'asservissement de l'Europe. Il ne pouvoit être vaincu que par un plan de campagne plus gigantesque et plus effrayant que le sien : Moscou fut sacrifié, et ce sacrifice complet sauva la Russie et l'Europe. La constance sublime de l'empereur Alexandre, les exploits glorieux de ses soldats, l'inébranlable fidélité de ses peuples, précipitèrent l'agresseur, du faîte de la puissance, dans l'abattement et l'infortune. Buonaparte, enivré, s'assoupit au milieu des décombres fumans de Moscou incendié, sans songer à la rigueur du climat et au retour prochain de l'hiver. D'un souffle la Providence dispersa son armée superbe; les frimas, la faim, la misère, le fer des Russes l'anéantirent. Une entreprise commencée avec des forces si prodigieuses, échoua parce que son chef insensé avoit voulu franchir les bornes posées par la nature, et heurter tous les préceptes de la sagesse. On eût dit que la révolution française, après avoir bouleversé l'Occident, étoit allée frapper le Nord, et se briser à ses pieds. L'Europe fut traversée par une large ligne de dévastation, comme sous le féroce Attila; mais avec la différence que le second fléau de Dieu se dirigea de l'Occident vers le Nord, tandis que le premier, déchaîné par le Nord, avoit fait trembler l'Occident. Tel fut le résultat de cette fameuse campagne. Dès ce moment le génie militaire de Napoléon sembla frappé de paralysie.

Echappé, comme par miracle, à travers des milliers d'escadrons russes et tartares, à travers des plaines couvertes de neige, de cadavres et de débris, Napoléon ne trouva de sûreté que dans sa propre capitale, où il y reparut, non en vainqueur, mais en roi fugitif. Il étonna bien plus encore par son insensibilité que par l'immensité de ses revers. Mais ses flatteurs vouloient mettre à couvert sa gloire, en s'efforçant de persuader à la France que les *élémens* seuls et la fortune l'avoient trahi; comme si un froid rigoureux au mois de novembre, sous le 55e degré de latitude, eût présenté un phénomène incroyable.

En moins de quatre mois on avoit vu le théâtre de la guerre transporté du Dnieper et de la Dwina sur l'Oder et sur l'Elbe.

Une grande révolution dans les rapports politiques des cabinets de l'Europe devoit être la suite d'une vicissitude si prompte, si éclatante. Buonaparte n'avoit point d'alliés fidèles; tous aspiroient à secouer le joug de vasselage que le dominateur décoroit du nom d'alliance. Le traité qui unissoit déjà la Russie, la Grande-Bretagne et la Suède, offroit à tous les Etats voisins un nouveau point d'appui et de réunion. La Prusse s'y rattacha la première. Telle fut l'origine de la confédération générale qui se forma si rapidement contre la prépondérance de Napoléon. En vain les monarques alliés lui offrent généreusement la paix, et ne réclament que le sacrifice de ses prétentions sur l'indépendance de l'Europe. Ni les malheurs publics, ni l'industrie anéantie, ni l'aspect des champs sans culture, ni l'épuisement de toutes les ressources, ni tant de familles plongées dans le deuil, rien ne peut le fléchir ; il veut remplir l'univers du bruit de son nom, et il n'est point arrêté par le spectacle déchirant du vaste continent de l'Europe, partout couvert des ossemens confondus de guerriers de nations différentes, qui ne se haïssent point, et que les distances auroient dû préserver. Les leçons du malheur et de l'histoire sont nulles devant son ambition : il ne sait tirer, de tant de désastres, aucun moyen de salut et de paix ; il reste insensible aux ravages ; et, comme si le ciel, dans sa colère, lui eût mis un épais bandeau sur les yeux, il se persuade que la France est inépuisable; qu'elle lui prodiguera de nouveaux soldats, de nouveaux trésors, pour reconquérir l'Europe. En effet, tout aussi aveuglés que Napoléon, les corps de l'Etat provoquent des sacrifices immenses. Une sage prévoyance commandoit de rendre la France inexpugnable, de former et d'exercer les nouvelles levées dans des camps derrière le Rhin ; conseils pusillanimes aux yeux de Buonaparte ! Il repasse le fleuve, comme si un mauvais génie l'eût poussé au cœur de l'Allemagne. Là il hasarde toute sa fortune dans deux batailles rangées; là, dans les champs de Lutzen et de Bautzen, il arrache avec peine la victoire à l'armée combinée russe et prusienne, qui se retire en Silésie, sans rien perdre de sa contenance et de sa fierté. Déjà la puissance de Napoléon étoit dépourvue d'appui dans l'opinion publique. Son armée n'avoit gagné que du terrain, tandis que les armées russes et prussiennes combattoient pour sauver les peuples, et que les peuples étoient là pour les soutenir. Mais, ébloui du faux éclat de deux trophées plus brillans que solides, il se croit encore le *dieu de la guerre*, ne songe pas même qu'il a réveillé l'Autriche, que les Saxons et les Bavarois, poussés par le courage du désespoir, vont se réunir à la confédération européenne. Sans égard pour un lien serré par la contrainte, l'Autriche fait marcher ses troupes, qui, placées en première ligne, deviennent la grande armée des alliés. Elle est battue, il est vrai, sous les murs de Dresde, mais une armée française, reprenant l'offensive en Bohême, est écrasée à la bataille de Culm, gagnée par le roi de Prusse en personne, bataille décisive pour l'issue de la campagne. Une autre armée veut prendre également l'offensive en Silésie; Blucher la repousse. Deux corps, encore plus formidables, se portent successivement sur Berlin; ils sont défaits à Gros-Beeren et à Dennewitz. Buonaparte s'obstine cependant à s'appuyer sur la ligne de l'Elbe. Entouré par trois armées alliées, il brave encore l'Allemagne entière soulevée contre sa domination. Enfin, il quitte Dresde et rétrograde; mais, attaqué avec toutes ses forces réunies dans les champs de Leipsic, il perd, dans trois journées mémorables (16, 18 et 19 octobre), malgré l'héroïsme des troupes françaises, plus de deux cent cinquante pièces de canon, neuf cents caissons, plusieurs aigles et drapeaux, près de soixante mille hommes, et sa gloire militaire. Les troupes allemandes et polonaises désertent en foule ses drapeaux, et tout annonce à l'Europe délivrée que la liberté de l'Allemagne a été reconquise à Leipsic. Cette bataille célèbre est le dernier effort du dominateur universel.

Comment concevoir qu'après s'être acquis, dans trente batailles gagnées en personne, une si grande renommée, Buonaparte ait pu, dans une journée décisive, choisir une position si défavorable pour y ranger son armée? Laissant l'Elster et la Pleisse sur ses derrières; ayant un terrain marécageux à parcourir, il ne lui restoit, pour effectuer sa retraite, qu'un pont étroit où cent mille hommes et trois mille voitures de bagages devoient défiler. Ce pont, si fatal aux armes françaises, il donne l'ordre inhumain de le faire sauter pour assurer sa fuite, sacrifiant ainsi tous les corps qui tenoient encore entre l'Elster et Leipsic.

Déjà les armées alliées sont à sa poursuite; soixante-dix mille hommes lui restent à peine, débris de tant d'armées florissantes. Ces colonnes en retraite se dirigent précipitamment sur Erfurt, suivies et serrées de près par l'armée de Silésie, tandis que la grande armée de Bohême, commandée par le prince de Schwartzenberg, côtoyoit leur flanc gauche, et que leur flanc droit étoit continuellement débordé par l'armée du Nord de de l'Allemagne. Un corps volant, conduit par le général Czernicheff, devance l'avant-garde française, détruit les magasins sur sa route, rend les chemins impraticables. Tantôt Czernicheff attaque l'avant-garde même, tantôt il retarde sa marche et fait sauter les ponts.

Ainsi harcelé, Buonaparte continue sa retraite vers le Rhin, constamment suivi par le gros des armées alliées. Il n'a plus sous ses drapeaux que cinquante à soixante mille hommes; le surplus erre dans les montagnes, sans armes et sans munitions. Les routes sont couvertes de cadavres et de mourans, témoins irrécusables d'une grande défaite, tristes restes qui indiquent aux alliés la route qu'ils ont à suivre. Mais il lui faut encore, pour arriver jusqu'au Rhin, se faire jour au travers d'une armée austro-bavaroise, résolue de barrer le passage aux vaincus. Hanau devient, pour les Français, une nouvelle Berezina. Ce n'est qu'à la valeur héroïque et à l'intelligence de ses généraux, que Napoléon est redevable de son salut, ou du moins de sa fuite jusqu'à Mayence, où il repasse le Rhin. Là s'évanouit le rêve de la monarchie universelle.

Les mêmes désastres que ceux de la campagne précédente venoient de se répéter, mais avec plus de honte encore, l'épée seule ayant décidé la querelle, sans l'influence des frimas; cette fois d'ailleurs les pertes étoient irréparables.

Après avoir échappé à tant de périls, Buonaparte vaincu retrouve un refuge tranquille dans son chateau des Tuileries. Là, au milieu de sa capitale, entouré de courtisans aveuglés et pleins d'espérance, il entend, avec une nonchalance asiatique, l'Europe victorieuse, la France éplorée lui demander la paix, qui seule pouvoit sauver son trône. Rien ne peut le toucher, ni les cris de tant de familles désolées, ni le déchirant spectacle de mille lieues de pays ravagées par la guerre, ni l'horreur que sa domination inspire à l'Europe, ni le souvenir de la perte de deux milliards, de quatorze cent mille hommes, et de tout le matériel de deux armées immenses, sacrifiés en deux campagnes. Napoléon espère ressaisir le glaive d'Attila; il repousse la paix avec hauteur, et expose la France elle-même à l'invasion, au démembrement, à la conquête et à tous les fléaux de la guerre.

Ainsi, cette horreur des champs de bataille alloit s'approcher de nous; elle ne devoit plus rester cachée, pour ainsi dire, dans les déserts de la Russie, dans les bois de l'Allemagne, dans les gorges des Pyrénées, dont les échos avoient répondu aux cris de joie jetés dans les plaines de Leipsic. C'est au sein même de nos foyers que nous étions destinés à voir tout ce que la guerre présente de plus effrayant et de plus terrible. Paris même, que dans les premiers siècles de la monarchie, les Normands assiégèrent en vain, n'en devoit pas être exempt.

Si le plus grand des crimes politiques est de livrer un pays à l'invasion, Buonaparte touchoit au triste avantage d'avoir tout épuisé pour désoler l'humanité, et c'est ce dernier terme de la puissance échappant de ses mains dont je vais présenter au lecteur un fidèle tableau.

LIVRE II.

Marche des armées coalisées vers le Rhin. — Le desir de la paix se manifeste. — Communications secrètes pour les bases d'une pacification générale. — Séance extraordinaire du conseil d'État, présidée par Napoléon. — Décrets qui doublent la contribution et lèvent trois cent mille hommes. — Déclaration de Francfort. — La Hollande se soulève. — Evacuation de Bréda et de Villemstadt. — Grand conseil de guerre des alliés. — L'invasion de la France est résolue. — Ouverture de la session du Corps-Législatif. — Formation d'une commission extraordinaire. — Entrée des alliés en Suisse. — Passage du Rhin. — Premières hostilités. — Investissement de Béfort et d'Huningue. — Entrée des Autrichiens à Genève. — Rapport de la commission extraordinaire sur les ouvertures de paix. — Ajournement du Corps-Législatif. — Discours de Napoléon aux députés. — Envoi de commissaires extraordinaires dans les provinces. — Napoléon appelle les Français à la défense de la patrie.

Des bords du Mein jusqu'à la Baltique, tout le nord de l'Allemagne étoit inondé de troupes russes, prussiennes, autrichiennes, bavaroises et suédoises, victorieuses à Leipsic. Les corps français qui défendoient encore les places de la Vistule et de l'Oder; ceux qui couvroient Dresde, Magdebourg et Hambourg, livrés à eux-mêmes, ne pouvoient déjà plus se réunir ni opérer leur retraite. Dès la fin d'octobre, le Hanovre et la Hesse étoient reconquis. Le général russe Wenzingerode poussoit déjà ses détachemens sur les routes de Wezel et de Dusseldorf; il étoit à une marche de Brême, et alloit s'étendre sur le pays d'Oldembourg et sur les frontières de la Hollande. Le général prussien de Bulow, dont le corps faisoit partie de l'armée du nord de l'Allemagne, venoit d'arriver à Minden; son infanterie se dirigeoit sur Munster, tandis que sa cavalerie joignoit celle du général Czernicheff sur le Rhin. Le général russe Voronzof marchoit sur Lunébourg, et une division de l'armée suédoise occupoit Brunswick. Le 6 novembre, le prince royal de Suède transféra son quartier-général dans la ville de Hanovre; la régence de l'électorat y fut aussitôt rétablie. Enfin, la grande armée alliée, qui s'étoit dirigée de la Saxe vers la Franconie, vint occuper les environs de Francfort, où le 5 novembre, les monarques coalisés portèrent leur quartier-général. Partout ces mêmes légions françaises, qui avoient conquis les deux tiers de l'Europe, cherchoient leur sûreté derrière le Rhin, derrière ce fleuve, barrière insurmontable, si le dominateur de la France n'eût voulu étendre au-delà son système d'asservissement.

Les Russes ne s'y seroient pas présentés si Napoléon n'eût été les provoquer jusqu'à Moscou. On n'y auroit pas vu l'armée prussienne, si, malgré la foi jurée, Napoléon n'eût retenu les forteresses de la monarchie de Frédéric. L'armée autrichienne y parut également pour recouvrer la suprématie de l'Allemagne, et parce qu'elle avoit des outrages à venger; enfin, on y vit les Suédois, parce qu'au sein même de la paix, et en violation du traité le plus solennel, Napoléon les avoit surpris à Stralsund, et insultés à Stockholm.

Tous les princes d'Allemagne, autrefois ses alliés, ou plutôt ses vassaux, s'empressoient de rompre les liens de leur servitude; ceux même dont les Etats devoient leur agrandissement à son pouvoir y renonçoient, ainsi qu'à sa funeste protection. Ils accouroient à Francfort pour offrir aux souverains alliés leur coopération et leurs troupes. L'arrivée des réserves russes et prussiennes éleva bientôt la grande armée à cent mille hommes, tandis que l'armée du nord de l'Allemagne, au nombre de quatre-vingt mille combattans, se dirigeoit vers la Belgique et la Hollande, et que l'armée de Silésie, forte de cinquante mille hommes, se portoit aussi entre le Mein et le

Necker pour se mettre en communication avec la grande armée.

Ainsi, une seule journée avoit suffi pour commencer la démolition d'un édifice politique élevé par cent victoires, mais sans le concours des peuples ; édifice monstrueux connu sous le nom d'Empire français, formé sur les ruines d'Etats jadis indépendans et heureux, agrandi par des provinces arrachées à d'antiques monarchies, soutenu au prix du sang et de la fortune d'une génération entière. C'étoit la désunion des rois qui avoit livré à Napoléon le continent européen, et c'étoit l'union des rois et des peuples qui alloit conquérir l'indépendance de l'Europe. Le sentiment de l'honneur national avoit sauvé la Russie, l'Espagne et l'Allemagne : par un accord admirable, la jalousie des cabinets s'étoit convertie en amour du bien général ; mais on ne pouvoit reconstruire l'édifice social qu'en forçant Napoléon à fléchir à son tour sous l'empire de la nécessité. Or, la paix seule pouvoit garantir la France d'une guerre d'invasion ; mais la France ignoroit encore que trois cent mille de ses soldats gisoient sur le sol de l'Allemagne. Les mensonges officiels, les palliatifs de l'imposture circuloient rapidement à travers ses provinces, et la vérité n'y pénétroit que par des voies obliques. La masse entière de la nation étoit aveuglée sur ses propres dangers. Les alliés, au contraire, loin d'être éblouis des succès dont la fortune venoit de favoriser leurs armes, désiroient ardemment la paix; tous les peuples soupiroient après cette faveur du ciel : Napoléon seul s'opposoit au bonheur du Monde.

Cependant, un de ses ministres en Allemagne, le baron de Saint-Aignan, traité d'abord, par méprise, comme prisonnier de guerre à Veymar, réclama, et fut reçu avec les égards dus à son caractère, par le prince de Metternich, ministre d'Autriche. Dans une première conversation, le prince, applaudissant à la révolution qui s'opéroit en Allemagne, insista sur la nécessité de faire la paix, sur le grand calme et sur l'esprit de modération qui présidoient aux conseils des monarques (1) : « Ils ne se désuniront point, ajouta le ministre » autrichien, parce qu'ils veulent conserver » leur activité et leurs forces; et ils sont d'au- » tant plus forts, qu'ils sont modérés; per- » sonne d'ailleurs n'en veut à la dynastie de » l'empereur Napoléon; et si Napoléon a réelle-

---

(1) Voyez le rapport de M. le baron de Saint-Aignan.

» ment l'intention de faire la paix, il évitera bien
» des maux à l'humanité, et de grands dangers
» à la France. L'équilibre entre les puissances
» de l'Europe est non seulement praticable,
» mais nécessaire. Des moyens indirects pour
» arriver à la paix ne réussiroient point ; ce
» n'est donc qu'en s'expliquant avec loyauté
» et candeur qu'on pourroit obtenir un si
» heureux résultat : il ne s'agit que d'aborder
» franchement, et sans détour, la question de
» la paix. »

Ces ouvertures amenèrent une entrevue et des communications confidentielles entre le baron de Saint-Aignan et le prince de Metternich, le comte de Nesselrode, ministre de Russie, et lord Aberdeen, ambassadeur à la cour de Vienne. Il y fut posé en principe, que les puissances européennes, engagées par des liens indissolubles, avoient pris la résolution invariable de ne faire qu'une paix générale (1) ; qu'en se renfermant dans ses limites naturelles, le Rhin, les Alpes et les Pyrénées, la France conserveroit toute l'intégrité de son territoire ; mais que le principe de l'indépendance absolue

---

(1) Voyez la note écrite à Francfort, le 9 novembre, par M. le baron de Saint-Aignan.

de l'Allemagne, de l'Espagne, de l'Italie et de la Hollande, étoit une condition *sine quâ non*; que si ces bases étoient admises, on pourroit neutraliser sur la rive gauche du Rhin, tel lieu qu'on jugeroit convenable, où se rendroient sur-le-champ les plénipotentiaires des puissances belligérantes, sans toutefois que les négociations suspendissent le cours des opérations militaires.

Le baron de Saint-Aignan vint apporter à Paris les communications des ministres alliés. Ces ouvertures importantes ne donnèrent lieu qu'à une réponse insignifiante et vague du ministre des relations extérieures (1), sans aucune admission explicite des bases générales du projet de pacification de l'Europe.

Tout indiquoit aux alliés que Napoléon ne cherchoit qu'à se prévaloir de leurs dispositions franches, et que s'il témoignoit des intentions pacifiques, il n'en empruntoit que les apparences pour justifier, aux yeux des Français, les nouveaux sacrifices qu'il ne cessoit de leur demander. En effet, malgré l'épuisement total de la nation, malgré l'abat-

---

(1) Voyez la lettre du duc de Bassano, à M. le prince de Metternich, du 16 novembre, et la réponse du prince.

tément des esprits, le sentiment du désespoir inspiroit encore à son chef des mesures de détresse et d'alarmes; sa persévérance belliqueuse ne laissoit plus aucun retour au repentir, ni aucun espoir de rapprochement. Toutes ses idées sembloient bouleversées depuis les revers des campagnes de Russie et de Saxe.

De retour à Paris, le 9 novembre, il tint, le 11, un conseil d'Etat extraordinaire. Les courtisans eux-mêmes se montroient impatiens d'interroger le front de ce conquérant humilié. Les membres du conseil furent admis en sa présence. Pour se tirer de l'embarras d'une première entrevue, Napoléon interpelle brusquement le gouverneur de la banque, et blâme avec amertume des mesures qui, dans un moment critique, avoient sauvé cet établissement et rassuré le crédit public. Il parle sans laisser au gouverneur le temps de se défendre, parcourant le cercle des mêmes idées exprimées dans les mêmes termes, et mêlées d'expressions cruelles de mépris.

Il cesse de parler, et les conseillers d'Etat passent dans la salle du conseil. La séance s'ouvre par la lecture d'un décret de finances, rendu sans la sanction du corps législatif, qui pourtant étoit convoqué pour le 2 décembre.

Il s'agissoit d'augmenter les contributions de moitié en sus. Le décret passe sans réclamation sur le fond ; mais, après une discussion accessoire, pendant laquelle Napoléon émet diverses opinions contradictoires, et même absurdes : « La contribution, dit-il, n'a point » de bornes ; elle présente communément l'i- » dée du cinquième ; mais elle peut, suivant » l'urgence des événemens, s'élever au quart, » au tiers, à la moitié. Non, la contribution » n'a point de bornes ; s'il y a des lois qui » disent le contraire, ce sont des lois mal » faites. »

Après ce décret on donne lecture d'un projet de sénatus-consulte, pour mettre à la disposition du ministre de la guerre trois cent mille hommes à prendre sur les anciennes conscriptions, solennellement libérées et épuisées. Un silence morne règne alors dans l'assemblée, et les flatteurs interrogés restent muets pour la première fois. Un membre néanmoins articule ces paroles : « Sire, le salut de » l'Empire ! » Un autre blâme, dans le considérant, l'expression de *frontières envahies*, comme étant alarmante. « Pourquoi ? s'écrie » Napoléon. Il vaut mieux dire ici toute la » vérité. Wellington n'est-il pas entré au

» Midi? Les Russes ne menacent-ils pas le
» Nord? Les Autrichiens, les Bavarois, ne
» menacent-ils pas l'Est? Wellington est en
» France! quelle honte! et l'on ne s'est pas
» levé en masse pour le chasser........

» Tous mes alliés m'ont abandonné! Les
» Bavarois m'ont trahi.... Ne sont-ils pas venus
» se placer sur mes derrières pour me couper
» la retraite! Aussi, comme on les a massa-
» crés! Non, point de paix que je n'aie brûlé
» Munich! Un triumvirat s'est formé dans le
» Nord, le même qui a partagé la Pologne.
» Point de paix qu'il ne soit rompu. Je de-
» mande trois cent mille hommes : je formerai
» un camp de cent mille hommes à Bordeaux,
» un pareil à Lyon, et un autre à Metz. Avec
» la précédente levée et ce qui me reste,
» j'aurai un million d'hommes; mais je veux
» des hommes faits, et point de ces jeunes
» conscrits à encombrer les hôpitaux ou à
» expirer sur les routes..... Je ne puis compter
» que sur les habitans de l'ancienne France.
» — Sire, dit un conseiller, il faut que l'an-
» cienne France nous reste.—Et la Hollande!...
» reprend brusquement Napoléon. S'il me
» falloit abandonner la Hollande..... Plutôt la
» rendre à la mer!.... Conseillers, il faut de

» l'élan; il faut que tout le monde marche.
» Vous êtes pères de famille; vous êtes les
» chefs de la nation : c'est à vous à lui donner
» l'élan. On parle de paix; je n'entends que
» ce mot de paix, tandis que tout devroit
» retentir du cri de guerre......... »

Après ces paroles, prononcées d'un ton brusque et entrecoupé, le projet de sénatus-consulte pour l'appel de trois cent mille hommes est adopté sans réclamation. Napoléon lève la séance; ses courtisans et ses conseillers se retirent agités de sentimens divers.

Les puissances alliées purent juger par ce décret hostile que la paix de l'Europe étoit loin encore de la pensée du dominateur de la France, et qu'il ne cherchoit qu'à tirer parti d'une négociation trompeuse pour disposer l'opinion publique en sa faveur. Pénétrant ses vues secrètes, les alliés se décidèrent à conquérir en France même cette paix tant désirée.

Ils exposèrent d'abord à l'Europe leurs déterminations, leurs vœux, et les principes qui avoient cimenté leur alliance. Animés du désir de voir l'édifice social reconstruit sur une juste échelle de proportion entre les diverses puissances; décidés à ne point poser les armes avant d'avoir atteint le but de leurs efforts, ils manifestèrent leurs intentions par la déclaration suivante, publiée à Francfort le 1ᵉʳ décembre.

« Le gouvernement français vient d'arrêter
» une nouvelle levée de trois cent mille cons-
» crits : les motifs du sénatus-consulte ren-
» ferment une provocation aux puissances
» alliées. Elles se trouvent appelées à pro-
» mulguer de nouveau, à la face du Monde,
» les vues qui les guident dans la présente
» guerre, les principes qui font la base de
» leur conduite, leurs vœux et leurs détermi-
» nations.

» Les puissances alliées ne font point la
» guerre à la France, mais à cette prépondé-
» rance hautement annoncée, à cette prépon-
» dérance que, pour le malheur de l'Europe
» et de la France, l'empereur Napoléon a
» trop long-temps exercée hors des limites de
» son Empire.

» La victoire a conduit les armées alliées
» sur le Rhin. Le premier usage que LL. MM.
» II. et RR. ont fait de la victoire, a été
» d'offrir la paix à S. M. l'empereur des
» Français. Une attitude renforcée par l'ac-
» cession de tous les souverains et princes de
» de l'Allemagne, n'a pas eu d'influence sur
» les conditions de la paix. Ces conditions sont

» fondées sur l'indépendance de l'Empire fran-
» çais, comme sur l'indépendance des autres
» Etats de l'Europe. Les vues des puissances
» sont justes dans leur objet, généreuses et
» libérales dans leur application, rassurantes
» pour tous, honorables pour chacun.

» Les souverains alliés désirent que la France
» soit grande, forte et heureuse, parce que la
» puissance française grande et forte, est une
» des bases fondamentales de l'édifice social.
» Ils désirent que la France soit heureuse; que
» le commerce français renaisse, que les arts,
» ces bienfaits de la paix refleurissent, parce
» qu'un grand peuple ne sauroit être tran-
» quille qu'autant qu'il est heureux. Les puis-
» sances confirment à l'Empire français une
» étendue de territoire que n'a jamais connue
» la France sous ses rois, parce qu'une nation
» valeureuse ne déchoit pas pour avoir à son
» tour éprouvé des revers dans une lutte opi-
» niâtre et sanglante, où elle a combattu avec
» son audace accoutumée.

» Mais les puissances aussi veulent être heu-
» reuses et tranquilles. Elles veulent un état
» de paix qui, par une sage répartition de
» forces, par un juste équilibre, préserve dé-
» sormais leurs peuples des calamités sans

» nombre qui depuis vingt ans ont pesé sur
» l'Europe.

» Les puissances alliées ne poseront pas les
» armes sans avoir atteint ce grand et bien-
» faisant résultat, noble objet de leurs efforts.
» Elles ne poseront pas les armes avant que
» l'état politique de l'Europe ne soit de nou-
» veau raffermi, avant que des principes im-
» muables n'aient repris leurs droits sur de
» vaines prétentions, avant que la sainteté des
» traités n'ait enfin assuré une paix véritable
» à l'Europe. »

On n'étoit point accoutumé à ce ton de dignité, de franchise et de modération de la part de potentats si puissans. Le but moral de la guerre étoit tout entier en leur faveur, et il devenoit accablant pour Napoléon. La déclaration de Francfort l'isoloit de la nation française. Il le sentit, et s'empressa de faire notifier par M. de Caulaincourt, son nouveau ministre des relations extérieures, qu'il adhéroit à l'ouverture d'un congrès, et aux bases générales et sommaires communiquées en Allemagne au baron de Saint-Aignan (1).

---

(1) Voyez la lettre de M. le duc de Vicence à M. le prince de Metternich, du 2 décembre 1813, et la réponse du prince, datée de Francfort-sur-le-Mein, le 10 décembre.

Mais la marche des négociations alloit être subordonnée aux opérations militaires, aux incidens politiques.

L'approche seule des premières colonnes de l'armée du nord de l'Allemagne vers les frontières de la Hollande, y fit éclater une révolution subite.

La France avoit aussi absorbé la Hollande, comme tant d'autres États monarchiques et républicains : le despotisme de Napoléon s'étoit hâté de consommer cet envahissement, commencé au nom d'une liberté trompeuse. Autrefois puissante et riche, la Hollande, considérée dans les quatre parties du monde, se trouva perdue pour ainsi dire dans l'immensité de l'Empire français : son nom même avoit disparu sur les cartes de géographie.

La défection de huit bataillons des 3e et 4e régimens étrangers, et de deux bataillons composés de Bataves, formant la majeure partie de la division française du général Molitor, laissa la Hollande maîtresse d'elle-même. La reprise des couleurs chéries des Hollandais, et le cri d'*Orange Boven* devinrent à Amsterdam et à La Haye, le signal de l'insurrection. Les autorités françaises et les agens français évacuèrent avec précipitation un pays que sa réunion impolitique à la France avoit réduit à l'état de détresse le plus déplorable.

Une révolution si brusque ne fut souillée d'aucun excès, ni d'aucune violence, soit envers celui qui gouvernoit les Hollandais au nom de Napoléon (1), soit envers les troupes qui les avoient long-temps opprimés. Ainsi les Hollandais indiquoient à la France et à l'Europe la différence qu'il importoit d'établir entre les instrumens et le moteur de tant de désastres. Honneur à la sagesse des Bataves, dont le généreux exemple, l'esprit de modération et de prudence, ont peut-être garanti la France, les alliés, l'Europe de plusieurs années de guerre, de crimes et de repentir !

Par l'affranchissement de la Hollande, la Belgique se trouvoit menacée vers le Rhin et le Vaal, par le corps russe du général Wenzingerode, et vers les Bouches de l'Escaut, par des corps anglais et hollandais. Tourmentés et aigris par les conscriptions réitérées et par les impôts vexatoires, les Belges étoient loin de redouter l'invasion. Déjà les routes de ces belles provinces étoient couvertes d'employés français, expulsés de la Hollande, et

―――――――――――――――――

(1) L'architrésorier Lebrun.

qui, la plupart, n'avoient échappé qu'avec peine à l'indignation du peuple.

Napoléon fit renforcer aussitôt de toutes les troupes disponibles dans le Nord, le corps d'armée du maréchal Macdonald, duc de Tarente, chargé de la défense du Rhin depuis Cologne jusqu'à Nimègue. Plusieurs bataillons de la garde impériale furent dirigés sur Liége et sur Anvers, ainsi que d'autres corps qui devoient former, pour couvrir Anvers et les Bouches de l'Escaut, une armée de vingt-cinq mille hommes, sous les ordres du général Decaen.

Outre la formation de deux armées pour garantir la Belgique, Napoléon songea également à la défense des places fortes. Le général Molitor jeta garnison dans Noorden, et le général Rampon se renferma avec quatre mille hommes dans Gorcum. Quelques troupes garnirent Bois-le-Duc, et Berg-op-Zoom reçut cinq mille hommes.

Mais ces dispositions étoient inefficaces contre des tentatives tellement rapides, qu'elles déconcertoient toutes les combinaisons. Bientôt les contrebandiers belges et des insurgés hollandais se réunirent aux troupes légères du corps de Wenzingerode, qui, après avoir franchi le passage du Moerdyk, parurent en force entre Gertruidemberg et Breda. Toute la Belgique fut dès lors en fermentation. Les habitans des campagnes s'émurent, et l'épouvante frappa ceux mêmes qui dirigeoient, à Anvers, les opérations militaires. Le général en chef Decaen, redoutant un soulèvement général, ordonna l'évacuation des places de Willemstadt et de Breda, afin d'augmenter les moyens de défense d'Anvers. On abandonna Willemstadt si précipitamment, qu'on y laissa les poudres, l'artillerie et une partie de la flotille. Les alliés, réunis aux insurgés, s'emparèrent des deux places; et, Willemstadt étant devenu un point de débarquement, le général Thomas Graham y aborda avec cinq mille Anglais.

En vain Napoléon voulut cacher son dépit, ses regrets, ses alarmes sur le soulèvement de la Hollande et sur les revers de l'Escaut. « La Hollande, dit-il, s'est livrée sans défense » aux alliés : les peuples s'étant déclarés pour » eux, ils ont conquis des villes que l'imprévoyance venoit de leur abandonner. » Il rendit le général en chef Decaen responsable des événemens, et le rappela; il confia le commandement au duc Charles de Plaisance,

4.

et ordonna une enquête sur l'abandon de Breda et Willemstadt. Le général Roguet fut chargé de reprendre Breda avant que les alliés eussent pu s'y établir. Ce général s'y porte aussitôt avec cinq à six mille hommes, renverse les avant-gardes ennemies, cerne Breda, y jette des obus; mais, repoussé bientôt par un corps anglais débarqué à Tholen, il est forcé de reprendre position à Hoogstraten, entre Breda et Anvers.

Ainsi l'invasion sembloit commencer par la Belgique; mais ces événemens précurseurs étoient dissimulés à la France : la révolution de la Hollande, la perte de Breda, l'occupation de Willemstadt par les Anglais, ne furent révélées que lorsque le voile épais qui couvroit tous les mouvemens offensifs fut enfin déchiré. A défaut de rapports officiels, des bruits vagues, exagérés, souvent contradictoires, circuloient dans la capitale, et la remplissoient de crainte et de terreur. Le sentiment général étoit que les provinces belgiques seroient les premières envahies, et que là s'établiroit le principal foyer de la guerre.

Cette fausse conjecture égara Napoléon; il se hâta de faire occuper les places fortes de la Meuse, du Vaal, de la Moselle et de l'Escaut. Vers Cologne, Nimègue et Anvers, filèrent la plupart de ses troupes disponibles : par là il laissoit la frontière de l'Est à peu près dégarnie.

L'importante question de l'invasion alloit être résolue dans le conseil des monarques coalisés. Les trois souverains réunis, et leurs principaux généraux, tels que le prince de Schwartzenberg, le général russe Barclay de Tolly, le général Toll, tacticien le plus renommé des armées russes, le général Pozzo di Borgo, attaché particulièrement au cabinet de l'empereur Alexandre; le feld-maréchal Blucher, le prince Royal de Wurtemberg, et le général comte de Wrede, ouvrirent à Francfort un grand conseil de guerre pour déterminer le passage du Rhin et arrêter le mode d'invasion.

« Napoléon, disoient les généraux les plus
» clairvoyans, voudra tout occuper, tout
» défendre; et pour conserver la France sous
» son joug, il renouvellera les mêmes fautes
» qui lui ont fait perdre l'Allemagne. Ne
» voyez-vous pas qu'il dissémine déjà ses
» forces dans les places de la Hollande, de la
» Belgique et du Rhin? Mais les forteresses
» ne sont-elles pas toujours le gage de la
» victoire? et que sont-elles d'ailleurs sans

» armées pour s'y appuyer et pour les couvrir?
» Napoléon veut préserver à la fois l'Italie,
» les frontières d'Espagne, la Belgique
» entière, et il n'aura d'armée imposante
» nulle part. Une invasion rapide le sur-
» prendra au sein de la sécurité ; surtout ne lui
» laissons pas le temps de ressaisir le levier
» révolutionnaire pour soulever et armer la
» nation; profitons du mécontentement qui
» est à son comble pour l'isoler des Français :
» peuvent-ils se méprendre aujourd'hui sur
» le véritable auteur de leurs maux, sur l'ob-
» jet qui seul mérite leur haine, sur celui
» enfin qui accumula sur sa tête la vengeance
» des nations? »

Ainsi, sans égard aux règles ordinaires de la guerre, il fut décidé qu'on pénétreroit en France en laissant derrière les colonnes d'invasion la vaste ceinture des places fortes, et que, protégé par cette manœuvre hardie, on marcheroit droit sur la capitale. Ce plan gigantesque, proposé et soutenu par l'empereur de Russie, l'emporta sans contradiction. Il se présentoit une autre question importante. Quel seroit le véritable point d'attaque? Le cabinet autrichien, dont la vue principale avoit pour objet la conquête de l'Italie, opinoit pour que l'invasion eût lieu par la Suisse et par la frontière de l'Est. Dans cette hypothèse, la conquête de Lyon devoit précéder le mouvement sur Paris, et la grande armée des alliés devoit partager la France en deux, en liant ses opérations de l'Est avec celle de lord Wellington, par la Guienne et le Languedoc; mais le cabinet russe insista pour qu'on marchât droit sur Paris, où se décideroient sans retour les destinées de la France et de l'Europe. Après une discussion lumineuse et approfondie, ce plan prévalut avec des modifications qui concilièrent les opinions divergentes. On arrêta que la principale invasion partiroit de la Suisse du 15 au 20 décembre; que le corps russe du général Wittgenstein et la garde impériale russe passeroient ensuite le Rhin au Fort-Louis; l'armée de Silésie entre Mayence et Manheim; l'armée du nord de l'Allemagne entre Coblentz et Nimègue, successivement et par échelons, de sorte que, la principale irruption attirant les forces françaises vers l'Est, les autres points se trouveroient moins disputés, et que les alliés, par des marches combinées et parallèles, se réuniroient en masse dans les plaines de la Champagne.

Une diversion partielle près de Neuss, entre Cologne et Coblentz, dissimula leurs véritables intentions. Neuss, sur la rive gauche, fut surpris et occupé par neuf cents hommes d'infanterie et par soixante hussards prussiens : on eût dit que les alliés alloient inonder la Belgique. L'alarme se répandit aussitôt dans tous les cantonnemens français; les peuples, par des démonstrations de joie, sembloient attirer les alliés, qu'ils proclamoient déjà comme des libérateurs. Les bruits que la barrière du Rhin étoit forcée retentirent dans Paris et à la cour de Napoléon, et une simple tentative, grossie par l'imagination des nouvellistes, fut transformée en un passage réel opéré par une armée de soixante mille hommes. Napoléon lui-même fit exagérer le danger, songeant dès lors à faire considérer comme nationale une guerre entreprise dans l'intérêt de son ambition.

Les journalistes, régulateurs de *l'esprit public*, mandés par le ministre de la police générale (1), reçurent l'injonction expresse de réveiller l'honneur national, et de tirer les Français de leur engourdissement. Le minis-

---

(1) M. Savary, duc de Rovigo.

tre, dans une sorte de harangue animée, leur recommanda de ne plus dissimuler le danger, et d'appeler tous les Français aux armes pour la défense de la patrie menacée au Midi et au Nord; il leur déclara même, sans doute pour mieux stimuler leur ferveur, pour les intéresser davantage au soutien d'un gouvernement qui les dotoit avec tant de profusion, que si les Français ne se levoient point en masse, les cosaques, ces Arabes du Nord, viendroient à Paris, leur dicter des lois, au mois de février.

Dès lors les journaux rompirent ce silence morne qu'ils avoient gardé si long-temps sur l'état politique de la France et de l'Europe : ils représentèrent l'empereur Napoléon luttant seul contre tous les autres monarques; chaque puissance dirigée par des vues particulières d'agrandissement; l'Allemagne courbée sous le sceptre moscovite, réalisant la fable du cheval qui, après avoir appelé l'homme à son secours pour le délivrer de son ennemi, fut bientôt dominé par son libérateur. Ainsi furent mis en jeu tous les ressorts de l'opinion pour l'égarer et pour la tromper.

Déjà des mesures alarmantes donnoient le signal de la détresse. Napoléon venoit d'ordonner une prompte organisation de la garde nationale pour la défense des places de guerre.

Tandis que le besoin de la paix se faisoit sentir dans tous les cœurs, que les alarmes assiégeoient tous les esprits, ce dominateur, agité, inquiet dans son avenir, tremblant pour le présent, honteux du passé, frémissoit sur le sort de sa dynastie. On l'avoit vu prendre son fils dans ses bras, et s'écrier d'une voix émue, entrecoupée : « Va, mon fils, je saurai » te conserver par la guerre tout ce que je » t'ai acquis par les armes. » Précipité du haut de sa gloire dans un labyrinthe d'embarras et de dangers, Napoléon rappeloit, selon l'heureuse expression d'un écrivain politique (1), Satan dans l'abîme, roulant encore dans sa tête le projet d'escalader le ciel. Enfermé dans son palais, tel qu'un monarque asiatique, il sembloit ne plus trouver de consolation que dans les cérémonies extérieures du trône; il se pressoit de jouer le personnage de roi, comme s'il eût pressenti que ce rôle difficile dût lui échapper bientôt.

---

(1) L'auteur du *Tableau politique de l'Europe depuis la bataille de Leipsic jusqu'au 31 mars* 1814.

Présidoit-il son conseil d'Etat, il prenoit un air sombre et farouche, surtout lorsqu'il étoit question de religion, de conscription, d'impôt ou de mesures de haute police : sa voix brusque et rauque glaçoit d'épouvante ses flatteurs, ses conseillers ; ses paroles, courtes, impérieuses, incohérentes déceloient l'agitation de son âme et le trouble de ses idées : et sur cette tête reposoient les destinées de la France !

Sous ces tristes auspices alloit s'ouvrir la cession du corps législatif, de ce corps imposant quoiqu'enchaîné. Napoléon veut l'asservir davantage : il provoque un sénatus-consulte pour lui donner un président pris hors de son sein, et il le choisit parmi ses propres ministres (1). Le mécontentement que fait naître ce nouvel acte de défiance et de despotisme éclate et confirme les inquiétudes inspirées à Napoléon sur les dispositions des députés.

Cependant, le 19 décembre, on réunit, au corps législatif, le sénat, le conseil d'Etat et les grands dignitaires, pour donner à ce jour d'ouverture plus de pompe et d'appareil.

« Tout a tourné contre nous, dit Napoléon

-----

(1) M. Régnier, duc de Massa.

» du haut de son trône, et la France même
» seroit en danger sans l'énergie et l'union
» des Français.

» Je n'ai jamais été séduit par la prospé-
» rité ; l'adversité me trouveroit au-dessus de
» ses atteintes. »

Telles furent les seules paroles remarquables de ce discours solennel.

Napoléon déclara toutefois qu'il venoit d'adhérer aux bases préliminaires présentées par les puissances coalisées, et que les pièces originales, renfermées au porte-feuille du département des affaires étrangères, alloient être communiquées par son ordre aux représentans de la nation.

Ce discours, il l'articula d'un ton mal assuré ; l'incertitude de ses mouvemens, la pâleur de ses traits, la précipitation de sa marche à son entrée et à sa sortie de la salle législative, les précautions multipliées pour sa sûreté, tout indiquoit ses alarmes : il sembloit déjà redouter ce corps des représentans, ce corps muet d'après l'essence de son institution impériale ; mais qui, par l'attitude même de ses membres, par le silence de ses applaudissemens, montroit déjà que la responsabilité des maux de la France pesoit sur l'oppresseur des nations.

Une commission extraordinaire de cinq membres fut aussitôt formée dans le sein du corps législatif. Le scrutin y appela MM. Lainé, Raynouard, Gallois, Flaugergues et Maine de Biran, tous connus par leur sagesse et leurs lumières, par leur éloignement pour le despotisme, par leur désir de la paix, et d'une paix honorable. Ce choix révéloit au public qu'un des premiers corps de l'Etat n'étoit point insensible aux maux de la patrie; et qu'il feroit entendre, au pied du trône, l'accent de la vérité.

Déjà Napoléon est instruit que la majorité des députés est résolue de conserver l'indépendance de ses opinions : il se trouble, il s'inquiète, il ne voit autour de lui que des trames pour ruiner son autorité. Toutefois le ministre de l'intérieur (1) prend l'engagement, dans un conseil privé, de s'assurer de la majorité des législateurs. Il les appelle en effet individuellement, et leur prodigue les exhortations, les caresses et les promesses les plus séduisantes :

―――――――――

(1) M. de Montalivet.

vains efforts! la majorité résiste aux insinuations ministérielles. Ces tentatives, ces démarches étoient enveloppées de mystère, il est vrai, mais en dépit de la compression générale, tout commençoit à transpirer. Tous les Français n'avoient pas perdu le sentiment de leur dignité dans ce déclin de la civilisation; les plus éclairés se flattoient que lorsqu'enfin un contrepoids légal mettroit un terme aux invasions du despotisme, Napoléon se verroit contraint, par le vœu de la nation, de souscrire à une paix que réclamoit l'humanité souffrante.

Mais le sénat, resté inébranlable dans son aveugle dévouement, continuoit de se montrer docile aux volontés du pouvoir absolu. On convint toutefois que ses actes respireroient des dispositions pacifiques pour que des apparences trompeuses servissent au moins à justifier aux yeux des Français les sacrifices pénibles qu'on ne cessoit de leur demander. Organe d'une commission extraordinaire formée au sein du sénat pour prendre communication des pièces relatives à l'état des négociations, M. le comte de Fontanes, dans un discours étudié, dit qu'il ne falloit point croire à la durée d'une coalition formée d'élémens qui se repoussoient, et de tant de peuples que la nature avoit faits rivaux; qu'il ne falloit point croire qu'un pareil assemblage d'intérêts si divers eût une longue durée.

« Dans ce grand différend, ajouta le rap-
» porteur, des peuples illustrés ont essuyé de
» nombreux revers. Rallions-nous autour de
» ce diadême, où l'éclat de cinquante victoires
» brille à travers un nuage passager, et faisons
» un appel à l'honneur national. »

Au moment même où une sorte de sécurité sembloit prévaloir et rassurer les esprits; au moment où s'accréditoit, dans la capitale, l'opinion erronée que la coalition étoit dans l'impuissance de rien entreprendre de décisif en deçà du Rhin, les armées alliées s'ébranloient de toutes parts; et la grande armée impériale austro-russe, qui de Francfort s'étoit dirigée vers le Brisgaw et les limites de la Suisse, n'attendoit plus que le signal pour pénétrer en France par Bâle et par la frontière de l'Est.

Cette armée imposante comprenoit sept divisions autrichiennes, sous les ordres du comte Colloredo-Mansfeld; du prince Maurice de Lichtenstein; du comte Giulay; du général Bianchi; du comte de Bubna; du comte Louis de Lichtenstein, et du prince héréditaire de Hesse-Hombourg : elle étoit formée, en outre, de la garde et des réserves russes, commandés par le comte Barclay de Tolly; du corps russe du comte de Vittgenstein; des Bavarois, sous les ordres du comte de Wrede, et des Wurtembergeois, commandés par le prince Royal de Würtemberg. Tous ces corps d'armée, de nations différentes, formoient une masse de deux cent mille combattans, sous les ordres immédiats du prince Charles de Schwartzenberg.

A peine soupçonnoit-on en France l'existence d'une armée si formidable; sa marche vers les fontières de l'Helvétie fut voilée avec soin jusqu'au dernier moment. La neutralité de la Suisse, disoit-on, a été reconnue par les alliés, et les habitans de cette heureuse république, après s'être armés pour défendre son territoire, n'en permettront point la violation. Telle étoit la sécurité de Napoléon et de ses ministres, que l'invasion de la Suisse ne leur sembloit pas même un événement probable.

Tout-à-coup le 21 décembre, les colonnes de la grande armée alliée y pénètrent, entre Bâle et Schaffouse, par Laufembourg et par Rheinfelden, sans que les troupes du cordon helvétique tirent un seul coup de fusil, sans qu'elles apportent le moindre obstacle à ce mouvement décisif. Le prince de Schwartzenberg annonce aux Suisses que les soldats alliés entrent dans leur pays comme amis et comme libérateurs. En même temps vingt à trente mille hommes du corps austro-bavarois passent le Rhin sur le pont de Bâle et touchent au sol français. Ainsi le territoire de l'empire de Napoléon, ou plutôt l'ancienne France, devenoit le théâtre de la guerre. La proclamation suivante du prince de Schwartzenberg, datée de Lœrrach, fut répandue aussitôt sur la rive gauche du Rhin :

« Français, la victoire a conduit les armées
» alliées sur votre frontière : elles vont la
» franchir.

» Nous ne faisons pas la guerre à la France,
» mais nous repoussons loin de nous le joug
» que votre gouvernement vouloit imposer à
» nos pays, car ils ont les mêmes droits à
» l'indépendance et au bonheur que le vôtre.

» Magistrats, propriétaires, cultivateurs,

» restez dans vos foyers. Le maintien de l'ordre
» public, le respect pour les propriétés par-
» ticulières, la discipline la plus sévère, mar-
» queront le passage et le séjour des armées
» alliées ; elles ne sont animées de nul esprit
» de vengeance.

» D'autres principes et d'autres vues que
» celles qui ont conduit vos armées chez nous,
» président aux conseils des monarques alliés.
» Leur gloire sera celle d'avoir amené le terme
» des malheurs de l'Europe. La seule con-
» quête qu'ils ambitionnent est celle de la
» paix, mais d'une paix qui assure à leur pays,
» à la France, à l'Europe, un véritable état
» de repos. Nous espérions la trouver avant
» de toucher au sol français : nous allons l'y
» chercher. »

La nouvelle de l'entrée des alliés en Suisse
frappa de stupeur la cour de Napoléon. Ses
courtisans, consternés, qualifièrent cet événement de perfidie, de violation du droit
des gens et de la guerre. Les journalistes,
leurs organes, s'écrioient, dans leurs feuilles :
« Eh bien ! ces alliés si modestes, si géné-
» reux dans leurs proclamations, dans leurs
» discours, viennent de renverser, sans pu-
» deur, les barrières élevées par la bonne foi ;

» ils viennent de déchirer les traités les plus
» sacrés, d'insulter à un peuple renommé par
» ses vertus, par son antique loyauté; et c'est
» au moment que ces mêmes coalisés répandent
» de toutes parts des déclarations hypocrites,
» pleines d'une fausse modération, c'est au
» moment qu'ils se proclament les restaura-
» teurs des droits des peuples, qu'ils trament
» de basses intrigues dans l'ombre, qu'ils
» essaient de corrompre des commandans de
» places (1), et d'enlever, par l'or, des villes
» qu'ils ne peuvent conquérir par le fer.
» O temps de défection et d'ingratitude ! On
» s'étoit engagé à respecter le territoire suisse,
» et tout à coup les alliés inondent le pays
» que, la veille encore, ils avoient juré de
» respecter. »

 — Qu'opposoient à ces plaintes amères les puissances alliées ? Dans leur déclaration, publiée à Lœrrach (2), elles présentoient la marche de leurs troupes à travers une partie

---

(1) Voyez la lettre du colonel Chancel, commandant d'armes à Huningue, du 15 décembre 1813, et celle du capitaine Sans, commandant au Fort-Mortier, adressée le 14 au commandant de Neuf-Brisack.

(2) Voyez la déclaration des puissances alliées, publiée à Lœrrach, le 21 décembre 1813.

du territoire suisse, comme étant une mesure inhérente aux opérations et au but de la guerre; elles fondoient leurs justifications et leurs motifs sur ce que la neutralité de la Suisse n'étoit ni légitime ni réelle, posant en principe qu'il ne pouvoit exister de véritable neutralité pour un État qui ne jouissoit pas d'une véritable indépendance.

« Les dominateurs de la France, ajoutoient
» les puissances coalisées, n'ont-ils pas ren-
» versé eux-mêmes la vénérable constitution
» de la Suisse? N'ont-ils pas sapé sa liberté?
» N'ont-ils pas entraîné leurs paisibles habi-
» tans dans des guerres intestines? N'ont-ils
» pas pillé leurs trésors, fruit d'une sage éco-
» nomie? N'ont-ils pas démembré, de tous
» côtés, le territoire suisse, et foulé aux pieds
» ses droits les plus sacrés? L'acte de média-
» tion imposé, en 1803, à la Suisse, avoit
» mis le sceau à sa nullité politique, et légi-
» timé en quelque sorte la domination de la
» France. Ainsi, au milieu des ravages qui,
» depuis dix ans, dévastent l'Europe, la Suisse
» n'avoit acheté une ombre de tranquillité,
» qu'en se soumettant à la volonté toute-puis-
» sante de Napoléon. Un signe donné par lui
» étoit une loi pour elle; la Suisse n'étoit plus

» qu'un instrument passif de la domination de
» la France. Si elle a formé de nom un corps
» politique à part, elle a été dans la réalité
» une véritable province de l'empire français :
» or, une déclaration de neutralité, qui dé-
» coule d'une telle source, perd tous les droits
» dont elle veut se parer. Déjà même, l'op-
» position de quelques cantons a rompu par
» le fait le lien fédératif établi par Napoléon.
» Les souverains alliés regardent donc l'en-
» trée de leurs troupes en Suisse, non-seule-
» ment comme une démarche inséparable de
» leur plan général d'opérations, mais aussi
» comme une préparation aux mesures qui
» doivent déterminer pour l'avenir les droits
» de ce pays intéressant ; l'indépendance la
» plus complète, première condition de son
» bonheur, est un des premiers besoins poli-
» tiques du système européen. »

Cette déclaration rallia tous les Suisses, en leur donnant l'espoir fondé de voir enfin renaître leur antique indépendance.

Après s'être ménagé, en cas de revers, une retraite sûre, les alliés commencèrent avec confiance leurs opérations offensives.

L'occupation du château de Landskron, situé sur une montagne dans le département du Haut-Rhin, et la prise du château de Blamont, dans le département du Doubs, marquèrent les premiers pas des armées européennes.

Déjà le corps austro-bavarois, sous les ordres du général comte de Wrede, après avoir laissé quelques troupes destinées à l'investissement d'Huningue, prenoit la route de Béfort, tandis que la division du lieutenant-général comte de Creneville pénétroit par les gorges de Porentruy, et plaçoit ses avant-postes sur le Doubs; que le général de cavalerie baron de Frimont poussoit ses reconnoissances au-delà de Cerney; qu'une colonne autrichienne faisoit son entrée à Neuchâtel, aux acclamations du peuple; et enfin que le corps léger sous les ordres du comte de Bubna se dirigeoit vers Genève.

Le 24 décembre, le général bavarois comte de Recheberg, reconnut et cerna Béfort, et la division du comte de Creneville fit son entrée à Porentruy.

Dix à douze mille Bavarois, soutenus par la division autrichienne de Frimont, s'étoient dirigés sur les routes de Béfort, de Delle et de Montbéliard. Huningue fut aussi attaqué, mais sans artillerie de siége.

Le baron de Frimont poussoit ses reconnoissances jusqu'à Sainte-Croix près de Colmar, où venoit d'arriver le général Montelegier avec un détachement du cinquième corps de cavalerie française. Ces troupes, mêlées de fantassins, s'appuyoient sur Sainte-Croix et sur Neuf-Brisack.

Le 23 décembre les vedettes et les piquets sont surpris et tués; mais la grand'-garde, forte d'un escadron, et soutenue par plusieurs détachemens, résiste en avant de la ville, et dans la ville même, aux charges répétées des hussards bavarois et autrichiens.

La cavalerie autrichienne, repoussée, se retire, et le lieutenant-général Hardegg reprend les positions qu'il avoit occupées la veille.

Ainsi le premier combat livré sur le sol français tourna à l'avantage de la bravoure nationale. Les journaux de Paris exagérèrent l'importance de ce succès éphémère, qui ne pouvoit arrêter la marche de l'ennemi. Le combat de Sainte-Croix ne fut d'ailleurs qu'une simple reconnoissance, pendant laquelle un parti de cosaques et de hussards culbuta successivement deux partis français, jusque sous les glacis de Neuf-Brisack.

Déjà la cavalerie austro-bavaroise poussoit ses reconnoissances sur la route de Lure et de Besançon. A l'approche des alliés toutes les autorités françaises évacuoient les villes, les bourgs, et abandonnoient le pays que les habitans refusoient de défendre malgré les efforts des commandans militaires.

Les préludes d'une campagne si mémorable alloient être signalés par l'événement plus important de la prise de Genève. Cette ancienne république, réunie à la France depuis plus de vingt ans, devoit à son alliance révolutionnaire la perte de son indépendance, et celle de toutes les sources de sa prospérité : aussi les Genevois étoient-ils impatiens de secouer le joug de Napoléon.

Le 30 décembre, une avant-garde autrichienne, commandée par le général comte de Bubna, forte de trois mille hommes munis d'échelles, de fascines et d'artillerie, s'approche de Genève par la Suisse, pour donner l'assaut. Le général Jordy défendoit la place avec douze cents hommes. Genève, démantelée, ne pouvoit opposer une défense régulière et efficace; la bourgeoisie, d'ailleurs, vouloit la préserver des horreurs d'un assaut.

Le général Jordy, vieux et brave militaire,

frappé comme d'un coup de foudre par des événemens si imprévus, tombe sans connoissance au milieu de son état-major, et l'officier qui le remplace, dépourvu d'instructions, ne songe pas même à capituler; il laisse éclater librement les vœux unanimes des Génevois. Le drapeau blanc est arboré, la garnison et les autorités françaises abandonnent Genève, et la bourgeoisie ouvre ses portes aux Autrichiens, au moment même où des renforts arrivoient de Grenoble : il n'étoit plus temps. Un grand nombre de bouches à feu, et une ville importante par sa position, restent au pouvoir des alliés.

Le comte de Bubna envoie aussitôt divers détachemens pour s'assurer le passage du Jura; des partis de cavalerie se dirigent en même temps vers le Simplon et le mont Saint-Bernard.

La prise de Genève, une des portes de l'empire de Napoléon, ouvroit à l'armée autrichienne les passages de l'Italie et la route de Lyon. Désormais, plus de communications directes entre la France, les plaines du Piémont et de la Lombardie.

Napoléon, irrité contre Genève, destitua le préfet, baron Capelle, pour avoir abandonné la ville, et pour avoir oublié, dit-il,

que les préfets ne sont pas de simples in-
tendans des finances, puisqu'ils ont aussi la
haute police dans leurs départemens.

Ainsi, le Rhin et le Rhône étoient franchis,
et les frontières de l'Est envahies sur plusieurs points. Aucun corps de troupes régulières ou irrégulières, ne se présentoit pour
les défendre. Ainsi, on étoit à la veille de voir
se décider cette grande question : si la France
avoit encore des ressources morales ou phy-
siques; ou, en d'autres termes, si elle pouvoit
résister à la coalition formidable qui l'attaquoit sur son propre territoire.

En admettant que les Français eussent la
volonté de défendre leur pays, en avoient-ils
les moyens? leur population virile n'étoit-elle
pas épuisée? avoient-ils des armes, des munitions suffisantes? La seconde question étoit
facile à résoudre. Plusieurs causes naturelles et
accidentelles avoient tellement déterminé l'accroissement de la population en France,
qu'elle se trouvoit comparativement plus forte
qu'en 1789, malgré les pertes et les désastres
de tant de guerres; elle sembloit même plus
belliqueuse, la plupart des Français ayant vécu
dans les camps. Si les arsenaux étoient épuisés, ils n'étoient pas anéantis. Des armes et

des munitions, la révolution avoit appris comment on pouvoit en improviser. Les mines de fer existoient toujours; les forêts produisoient du salpêtre, et n'étoient pas réduites en cendres. Si la France, déchirée jadis par les factions, avoit pu dissiper toutes les coalitions formées contre elle, pourquoi, forte de tant de ressources, ne triompheroit-elle pas d'une confédération cimentée par des intérêts si divers!

Un sentiment d'honneur et de gloire distingua toujours les Français. On les vit également défendre l'intégrité de leur territoire sous Philippe-Auguste et Charles VII, sous le règne du chevaleresque François Ier, sous le bienfaisant Henri, sous le fastueux Louis XIV; et de nos jours, dans les temps les plus orageux, au milieu même des plus grands déchiremens, n'avoit-on pas été témoin de l'effet magique de ce principe sacré de l'honneur national?

Tels étoient les raisonnemens que faisoient valoir les écrivains et les partisans de Napoléon; mais les hommes capables d'interpréter le présent et de lire dans l'avenir, trouvoient, en remontant aux causes morales, la solution de cette grande question d'Etat.

Les plus profonds génies avoient déjà établi

en principe (1) que de tous les gouvernemens, celui qui dégénère en despotisme est le moins propre à opposer une défense nationale aux efforts d'une irruption combinée? D'ailleurs, qu'étoit devenue cette énergie que les excès mêmes de la liberté avoient alimentée? Le poids énorme de l'oppression ne l'avoit-il pas étouffée? la crainte et l'égoïsme n'avoient-ils pas succédé à tous les sentimens généreux? le nom de patrie n'étoit-il pas un mot vide de sens? la nation, fatiguée, mécontente, devoit-elle, se lever tout entière pour l'intérêt d'un seul homme?

Napoléon en péril, pouvoit, il est vrai, changer de système, rentrer dans les limites naturelles du pouvoir, invoquer de bonne foi la confiance, les secours de la nation, prouver enfin qu'il vouloit la paix sur les bases que réclamoient l'équilibre et la tranquillité de l'Europe.

Mais les événemens qui marquèrent la fin de décembre firent voir que ce caractère indomptable ne pouvoit pas même, pour son salut, se plier à l'empire de la nécessité.

L'invasion venoit d'être proclamée, et le

---

(1) Machiavel et Montesquieu.

corps législatif, réuni, mettoit toute sa confiance dans les hommes recommandables qui composoient sa commission extraordinaire. Après mille entraves, mille dégoûts, la commission fit, par l'organe de M. Lainé, son rapport sur la communication des pièces relatives aux négociations de paix.

Ce rapport (1), plein de modération et de sagesse, contenoit les passages suivans, dignes de figurer dans les Annales de la nation :

« Si les déclarations des puissances étran-
» gères étoient fallacieuses; si les monarques
» alliés vouloient nous asservir; s'ils médi-
» toient le déchirement du territoire sacré
» de la France, il faudroit, pour empêcher
» notre patrie d'être la proie de l'étranger,
» rendre la guerre nationale. Mais, pour
» opérer plus sûrement ce beau mouvement
» qui sauve les empires, n'est-il pas dési-
» rable d'unir étroitement et la nation et son
» monarque?

» C'est un besoin d'imposer silence aux en-
» nemis sur leurs accusations d'agrandisse-
» ment, de conquête, de prépondérance alar-

---

(1) Voyez la séance du 28 décembre 1813, en comité secret, présidence du duc de Massa.

» mante; puisque les puissances alliées ont
» cru devoir rassurer les nations par des pro-
» testations publiquement proclamées, n'est-
» il pas digne de S. M. de les éclairer par
» des déclarations solennelles sur les desseins
» de la France et de l'empereur?

» Lorsque ce prince, à qui l'histoire a con-
» servé le nom de grand, voulut rendre de
» l'énergie à ses peuples, il leur révéla tout ce
» qu'il avoit fait pour la paix, et ses hautes
» confidences ne furent pas sans effet.

» N'y auroit-il pas une véritable grandeur
» à désabuser les puissances coalisées par une
» déclaration formelle, afin de les empêcher
» d'accuser la France et l'empereur de vou-
» loir conserver un territoire trop étendu, dont
» elles semblent craindre la prépondérance?

» Il ne nous appartient pas, sans doute,
» d'inspirer les paroles qui retentiroient dans
» l'univers; mais, pour que cette déclaration
» eût une influence utile, pour qu'elle fît sur la
» France l'impression espérée, ne seroit-il
» pas à désirer qu'elle proclamât, à l'Europe
» et à la France, la promesse de ne continuer
» la guerre que pour l'indépendance du peuple
» français et l'intégrité de son territoire?

» Que si l'empire français restoit seul fidèle

» aux principes libéraux que les chefs des na-
» tions de l'Europe auroient pourtant tous
» proclamés, la France, alors forcée, par
» l'obstination de ses ennemis, à une guerre
» de nation et d'indépendance, à une guerre
» reconnue juste et nécessaire ; la France,
» unanime dans son vœu pour obtenir la paix,
» montreroit encore au monde qu'une grande
» nation peut tout ce qu'elle veut, lorsqu'elle
» ne veut que ce qu'exigent son honneur et
» ses justes droits.

» Mais ce n'est pas assez pour ranimer le
» peuple, et le mettre en état de défense :
» c'est, d'après les lois, au gouvernement
» à proposer les moyens qu'il croira les plus
» prompts, les plus sûrs pour repousser
» l'ennemi et asseoir la paix sur des bases
» durables. Ces moyens seront efficaces si
» les Français sont persuadés que le gou-
» vernement n'aspire plus qu'à la gloire de la
» paix ; ils le seront, si les Français sont con-
» vaincus que leur sang ne sera versé que pour
» défendre une patrie et des lois protectrices.
» Mais ces mots consolateurs de paix et de
» patrie retentiroient en vain, si l'on ne ga-
» rantit les institutions qui promettent les
» bienfaits de l'une et de l'autre.

» Il paroît donc indispensable à votre com-
» mission qu'en même tems que le gouver-
» nement proposera les mesures les plus
» promptes pour la sûreté de l'Etat, S. M. soit
» suppliée de maintenir l'entière et constante
» exécution des lois qui garantissent aux Fran-
» çais les droits de la liberté, de la sûreté, de
» la propriété, et à la nation le libre exercice
» de ses droits politiques.

» Cette garantie est le plus efficace moyen
» de rendre aux Français l'énergie nécessaire
» à leur propre défense...... »

Plusieurs voix demandèrent aussitôt l'impression du rapport, et il s'engagea, sur cette proposition, en comité secret, une discussion animée, orageuse même. Toutefois le parti de la cour ne put rallier qu'une minorité foible, et l'impression votée à une majorité imposante fut encore décrétée le lendemain en séance publique, malgré les manœuvres du président. Ainsi alloit être assuré, dans l'opinion, le triomphe de la commission extraordinaire et du corps législatif lui-même, quand, le 30 décembre, la salle de ses séances se trouva tout à coup fermée et gardée par des soldats.

Ce coup d'autorité, frappé au sein de la

capitale, y fut, pour ainsi dire, le dernier effort de la tyrannie expirante.

Les propositions sages, les représentations respectueuses qu'avoit inspirées à la commission extraordinaire le patriotisme le plus éclairé, le plus pur, venoient d'être considérées, par les ministres de Napoléon, et par Napoléon lui-même, comme un attentat à l'autorité impériale : tant les serviteurs du trône étoient descendus au dernier degré d'avilissement.

Les uns avoient proposé, en conseil privé, l'arrestation des membres de la commission; d'autres avoient réclamé des mesures promptes contre *les factieux*. Napoléon s'étoit arrêté à l'ajournement du corps législatif, et à la suppression, comme incendiaire, de son rapport imprimé.

Ainsi, redoutant plus encore des représentations légales que les désastres de la guerre, Napoléon chasse outrageusement, à la face de la France, les députés, parce qu'une fois ils ont osé lui dire la vérité avec autant de dignité que de ménagement.

Là ne se borne point sa vengeance. Le 1er janvier il foudroie, des marches de son trône, les représentans de la nation, dans un discours plein d'amertume, de reproches, de menaces ; discours entrecoupé, incohérent, recueilli comme un monument irréfragable du désordre et de la mobilité de ses idées.

Après avoir déclaré aux députés réunis, qu'il a fait supprimer le rapport de la commission, il leur dit sans détour, qu'un douzième du corps législatif est composé de mauvais citoyens ; que sa commission extraordinaire est de ce nombre, et que le rapporteur, M. Lainé, est un traître ; puis il se plaint, d'un ton brusque, que les factieux ont cherché à le noircir, et il ajoute avec véhémence : « Vous n'êtes point
» les représentans de la nation, mais les repré-
» sentans des départemens ; j'ai été choisi,
» moi, par quatre millions de Français pour
» monter sur ce trône ; et qu'est-ce que le
» trône ? Du bois recouvert de velours. *Le*
» *trône, c'est moi*; je suis le seul représentant
» du peuple. Si je voulois vous en croire, je
» céderois à l'ennemi plus qu'il ne me demande.
» Vous aurez la paix dans trois mois, *ou je*
» *périrai*. Je ne suis à la tête de la nation que
» parce que les constitutions de l'Etat me
» conviennent. Si la France exigeoit une autre
» constitution, je lui dirois de chercher un
» autre roi...... Oui, je suis fier, parce que je
» suis courageux ; je suis fier, parce que j'ai

» fait de grandes choses !..... Retournez dans
» vos foyers, et si, parmi vous, il s'en trouve
» un qui fasse imprimer le rapport, je ferai
» mettre cette pièce dans le Moniteur, avec
» des notes que je rédigerai. En supposant
» même que j'eusse des torts, vous ne deviez
» pas me faire des reproches publics...... La
» France a plus besoin de moi que je n'ai
» besoin de la France !..... »

Dès lors on put juger que l'empire étoit perdu dans les mains d'un tel chef. Séparé entièrement de la nation et dépourvu d'appuis véritables, Napoléon alloit se voir réduit aux ressorts usés de son gouvernement despotique. Sa volonté étoit incertaine, quoique violente; et, après avoir flotté entre des résolutions fougueuses, il essaya d'appliquer aux maux de la patrie des remèdes extrêmes. Il expédia aussitôt dans les divisions militaires de l'empire, pour présider aux levées en masse et aux autres mesures de défense intérieure, des commissaires extraordinaires, au nombre de vingt-sept, tirés de son sénat et du conseil d'Etat. Vouloit il renouveler ces sanglans proconsulats qui avoient désolé les provinces pendant les orages révolutionnaires ? On pouvoit le soupçonner et le craindre, ces commissaires nouveaux étant autorisés à prendre toutes les mesures de haute police, à rendre des décrets obligatoires pour tous les citoyens, à faire arrêter quiconque leur paroîtroit suspect, et à le renvoyer devant des commissions militaires de leur propre création : en un mot, ils avoient aussi le droit de vie et de mort, comme les proconsuls conventionnels. Mais l'arme de la terreur, si puissante sous l'anarchie démocratique, étoit émoussée dans les mains débiles de courtisans flexibles, sans nulle énergie, accablés sous le poids de l'or et d'une responsabilité effrayante.

Aussi se bornèrent-ils, en général, à débiter des discours d'apparat, à proclamer des adresses qui respiroient la flatterie et le dévouement servile au maître dont ils n'étoient que les instrumens, quoiqu'ils fussent revêtus d'une autorité souveraine, et que le despote eût cherché, pour ainsi dire, à se multiplier lui-même. Au moment du départ des commissaires, les préfets reçurent l'ordre positif d'organiser les levées en masse destinées à repousser et à entraver l'invasion de l'ennemi.

Napoléon, soulevant lui-même le voile qui cachoit aux Français les dangers de la patrie, fit entendre ces paroles d'alarme dans un dis-

cours public : « Le Béarn, l'Alsace, la Franche-
» Comté, le Brabant, sont entamés. Obtenons
» la paix par un dernier effort. J'appelle les
» Français au secours des Français ; j'appelle
» les Français de Paris, de la Bretagne, de
» la Normandie, de la Champagne, de la
» Bourgogne et des autres départemens, au
» secours de leurs frères. A l'aspect de tout
» ce peuple en armes, l'étranger fuira ou
» signera la paix. »

Dès lors toute la politique de Napoléon et de ses ministres eut pour objet de rejeter sur les alliés l'odieux des malheurs inséparables d'une guerre d'invasion, et de tenir l'Europe dans l'attente d'une pacification praticable. Aussi à peine les armées ennemies eurent-elles passé le Rhin, que M. de Caulaincourt, fut envoyé auprès des souverains confédérés. Il se présenta aux avant-postes, muni de pleins-pouvoirs pour négocier (1).

Mais la marche des événemens avoit déjà donné aux coalisés le sentiment de leur force, et rien n'empêchoit plus qu'ils n'exprimassent désormais les conditions nécessaires à la re-

---

(1) Voyez la lettre de M. le duc de Vicence à M. le prince de Metternich, écrite de Lunéville, le 6 janvier 1814.

construction de l'édifice social. Dans l'espoir que l'expérience de l'adversité auroit influé sur un conquérant en butte aux reproches d'une grande nation, et témoin, pour la première fois, dans sa capitale même, des maux qu'il avoit attirés sur la France, les monarques alliés se décidèrent à ouvrir des conférences pour la paix. Mais l'essai qu'ils alloient tenter ne devoit pas compromettre la marche des opérations militaires, et ils convinrent qu'elles ne seroient ni interrompues ni suspendues pendant les négociations. L'histoire du passé, et de funestes souvenirs, leur en faisoient une loi. Dans l'intervalle, c'est-à-dire, du 15 au 20 janvier, leurs plénipotentiaires et celui du gouvernement français se réunirent à Châtillon-sur-Seine.

Déjà l'irruption étoit devenue si formidable vers les frontières de l'Est, que Napoléon dut craindre un débordement tel qu'à peine lui resteroit-il le temps de rassembler à la hâte les débris de ses armées pour couvrir sa propre capitale.

LIVRE III.

Passage du Rhin par les Prussiens et les Russes.—Prise de Coblentz.—Investissement de Mayence.—Retraite du maréchal Victor et du maréchal Marmont.—Passage du Rhin par le prince royal de Wurtemberg.—Entrée du général comte de Wrede à Colmar.—Entrée des alliés à Vesoul.—Description de la chaîne des Vosges.—Marche combinée des alliés.—Irruption des Cosaques.—Combats de Sainte-Marguerite et de Saint-Dié.—Progrès de l'aile gauche des alliés dans les départemens du Jura, de l'Ain et du Doubs.—Investissement de Besançon.—Résistance et pillage de Bourg-en-Bresse.—Les trois souverains coalisés passent le Rhin à Bâle.—Proclamation de l'Empereur Alexandre à ses soldats.—Napoléon cherche à se populariser.—Ses efforts pour nationaliser la guerre.—Adresse du sénat.—Marche de l'armée de Silésie sur Metz, Thionville, Pont-à-Mousson et Nancy.—Projet de défendre les villes sur la ligne d'invasion.—Retraite de la vieille garde.—Prise de Langres par le général comte Giulay.

Les Autrichiens et les Bavarois, formant la première ligne des armées confédérées avoient passé le Rhin entre Bâle et Schaffouse. Les Russes et leurs nombreux cosaques, les Prussiens, les Wurtembourgeois et les Badois étoient en mouvement sur divers points de l'espace immense compris depuis le Brisgaw jusqu'à Wesel. Déjà l'armée prussienne, commandée par le feld-maréchal Blucher, levoit ses cantonnemens du Mein et du Necker pour opérer le passage du Rhin entre Coblentz et Manheim, tandis que le corps russe du général Wittgenstein s'ébranloit pour l'effectuer au-dessus de Strasbourg, près de Rastadt. Sur la rive opposée, depuis Strasbourg jusqu'à Coblentz, la ligne française n'étoit gardée et défendue que par des troupes découragées, que les maladies et les revers avoient affoiblies. Mayence et les villes voisines venoient d'être frappées du fléau d'une contagion qui avoit porté le ravage et la mort parmi les débris de ces vieilles bandes françaises dont la fortune avoit trahi la valeur. Tout ce qui se trouvoit éparpillé sur la rive gauche, la Belgique exceptée, s'élevoit à peine à deux corps de dix à douze mille combattans, sous les ordres du maréchal Victor, duc de Bellune, et du maréchal Marmont, duc de Raguse. L'un occupoit la ligne intérieure établie depuis Colmar jusqu'à Wissembourg par Schelestadt, Strasbourg et Haguenau; l'autre s'appuyoit sur Landau, Neustadt, Durkeim, Gruntadt, Mayence et Coblentz.

Comment défendre et préserver une ligne si étendue avec si peu de forces, devant un ennemi supérieur en nombre, et sur les projets duquel on n'avoit d'ailleurs aucun indice certain? L'entrée des alliés sur le sol français par la Suisse, avoit produit une si vive sensation dans toutes les provinces de la rive gauche, que l'incertitude et le trouble ne permettoient pas aux préfets, aux généraux, aux agens du gouvernement de prendre un parti décisif et uniforme. On penchoit à croire en général que les forces principales de la coalition déboucheroient successivement par les routes de Bâle, de Porentruy et de Montbéliard, qui leur ouvroit l'est et le midi de la France.

L'irruption de nouvelles colonnes sur presque toute la ligne du Rhin laissa enfin entrevoir le vaste plan des alliés. Dans la nuit du 1ᵉʳ janvier, le corps russe du général comte de Vittgenstein effectua avec succès le passage près du fort Louis. Dès les premières tentatives, deux cents Français, cantonnés dans l'île du Rhin, engagèrent une fusillade qui coûta aux assaillans quelques morts et plusieurs blessés; mais des soldats hollandais passèrent du côté des Russes, et les Français se crurent trahis. Après quelques instans d'hésitation et de troubles, ils abandonnèrent l'île du Rhin à la faveur de la nuit, ainsi que le fort Louis, pour se replier précipitamment sur la rive gauche. Le comte de Vittgenstein fit jeter aussitôt de l'autre côté du fleuve deux régimens de cosaques qui se répandirent dans toutes les directions. Après avoir établi un pont sur un troisième bras du Rhin, ce général conduisit, en personne, toute sa cavalerie au-delà, et fut suivi bientôt par toute son infanterie, formant quinze à vingt mille hommes. Tout le pays fut à l'instant inondé de Russes et de cosaques. Les troupes françaises, éparpillées, surprises, cherchoient en opérant leur retraite à se rallier au gros de leurs forces. Le général comte Pahlen, à la tête de l'avant-garde russe, occupa sans coup férir Lauterbourg, Haguenau, la Wantzenau, et, poursuivant ses succès, il marcha sur Saverne. Le maréchal duc de Bellune se replia devant des forces si imposantes, pour occuper les débouchés des Vosges, entre Saverne et la montagne du Ballon d'Alsace. Le général Ségur favorisa ce mouvement rétrograde en soutenant, contre deux régimens de cosaques, un combat dans les gorges de Saverne. Le comte de Vittgenstein poussoit aussi ses détachemens sur Strasbourg même, et sur Schelestadt, afin de se lier aux divisions austro-bavaroises du général comte de

Wrede. De nombreux escadrons de cavalerie se portoient sur Wissembourg, Landau et Spire.

Un autre passage, plus formidable encore, s'effectuoit entre le Mein et le Necker, par l'armée de Silésie, formée de deux corps prussiens, commandés par les généraux York et Kleist, et de trois corps russes, sous les ordres des généraux Sacken, Saint-Priest et Langeron.

Ce fut le 30 décembre que le feld-maréchal Blucher leva son quartier-général de Francfort, et se porta sur la rive droite du Rhin, où tout étoit disposé pour franchir le fleuve. Le général Saint-Priest, dont le corps formoit la droite de l'armée, effectua le premier passage à Ehrenbreistein, et faisant jeter un pont à Neuwied, une partie de ses troupes, sous le commandement du général Bistram, attaqua les retranchemens français de l'autre côté de la Lahn. Après une légère résistance, ces retranchemens furent emportés, et le général Bistram se dirigea aussitôt sur Coblentz dont il se rendit maître.

En même temps le comte de Langeron et le général York faisoient passer toutes leurs divisions sur des embarcations près de Caub, en présence du feld-maréchal Blucher. L'avant-garde surprit les postes de la rive gauche du Rhin, et s'empara immédiatement et de Baccarach et d'Ober-Wesel. Un pont de bateaux appuyé sur Ofaltz, vieux château sur une île du Rhin, fut jeté aussitôt sur l'ancien Palatinat. Le 1ᵉʳ janvier le général Hürnebein entra dans Creutznach; et le général York le suivit avec toutes ses divisions.

Au premier avis de cette irruption subite, la division française du général Ricard, qui gardoit le Rhin depuis Mayence jusqu'à Coblentz, se rallie à Simmern, dans le Hundsruck, espérant tenir et garder la position: mais le colonel Henkell, marchant droit à Simmern, fait sauter les portes, et s'empare de la ville.

Tout étoit aussi en mouvement vers Manheim. Depuis le 30 décembre le général Sacken y avoit établi son quartier-général. Là, ses divisions, formant l'aile gauche de l'armée de Silésie, sont réunies sous les yeux mêmes du roi de Prusse, qui par sa présence anime tout, et donne aux opérations une impulsion décisive. Ce prince, le premier soldat de son armée, l'objet de l'enthousiasme des Prussiens, par sa simplicité, par sa bienveillance pleine de dignité, par le vif intérêt que lui inspirent le bonheur et l'indépendance de son pays, alloit recevoir de ses sujets les témoignages d'un amour véritable dans leurs efforts pour lui assurer l'héritage du grand Frédéric.

Une centaine d'embarcations sur le Necker et un pont de bateaux étoient prêts pour effectuer le passage en face de Manheim; cinq cents bateliers se trouvoient à leur poste. Le jour de l'An les généraux Sass et Telezien se jettent dans les embarcations avec deux divisions d'infanterie. Au point du jour la flotille lève l'ancre, et passe à la faveur du brouillard devant le front de la redoute française, située en face du Necker, dans la forêt de Frisenheim. Un silence profond règne sur toute la flotille, qui arrive sur les avant-postes français avant d'avoir été aperçue. Mais bientôt l'alarme se répand sur toute la ligne; un combat opiniâtre s'engage et s'étend jusqu'au canal de Frankenthal. L'artillerie ouvrant son feu sur les embarcations, y cause peu de ravage, tant le débarquement s'effectue avec précision et ensemble. Quatre canons et deux obusiers défendoient les retranchemens et les redoutes, entourés d'un fossé profond avec des ponts-levis, le front hérissé de palissades, les flancs et les derrières couverts par des abattis et des corps-de garde avancés.

La résistance des troupes françaises fut digne de leur valeur accoutumée. Plusieurs Russes laissèrent la vie aux pieds des retranchemens; mais après trois attaques successives les alliés s'en rendirent maîtres. Six canons et près de six cents prisonniers restèrent en leur pouvoir. Dix mille Russes avoient passé le Rhin en moins d'une heure. Bientôt les cosaques escarmouchèrent jusqu'à Frankenthal, éclairant la route de Spire et celle de Worms. Le général Sacken prenoit la même direction avec la totalité de ses forces, détachant le général prince Biron de Courlande, pour ouvrir, par Altzey, la communication avec les deux corps d'armée de Langeron et d'York. Ainsi, en vingt-quatre heures, plus de quarante mille hommes, dont dix mille de cavalerie, se trouvèrent au-delà du Rhin, protégés par des têtes de pont.

Tranquille jusques alors dans ses quartiers d'hiver, le maréchal duc de Raguse n'avoit reçu qu'après l'événement le premier avis du passage des alliés. Il rassemble aussitôt ses troupes, et arrive à Neustadt avec son avant-garde, quand les cosaques paroissoient déjà sur la route de Manheim. Le maréchal détache plusieurs escadrons de cavalerie légère pour les repousser; rien ne peut plus s'opposer à l'irruption. En vain le maréchal veut tenir sur les hauteurs entre Turckeim et Ellestatdt; l'infériorité de ses forces est telle, qu'il se voit contraint d'abandonner ses positions, et de laisser derrière lui un grand nombre de malades et de blessés.

Le général Langeron s'étoit dirigé sur Bingen, qu'il trouva occupé; il s'en empara le 3 janvier, et marcha aussitôt vers Mayence. Dès lors la communication entre cette place et l'empire français fut interrompue. Réduit à un corps de troupes incapable d'opposer aucune résistance efficace, le duc de Raguse réunit ses colonnes et prit position aux pieds des Vosges vers la Sarre, après avoir éprouvé quelques pertes dans sa retraite précipitée. Le 4 janvier l'armée de Silésie étoit déjà en possession de tout le pays situé entre Manheim et la Moselle. Napoléon et ses généraux s'étoient si peu attendus à ce brusque passage du Rhin, que les autorités de la rive gauche n'eurent pas même le temps d'exécuter la levée en masse, soit dans les campagnes, soit dans les villes; partout où l'on fit l'essai de cette mesure de désespoir, les peuples s'y refusèrent, ne voulant pas combler la mesure des maux qu'entraîne une résistance inutile. Les routes étoient couvertes de déserteurs et de conscrits réfractaires auxquels les généraux alliés assuroient une retraite dans les pays envahis.

Le jour même de son entrée sur le sol français le feld-maréchal Blucher fit répandre la proclamation suivante, adressée aux habitans de la rive gauche:

« J'ai fait passer le Rhin à l'armée de Silésie
» pour rétablir la liberté et l'indépendance
» des nations, pour conquérir la paix. L'em-
» pereur Napoléon a réuni à l'empire français
» la Hollande, une partie de l'Italie et de
» l'Allemagne: il a déclaré qu'il ne céderoit
» aucun village de ses conquêtes, quand même
» l'ennemi occuperoit les hauteurs qui do-
» minent Paris.

» C'est contre cette déclaration et ces prin-
» cipes que marchent les armées de toutes les
» puissances européennes.

» Voulez-vous défendre ces principes, met-
» tez-vous dans les rangs des armées de l'em-
» pereur Napoléon, et essayez encore de com-

» battre contre la juste cause que la Provi-
» dence protége si évidemment.

» Si vous ne le voulez pas, vous trouverez
» protection en nous. Je vous assurerai vos
» propriétés. Que tout habitant des villes ou
» des campagnes reste paisible chez lui ; que
» tout employé reste à son poste, et continue
» ses fonctions.

» Toute communication avec l'empire fran-
» çais cessera à l'instant même, et ceux qui
» ne se conformeront pas à cet ordre, seront
» coupables de trahison envers les puissances
» alliées ; je les ferai traduire devant un conseil
» de guerre, et punir de mort. »

Ainsi, Napoléon n'ayant pu défendre le Rhin, les alliés effectuèrent leur irruption sans obstacle vers la chaîne des Vosges ; ils apportèrent plus de circonspection, plus de lenteur en Franche-Comté et en Alsace, sans être arrêtés néanmoins par un plus grand nombre de places fortes.

Aucune forteresse, aucune résistance sérieuse ne s'opposoit aux progrès de l'armée de Silésie et du corps russe de Wittgenstein.

Malgré le mauvais état des routes et la dureté de la saison, le feld-maréchal Blucher étoit déjà maître de Kreutznack le 4 janvier ;

il y établissoit son quartier-général, tandis que les avant-postes du général York se portoient sur la Lauter, et que le général Langeron formoit le blocus de Mayence.

Entre Bâle et Béfort les Austro-Bavarois n'avoient pénétré qu'après s'être assurés de leur communication avec le Rhin. Le quartier-général de la grande armée alliée venoit d'être porté à Altkirch. Le prince de Schwartzenberg ordonna aussitôt au général Bianchi de relever, devant Béfort, le général de Wrede, qui se dirigea sur Colmar. Le général Bianchi poussa bientôt ses détachemens jusqu'aux portes de Vesoul, et le comte de Wrede fit son entrée à Colmar. A l'approche des Bavarois, le préfet du Haut-Rhin avoit abandonné son poste. Le général de Wrede confia l'administration du département à une commission composée de l'ordonnateur Kneps et du baron de Stengel; il pourvut, par deux proclamations, à ce que le cours de l'administration et de la justice ne fût point interrompu. (1).

Le corps wurtembergeois ayant passé le Rhin à Maerks, au-dessous d'Huningue, le

---

(1) Voyez la proclamation du général comte de Wrede, donnée à Colmar, le 4 janvier 1814.

prince royal de Wurtemberg dirigea aussitôt sa marche pour opérer sa jonction avec le général comte de Wrede, et agir de concert.

Huningue, Béfort et Schelestadt n'étoient que bloqués. Les Wurtembergeois cernoient Neuf-Brisack et le fort Mortier dont les garnisons furent repoussées dans une sortie. La marche des colonnes vers les Vosges n'étoit point interrompue par ces différens blocus, les places pouvant être tournées aisément par de grands corps d'armée.

Le 4 janvier, une avant-garde commandée par le lieutenant-colonel Latour fit son entrée à Vesoul, chef-lieu du département de la Haute-Saône. Le préfet, les autorités et les employés venoient d'en sortir à la hâte, abandonnant les magasins de fourrages et les soldats malades. Leur fuite se fit aux acclamations des habitans des campagnes voisines, car le peuple regardoit généralement l'invasion comme une délivrance. Le comte de Latour divisa le gros de son avant-garde en trois corps, pour observer à la fois les routes de Besançon, de Gray et de Luxeuil. Un détachement poussa jusqu'à Baume-les-Dames.

Le général russe comte de Wittgenstein,

qui venoit de pénétrer en Alsace, communiquoit déjà par sa droite avec le général Blucher, et par sa gauche avec le général comte de Wrede, qui s'avançoit de Colmar vers Schelestadt. Mille cosaques étoient détachés d'Altkirch vers Remiremont et Epinal, pour faire des reconnoissances dans la vallée de la Moselle. Les opérations combinées des colonnes austro-bavaroises, wurtembergeoises et russes, avoient pour principal objet de s'emparer de toute la chaîne des Vosges, concurremment avec l'armée de Silésie. Tous les regards se portoient vers cette barrière naturelle de l'ancienne France, qui sépare l'Alsace de la Lorraine.

Les Vosges commencent aux environs de Giromagny et d'Epinal, s'étendent par Saint-Dié, Saverne, Phalsbourg et Bitche, jusqu'aux environs de Kaiserlautern, où elles prennent le nom de Mont-Tonnerre. Au nord elles se prolongent jusqu'à Bingen, et là resserrent le cours du Rhin par une barrière de rochers. Au sud elles se réunissent au Mont-Jura par une chaîne de collines, sur le revers desquelles est situé Béfort. Les pentes vers l'Alsace et vers le Rhin sont très-escarpées; au contraire, du côté de la Lorraine et de la

Moselle, le terrain se soutient long-temps à un niveau élevé. Les sommets des Vosges doivent à leurs formes arrondies le nom de *ballons*. La montagne qui porte particulièrement le nom de ballon de Quebwville, s'élève à deux cents mètres au-dessus de la plaine de Colmar. Là, dans ces vallées où se font remarquer tant d'aspects pittoresques, on voit disparoître le monotone spectacle des plaines qui occupent la France centrale. Ce pays rustique est habité par une race de montagnards belliqueux, que Napoléon croyoit pouvoir armer pour repousser les nations du Nord, liguées contre sa prépondérance.

On se demandoit si, n'ayant pu garantir le Rhin, il défendroit au moins les Vosges? N'étoit-ce pas un devoir impérieux? car les destinées de son empire, une fois ces défilés forcés, pouvoient dépendre d'une seule bataille livrée dans les plaines de la Champagne. C'étoit en vain que les maréchaux Victor et Marmont avoient réclamé des renforts, sans lesquels il falloit renoncer à défendre cette barrière naturelle. Napoléon ne pouvoit envoyer de secours; il n'avoit point encore d'armée; et cependant ses gazetiers proclamoient avec emphase la levée en masse des Vosgiens, et l'arrivée à Epinal de trente mille hommes tirés des garnisons de Metz et de Nanci.

Le gouvernement avoit ordonné, il est vrai, l'insurrection de l'Alsace, des Vosges, de la Haute-Saône, du Jura, du Doubs et du Mont-Blanc, mesure qui tendoit à faire armer la population par tiers. A l'approche du danger le préfet d'Epinal avoit fait un appel aux montagnards; mais ces hommes agrestes, ne se voyant pas soutenus par une armée régulière capable de couvrir la Lorraine, et rebutés d'ailleurs par un si long despotisme, opposoient aux provocations d'un élan national la force d'inertie devant laquelle viennent échouer tous les efforts du pouvoir.

Déjà les alliés avoient jeté quelques partis dans les Vosges. Le maréchal Victor, duc de Bellune, concentra aussitôt ses forces entre Molsheim et Obernay, espérant s'y maintenir s'il recevoit des renforts; mais, se voyant abandonné, il se replia sur Bacarat. L'hettman Platow, dont les cosaques formoient l'avant-garde du corps russe de Wittgenstein, le suivit avec quelques milliers de ses troupes légères. A Rambervilliers, le général Grekow, à la tête des éclaireurs, fut attaqué et repoussé par le général Montelegier; mais, les cosaques arrivant en force, le mouvement de retraite du corps français continua sur toute la ligne.

Cependant le général Duhesme occupoit Saint-Dié, où se dirigeoit en force le général Deroi, d'après les instructions du général comte de Wrede. A l'approche de l'avant-garde bavaroise, la division française prend position en deçà de Saint-Dié, résolue d'opposer aux alliés une vigoureuse résistance. A peine les Bavarois ont-ils pénétré dans la ville, que la cavalerie du général Milhaud, soutenue par de l'infanterie et par quelques pièces de canon, prend l'offensive. L'avant-garde des alliés cède le terrain, et les Français occupent à l'instant même le village de Sainte-Marguerite. Arrive le général Deroi avec toute sa brigade; il la met en bataille, et donne l'ordre de reprendre de vive force le village. Le combat est à peine commencé, que le général ennemi est frappé d'une balle; le colonel Freyberg prend aussitôt le commandement, attaque les Français sur toute la ligne, les repousse et rentre à Sainte-Marguerite. La division Duhesme, en retraite, occupe la position de Raon-l'Etape. Maître de Saint-Dié, le colonel Freyberg envoie de fortes patrouilles sur la route de Lunéville, suit et observe le mouvement des colonnes françaises. Le général comte de Wrede vient occuper lui-même Saint-Dié avec le gros des forces bavaroises; il s'empare des défilés de Bonhomme et de Sainte-Marie-aux-Mines, et avance avec son corps jusqu'à Rambervilliers et Bruyères.

Déjà le prince royal de Wurtemberg, à la tête du 4ᵉ corps, arrivoit à Remiremont. Là il apprend qu'une division de quatre mille hommes, composée d'une partie de la jeune garde, est à Epinal : il prend la résolution de l'attaquer de concert avec l'hettman Platow, qui, longeant la droite des Français, se dirige vers Charmes pour leur couper la retraite. Quelques centaines de Vosgiens, armés à la hâte, s'étant dispersées, il n'y eut bientôt plus à Epinal aucun espoir de résister au débordement des cosaques, dont le nom seul répandoit la terreur. Epinal est abandonné. Précédé par les cosaques, le prince royal de Wurtemberg se met à la poursuite des colonnes françaises, qui se replioient sur Thaon. Le général Grekow arrive sur leur flanc, charge la cavalerie et la disperse; mais son artillerie légère est long-temps arrêtée par le mauvais état des routes à travers les forêts des Vosges.

Cependant le prince Scherbatoff, qui s'étoit porté d'Epinal à Charmes, rencontre quatre colonnes d'infanterie et cinq escadrons protégés par de l'artillerie volante; il se replie à son tour, la cavalerie française chargeant avec intrépidité. Mais les forces de l'hettman et du prince Royal arrivent. Le général Kaisarow, abordant les derniers carrés français, met ses pièces en position, et foudroie les carrés à mitraille. Les routes sont bientôt jonchées de morts, couvertes de blessés, de bagages, d'armes jetées çà et là. Le maréchal duc de Bellune ne peut résister à ce torrent et se replie sur Lunéville. Ainsi, vers le 10 janvier, les Vosges étoient déjà forcées dans toutes les directions; et tout le pays, sur la droite du prince de Schwartzenberg, se trouvoit libre.

Le progrès des alliés fut tout aussi rapide sur leur gauche. Le général Bubna avoit laissé en seconde ligne à Genève un détachement commandé par le général Zachmeister, qui se mit en marche, et pénétra dans le Jura, défendu seulement par les châteaux de Joux et de Salins. Après avoir franchi les défilés du Jura, les Autrichiens entrèrent à

Poligny. Déjà la cavalerie hongroise couvroit le pays, et le fort Salins étoit cerné.

Sur un autre point, les hussards de l'empereur d'Autriche forçoient le pont du Doubs, près de Dole ; et cette ville, après un combat de deux heures, soutenu par le général Lambert, restoit en leur pouvoir.

En même temps le prince de Lichtenstein se dirigeoit sur Besançon, où il alloit être aux prises avec le général Marulaz ; il jetoit des partis dans toutes les directions du département du Doubs. Dès le 9 janvier la réserve autrichienne, commandée par le prince héréditaire de Hesse-Hombourg, venant de Dole, completta l'investissement de Besançon, défendue par huit mille hommes.

De son côté, le général Zachmeister attaqua le fort l'Ecluse, et s'en empara. La reddition précipitée de ce fort étoit un événement heureux pour Genève, alors le point d'appui de l'aile gauche des alliés. Maîtres de l'Ecluse, les Autrichiens alloient pousser désormais leurs détachemens sur la route de Lyon. Ils occupoient aussi la rive droite de la Saône, et envoyoient de la cavalerie vers Châlons et Mâcon, tandis qu'ils pénétroient de toutes parts dans le département de l'Ain.

Nantua fut occupé. Mais Bourg-en-Bresse opposa de la résistance. Excités par les agens de Napoléon, les habitans prirent imprudemment les armes, et livrèrent un combat de tirailleurs dans le faubourg, tenant en échec quinze cents Autrichiens ; ils ne respectèrent pas même leur parlementaire, qui fut atteint d'un coup de fusil. La ville succomba. Usant du droit de la guerre, les généraux ennemis permirent le pillage pendant quelques heures, sans pousser au-delà leur vengeance.

Le 14 janvier le général Bubna adressa aux habitans de l'Ain une proclamation, dans laquelle il les blâmoit d'avoir pris les armes au mépris des lois de la guerre : par cette infraction, disoit-il, vous avez mis à discrétion vos vies et vos fortunes ; mais, dédaignant de punir, j'offre un pardon général, et j'invite ceux des habitans qui ont fui à rentrer dans leurs foyers.

Le prince de Schwartzenberg, prévoyant les effets d'une résistance contraire aux usages de l'Europe, avoit déclaré, dans un ordre du jour du 8 janvier (1), que ména-

---

(1) Voyez l'ordre du jour du feld-maréchal prince de Schwartzenberg, du 8 janvier 1814.

gement et protection seroient accordés aux Français paisibles ; mais que tout habitant des villes et des campagnes, pris les armes à la main, et ne faisant point partie de l'armée, seroit puni de mort. Il prévenoit en outre qu'on livreroit aux flammes les villes dont les habitans opposeroient de la résistance.

Malheureusement c'étoient les Français, ou plutôt leur empereur, qui avoit mis en usage ce code terrible contre les nations subjuguées par ses armes ; et c'étoit contre les Français eux-mêmes que pouvoit s'exercer alors le droit sévère des représailles : mais tous les ménagemens qui purent l'adoucir, furent employés par le prince de Schwartzenberg ; il s'efforça de maintenir la discipline dans son armée, en faisant réprimer avec rigueur tous les actes de violence et de rapine.

Cependant les trois monarques, chefs de la ligue européenne, l'empereur de Russie, l'empereur d'Autriche et le roi de Prusse, animés du noble désir de pacifier l'Europe, se dirigeoient sur Bâle pour s'y réunir et pour agir de concert dans cette campagne décisive. L'empereur Alexandre, venant de Fribourg et de Lœrrach, passa le Rhin le 13 janvier, accompagné du roi de Prusse, et suivi par sa garde impériale, par l'infanterie de la garde prussienne, par l'artillerie de réserve, et d'autres troupes formant la fleur et l'élite des armées confédérées. L'histoire doit conserver le souvenir de ce passage du Rhin par le czar de toutes les Russies, d'autant plus remarquable, qu'il vint correspondre au jour anniversaire du passage du Niémen par le même monarque, après la délivrance de ses Etats.

L'empereur d'Autriche, arrivé le jour précédent, alla au-devant de l'empereur Alexandre et du roi de Prusse, et ces trois souverains firent à cheval leur entrée dans la ville de Bâle. Ils étoient à la tête des gardes russes et prussiennes, et de quelques régimens de réserve. Les troupes défilèrent, et firent ensuite une marche de plusieurs lieues dans la direction de Montbéliard.

Dès le 8 janvier, le czar avoit adressé à son armée l'ordre du jour suivant, publié à Fribourg :

« Soldats,

» Votre constance et votre valeur vous ont
» conduits des rives de l'Oka aux bords du
» Rhin : de nouveaux succès vous attendent ;

» nous allons passer le Rhin, et pénétrer dans
» un pays qui nous fait depuis long-temps une
» guerre cruelle. Nous avons sauvé et illustré
» notre patrie; nous avons rendu à l'Europe
» sa liberté et son indépendance : il nous reste
» encore à couronner ces faits éclatans par
» une paix solide, objet de tous les désirs.
» Que le repos et le contentement renaissent
» enfin sur la terre; que chaque peuple re-
» trouve le bonheur dans ses lois, sous son
» gouvernement, et que la religion, les arts,
» les sciences, le commerce refleurissent de
» nouveau pour le bien général des peuples :
» tel est notre vœu le plus cher. Il est temps
» enfin de mettre un terme à la guerre et à la
» destruction.

» En pénétrant dans nos provinces, Na-
» poléon nous a fait éprouver ses fureurs, mais
» il en a reçu un châtiment terrible ; le
» courroux céleste l'a frappé : ne l'imitons
» pas; l'inhumanité ne peut plaire à l'Etre-
» Suprême. Oublions le mal que nous a fait
» l'ennemi, et offrons-lui paix et amitié. L'hon-
» neur des armes russes consiste à vaincre et
» à pardonner au vaincu comme à un frère :
» c'est le principe que notre sainte religion a
» gravé dans nos cœurs. Aimez vos ennemis,

» et faites-leur tout le bien que vous pourrez,
» c'est un précepte divin.

» Une conduite généreuse contribuera au-
» tant à vos succès que la force même de vos
» armes. Oui, soldats, votre valeur contre
» ceux qui résisteront, et votre charité chré-
» tienne envers les paisibles habitans, met-
» tront, je n'en doute pas, un terme à vos
» longues fatigues, et vous acquerront la gloire
» d'un peuple brave et vertueux. C'est en exé-
» cutant mes ordres suprêmes que vous ob-
» tiendrez la paix universelle, objet constant
» de mes vœux. Votre obéissance et le zèle de
» vos chefs sont des garans certains que vous
» ne ternirez pas la bonne réputation que vous
» vous êtes acquise. »

A cette expression noble et calme de la pieuse modération du czar, qu'opposoit le dominateur de la France? Des déclamations, des diatribes, dont ses journalistes étoient les organes.

« Les manifestes des coalisés, disoient-ils,
» n'ont d'autre but que de paralyser l'énergie
» de la nation française, en essayant de lui
» persuader que son gouvernement refuse des
» propositions justes, généreuses et libérales,

» N'est-ce pas la discorde elle-même qui, pre-
» nant les couleurs de la paix, a jeté au milieu
» de la France l'amorce trompeuse de la dé-
» claration de Francfort ?

» Quand l'empereur Napoléon marchoit à
» la tête de la confédération des rois contre la
» Russie, le seul allié que l'Angleterre eût
» alors, il exerçoit sans doute une énorme
» prépondérance hors des limites de son em-
» pire ; mais les élémens se déclarent contre
» lui, ses alliés l'abandonnent tour à tour, ils
» unissent leurs armées à celles de la Russie,
» et marchent eux-mêmes contre la France
» rentrée dans ses limites naturelles. Cette
» prépondérance n'a-t-elle pas changé de
» mains ? N'est-elle pas exercée aujourd'hui
» par une puissance qui entraîne avec elle
» toutes les nations de l'Europe, et qui les
» précipite sur un peuple qui ne veut plus dé-
» fendre que son territoire ? Ainsi la Russie,
» qui, depuis un siècle, a successivement
» écrasé la Suède, partagé la Pologne, dévoré
» la Crimée, menacé le Caucase, et convoité
» le trône de Constantinople ; la Russie, qui
» gouverne aujourd'hui la Saxe, maîtrise la
» Prusse, et peut-être toute l'Allemagne ; la
» Russie, qui jette en France ses légions asia-

» tiques; la Russie déclare qu'elle fait la guerre
» à la prépondérance de l'empereur Napoléon
» en Europe !

» Ce que proclament les puissances est
» en contradiction manifeste avec ce qu'elles
» veulent:

» Les alliés passent le Rhin aujourd'hui, et
» c'est après avoir protesté hautement qu'ils
» ne prenoient les armes que pour repousser
» les Français au-delà de ce fleuve. Ils occupent
» le territoire de l'Helvétie; et c'est après
» avoir annoncé à l'Europe que leurs armées
» respecteroient l'antique indépendance des
» Suisses.

» Ainsi leurs fastueuses déclarations ne
» respirent que la paix et le bonheur, tandis
» que leur invasion apporte le ravage et la
» mort.

» Méfions-nous d'un ennemi qui, se faisant
» précéder par des proclamations fallacieuses,
» cherche à nous affoiblir par la désunion, et
» à nous comprimer par la terreur ; soyons
» sourds à ses promesses comme à ses me-
» naces, et qu'il apprenne qu'on ne peut pas
» plus nous séduire que nous diviser. »

Mais ces récriminations, forgées pour obscurcir la vérité, ne pouvoient séduire une

nation accablée sous le poids des calamités de la guerre. Si des deux côtés on s'efforçoit de conquérir l'opinion, c'est que les armes seules ne pouvoient assurer le triomphe, car les destinées de la terre alloient dépendre cette fois des dispositions morales des peuples.

L'arrivée des souverains alliés sur la rive gauche du Rhin; la ligne de direction suivie par le quartier-général du prince de Schwartzenberg, qui, de Montbéliard, se portoit sur Vesoul; la marche rapide de l'armée de Silésie et des corps russes, qui, de toutes parts, forçoient les défilés des Vosges, tout annonçoit une campagne féconde en événemens décisifs.

Les mouvemens offensifs opérés depuis Gluckstadt jusqu'à Chambéry, sembloient dériver d'un vaste plan dont le principe et le concert s'étendoient même jusqu'aux rives de l'Adour dans le camp de lord Wellington. Les troupes françaises étoient loin de présenter un tel ensemble; foibles en nombre, et partout en retraite, elles manquoient de lien mutuel et de point central.

Leur chef suprême, celui qui les avoit si souvent conduites à la victoire; celui qui n'avoit cessé de tourmenter l'Europe par son activité fatigante, assistoit, du fond de son palais, à l'envahissement de la France; sa nonchalance inouïe excitoit l'étonnement, et provoquoit l'indignation. Les flatteurs du trône assuroient toutefois que Napoléon exécutoit, *dans un silence magnanime*, des prodiges d'activité et de vigilance, plus surprenans peut-être que ses plus brillans succès; ils présentoient l'organisation de la garde nationale parisienne comme une de ces grandes pensées qui enchaînent la confiance, tandis qu'on savoit généralement que Napoléon avoit long-temps résisté à l'armement des Parisiens. Ils les regardoient en effet comme des ennemis secrets de sa puissance, et il environna de précautions minutieuses la formation de leurs légions municipales.

On le vit cependant, après avoir brisé le corps législatif, chercher de nouveaux appuis dans l'opinion publique. Il l'avoit constamment bravée, et pour la première fois peut-être il s'efforçoit de la reconquérir, à la vérité par des déclarations astucieuses, par des démarches hypocrites, mais qui n'ont que trop d'effet chez un peuple léger et crédule.

Ce fut alors que, sortant brusquement du château des Tuileries, Napoléon parcourut à

8.

cheval les rues et les places publiques de la capitale, sans gardes, mais environné d'agens de police, et de gendarmes déguisés qui veilloient sur sa personne ; il affecta de s'entretenir avec des hommes du peuple, répandant l'or à pleines mains dans les classes rebut de la société, et qui sembloient le repousser lui-même, car la contrainte perçoit à travers sa fausse popularité. Il feignit aussi d'invoquer la confiance de la nation, en déclarant qu'il ne s'agissoit plus de faire ni de recouvrer des conquêtes, mais d'obtenir la paix, basée sur la conservation de l'intégrité du territoire.

Dans une adresse concertée, son sénat fit ressortir ce changement de politique, ou plutôt cet aveu des vicissitudes de la fortune :

« La puissance, dit l'orateur, s'affermit en
» se bornant, et l'art de ménager le bonheur
» des peuples est la première politique des
» rois ; car les empires ont, comme les
» hommes, leurs jours de deuil et de pros-
» périté.

» L'ennemi vient d'envahir notre territoire,
» et veut pénétrer jusque dans nos provinces ;
» mais c'est dans les grandes circonstances
» qu'on reconnoît les grandes nations. »

Les adresses des premiers corps de l'Etat

et les déclarations du gouvernement étoient paraphrasées par les commissaires extraordinaires envoyés dans les provinces.

« Les alliés, disoit à Liége le sénateur
» Monge, veulent déchirer, accabler, détruire
» la nation française ; et s'ils n'attaquent en
» apparence que le gouvernement, c'est qu'ils
» savent que la France n'existeroit plus en
» corps de nation, si la clef de la voûte man-
» quoit à l'édifice. »

Napoléon, montrant plus de sécurité, fit une énumération pompeuse des corps d'armées, et des camps de réserve qui se formoient à Meaux, à Soissons, à Troyes, à Arcis-sur-Aube; et des gardes nationales qui arrivoient de tous côtés à la défense de la patrie. Selon ses supputations mensongères, cent escadrons de cavalerie de réserve étoient déjà rassemblés à Meaux et à Châlons-sur-Marne; et six cents pièces de canon se trouvoient réunies dans le parc de cette dernière ville.

« L'instant du ralliement général approche,
» s'écrioient les organes du gouvernement ;
» encore quelques jours de patience ; le signal
» va se faire entendre, et alors malheur aux
» vaincus !

» Que les échos des Alpes et les grottes du

» Rhin répètent ce cri universel : *Aux armes!*
» *aux armes! la paix est dans notre courage!*
» Que chaque province soit un camp, et que
» la France n'ait plus d'autres citoyens que des
» soldats. »

Ainsi, le danger n'étoit avoué que dans l'espérance qu'il produiroit un mouvement national. « Il seroit exécuté depuis un mois,
» ajoutoient les salariés de Napoléon, si nous
» avions été moins confians dans l'apparente
» modération de l'ennemi. Qui pouvoit penser
» qu'au lieu d'assurer le repos du Monde, les
» alliés, sourds aux cris de l'Europe désolée,
» voudroient envahir le territoire sacré de la
» France? Ont-ils oublié que de longs revers
» les ont accablés, pour avoir formé le projet
» insensé de la démembrer? C'est pour arrêter
» l'énergie nationale, c'est pour empêcher
» l'unanimité des sentimens qu'ils se font pré-
» céder par des proclamations mensongères. »

Les événemens se pressoient comme les écrits. Depuis les bouches de l'Escaut jusqu'aux rives de l'Adour, toutes les armées de la coalition marchoient vers le centre de la France. Dès le 10 janvier, le feld-maréchal Blucher avoit son armée répandue tout le long de la Moselle, depuis Trèves jusqu'aux portes de

Nancy, et le duc de Raguse étoit en pleine retraite entre la Sarre et la Meuse.

Il avoit d'abord occupé les défilés de Kaiserlautern; mais cédant bientôt à des forces supérieures qui menaçoient de le tourner par les montagnes des Vosges, il se replia sur la Sarre, rompant tous les ponts, et faisant mettre en état de défense Sarrelouis et Bitche. Le 9 janvier, la Sarre est forcée par les cosaques non loin de Sarreguemines. La ville tombe au pouvoir du major-général Kopoff, qui fait aussitôt rétablir le pont, tandis que le feld-maréchal Blücher en fait jeter un à Blidestroff, pour attaquer le duc de Raguse avec une nombreuse cavalerie. Ce général, soupçonnant l'intention de son adversaire, abandonne sa position de la Sarre, et se met en retraite sur Saint-Avold. Harcelé par la cavalerie et l'avant-garde prussiennes, il abandonne Saint-Avold, qui tombe bientôt au pouvoir de l'ennemi; et se dirige en toute hâte sur Metz. Le général York le poursuit sur cette route, fait bloquer Sarrelouis, détache une brigade contre Thionville, et une autre contre Sarrebruck.

Tandis que son avant-garde poussoit le corps du maréchal Marmont jusqu'aux portes de

Metz, le corps d'armée du général Sacken marchoit sur Nancy et sur Pont-à-Mousson.

Poursuivi également dans les défilés des Vosges par les Bavarois, les Wurtembergeois et le corps russe de Wittgenstein, le maréchal Victor, duc de Bellune, s'étoit retiré à Void, derrière la Meuse, sur la même ligne que le duc de Raguse.

Ainsi, sans être effrayés des obstacles, et pleins de confiance dans la supériorité de leurs forces, les alliés se contentoient de placer en observation devant les places frontières, leurs troupes les moins aguerries, tandis que leurs nombreuses colonnes étoient en mouvement sur toutes les routes qui traversent la Lorraine, l'Alsace et la Franche-Comté, sur un développement de plus de soixante lieues.

La rigueur de la saison, les mauvais chemins, les bivouacs multipliés, les retraites précipitées, les maladies, affligeoient les troupes françaises encore accablées des désastres de la campagne de 1813, qui sembloient se prolonger.

Tout étoit en mouvement, et les alliés alloient prendre également l'offensive vers l'Escaut, afin d'obtenir, par des opérations combinées, sans bataille générale, l'occupation entière de la Belgique.

Le général comte Maison, nommé au commandement du premier corps de l'armée d'Anvers, s'étoit hâté de compléter l'armement de Berg-op-Zoom et des places de la rive gauche de l'Escaut, tandis que les troupes alliées dans le Nord, bloquoient Wesel, Noorden, Gorcum, Dwinter et le Helder, clef du Zuiderzée, que défendoit avec opiniâtreté l'amiral Werrhuel, constant à la cause de Napoléon.

Cependant le général Bulow, commandant en chef le troisième corps de l'armée prussienne, prenant l'offensive, déboucha de Breda le 11 janvier, avec dix à douze mille hommes, et se porta vers les positions de Hoogstraten et de Wartel, sur le Merk, défendues par la division française du général Roguet. L'ennemi fut d'abord arrêté sur la route de Meer; mais bientôt il redoubla ses attaques sur Loenhout et sur Hoogstraten. Les colonnes prussiennes s'emparèrent de ces deux positions au moment même où la division anglaise de sir Thomas Graham, prenant part à l'action, se portoit sur la grande route de Berg-op-Zoom à Anvers. Le général Roguet, se voyant tourné, opéra subitement sa retraite sur Winigem, sa gauche appuyée sur Merxen, près d'Anvers, un corps de troupes sortit à l'instant de la place pour le soutenir.

La journée du 12 se passa en manœuvres. De nouvelles levées arrivées à Anvers permirent aux généraux français de déployer devant cette ville importante environ vingt mille hommes, sur une ligne de plusieurs lieues d'étendue.

Le 13, le général Bulow, réuni à sir Thomas Graham, se porta en force sur Winigem. Son aile droite étoit composée de Hollandais et d'Anglais, sa gauche de Russes, et le centre de Prussiens. Malgré la bravoure des Français, les alliés forcent le village de Merxen. Les Anglais sont arrêtés à Roserdal, où ils essuient un feu meurtrier; mais ils chargent à la baïonnette la gauche de l'armée française, commandée par le général Avy, et ce général est tué dans la mêlée. Quelques fuyards se noient dans l'Escaut; d'autres soldats français, Belges de nation, passent à l'ennemi. L'armée française tout entière se replie dans ses lignes sous le canon d'Anvers. Les Prussiens et les Anglais viennent escarmoucher jusques aux faubourgs, que les Français démolissent à la hâte. La ville est en proie aux alarmes. L'incendie de quelques maisons de campagne et les flammes aperçues de loin, donnent lieu au faux bruit que la flotte d'Anvers vient d'être incendiée à la suite d'une vive attaque. Ces bruits se propagent de la Belgique à Paris.

Cependant les généraux Bulow et Graham, trouvant la place d'Anvers en état de défense, se concentrèrent à quelques lieues de là sans avoir pu remplir le but de leurs opérations. Le général Maison fit un mouvement hardi qui le porta sur Louvain, tandis que la division Barrois se dirigeoit sur Diest, pour former une ligne de défense entre Bruxelles et la Meuse.

Anvers étoit approvisionné, et sa ligne, du côté de l'Escaut, présentoit un aspect formidable. Les généraux alliés cherchèrent alors, par leurs manifestes, à insurger les départemens de la Belgique, et à transformer les hostilités en une guerre de révolution.

Ce double mouvement du général Bulow vers l'Escaut, et de l'armée de Silésie vers la Meuse, alloit forcer le duc de Tarente, qui gardoit le Rhin depuis Gueldres jusqu'à Cologne, à évacuer la rive gauche du fleuve pour venir défendre l'ancienne France. Déjà Nimègue étoit tombé au pouvoir du général russe Wenzingerode, et le maréchal duc de Tarente avoit porté son quartier-général à Creveld, appuyant ainsi sa droite à la forteresse de Wesel. La fermentation étoit au comble dans les Pays-Bas; les peuples, fatigués du joug de Napoléon, provoquoient l'invasion totale des alliés. L'administration française, après avoir frappé les villes et les campagnes d'une contribution extraordinaire, contraignoit, par des exécutions militaires, les plus riches habitans à payer sans délai. Menacé à la fois du soulèvement des Belges et du débordement des Russes; appelé d'ailleurs au secours de la France, le maréchal duc de Tarente ordonne à ses différentes colonnes de se replier; et abandonne Gueldres; puis il porte son quartier-général à Maestricht, observant le flanc droit de l'armée de Silésie, dont les détachemens avoient poussé jusqu'à Trèves.

Wenzingerode, épiant cette retraite, passe le Rhin, le 13 janvier, à Dusseldorff, et à Essemberg. Près de trente mille Russes se répandent aussitôt sur la rive gauche. A la première approche des cosaques, une colonne de quatorze cents Français, qui tenoit encore à Neuss, se replie sur la ville de Juliers. Les généraux Sébastiani et Arrighi prennent la même route, après de légers combats contre l'avant-garde du général comte Saint-Priest, qui filoit avec sa division par Coblentz et Bonn, vers Cologne. Partout les habitans font éclater leur joie, et vont à la rencontre des Russes en leur offrant des vivres et des secours.

Le 18 janvier le maréchal duc de Tarente porta son quartier-général à Namur, où tout son corps d'armée se trouva réuni au nombre de quinze mille fantassins et d'environ quatre mille chevaux, y compris les brigades de gendarmerie, qui se replioient de tous les points de la Belgique.

Malgré des combats glorieux soutenus devant Anvers, le général comte Maison se vit aussi contraint de céder au mouvement général de retraite. Mais en vain chercha-t-il à rejoindre le maréchal Macdonald, en s'avançant sur la route de Liége, à peu de distance même de cette ville. Se repliant alors sur Bruxelles, puis sur nos anciennes limites du Nord, il répartit son corps d'armée dans les places de la Flandre, qu'on mettoit précipitamment en état de défense.

Avant de quitter Maestricht, le maréchal Macdonald avoit adressé à ses soldats une proclamation pour relever leur courage; elle annonçoit la levée des quartiers d'hiver, de nombreux renforts et de nouvelles hostilités. « C'est pour la patrie, leur dit-il, que nous » allons combattre ; ne souffrez pas qu'elle » soit plus long-temps déchirée. L'empereur » et la France ont les yeux sur nous. Vaincre » ou mourir doit être notre cri de rallie- » ment. »

Les généraux sentoient la nécessité de rappeler la gloire des armes françaises, dont un seul homme, par des entreprises insensées, venoit d'obscurcir l'éclat. Rien n'étoit négligé pour pallier les progrès de l'ennemi. L'abandon de la Hollande, l'évacuation de la Belgique, et le mouvement rétrograde de tous les corps d'armées qui couvroient l'occident de la France, étoient présentés comme le résultat de *dispositions générales*. Tel étoit même l'excès de la crédulité, qu'une sorte d'opinion vulgaire regardoit la libre entrée de l'ennemi comme formant une partie essentielle du vaste plan médité par Napoléon pour anéantir d'un seul coup la confédération européenne.

Cependant l'invasion prenoit de plus en plus un caractère menaçant. Le généralissime prince de Schwartzenberg venoit de porter son quartier-général à Vesoul, et le corps du général comte Giulay marchoit sur Langres.

Cette ville, l'un des points les plus élevés de la France, offroit une position formidable. La montagne qui lui sert de base est une ramification des Vosges, et ajoutoit encore aux obstacles qui s'opposoient à l'envahissement des provinces centrales.

Aussi Napoléon avoit-il résolu de confier à sa vieille garde la défense de Langres; elle s'y portoit, du Nord et de Paris, à marches forcées, sous les ordres du maréchal Mortier, duc de Trévise. Sur toute cette ligne, la plus menacée, les commissaires, les agens du gouvernement, excitoient les habitans des bourgs et des campagnes à la défense de leurs foyers; ils leur distribuoient des armes; ils les organisoient en gardes nationales et en compagnies franches. Les instructions des émissaires secrets tendoient à compromettre les villes en faisant tirer sur les parlementaires.

A peine les alliés eurent-ils franchi le Rhin, que Napoléon expédia des officiers du génie chargés de lever le plan des villes et des positions situées sur toutes les routes de l'Est à la capitale de son empire. Il s'agissoit de les fortifier à la hâte pour une défense locale. A Troyes, un colonel du génie réunit les autorités, et leur communique l'aperçu des travaux pour le plan défensif : on lui objecte qu'il faudra sacrifier cinq faubourgs, et tout ravager : « Nous en avons brûlé de plus beaux, » répond-il avec un sang-froid cruel.

Ainsi des villes populeuses, florissantes, qui, depuis les troubles de la religion, c'est-à-dire, depuis trois siècles, n'avoient pas vu d'ennemis à leurs portes, alloient être exposées à toutes les horreurs de la guerre.

Langres avoit été choisi pour commencer l'exécution de ce système barbare; la garde nationale venoit d'y être levée et armée sous les ordres d'anciens officiers de ligne; mais dans les campagnes, la force d'inertie sembloit insurmontable.

Dans ces circonstances parurent, aux environs de Langres, les premiers éclaireurs de la cavalerie autrichienne.

Une reconnoissance placée au Fay-Billot s'étant repliée immédiatement, les habitans de Langres courent aux armes; les portes sont fermées et confiées à une garde; toute la nuit des patrouilles circulent. Le lendemain, au point du jour, un parlementaire, escorté par un parti de hussards, se présente à la porte Dijon; il demande à conférer avec le maire; on le somme en vain de se retirer; la garde fait feu; le parlementaire n'est pas atteint, et il s'éloigne. On voit alors les hussards caracoler sur la route, et menacer les habitans. La garde nationale porte une reconnoissance jusqu'au faubourg des Anges, à un quart de lieue de Langres.

Vers cinq heures du soir un second parlementaire vient au nom du comte de Thurn, avec deux hussards de Sczecler; trente hussards restent au bas de la côte. Un lieutenant des grenadiers de la garde nationale fait feu : un hussard et deux chevaux restent sur la place. On s'attendoit au sac de la ville, quand tout à coup apparoissent les têtes de colonnes de la garde impériale, arrivant par la porte Chaumont. A l'aspect de ces vieux soldats, couverts de nobles cicatrices et de décorations, récompense de leur valeur, la joie succède à la consternation. Ces braves, l'élite des vétérans de l'armée, avoient fait pour sauver Langres des marches longues et pénibles; ils s'écrient en arrivant : « Nous » venons conserver à la ville son nom de » *Langres la Pucelle.* »

En effet, aucun souverain ni aucun général ennemi n'y étoit jamais entré. Le 21 janvier le maréchal duc de Trévise y porte son quartier-général, et près de douze mille hommes, formant trois divisions de la vieille garde, s'y trouvent réunis. Le lendemain l'avant-garde autrichienne, composée d'infanterie et de cavalerie, est attaquée et repoussée par une reconnoissance dirigée sur Chatenay-Vaudin, à deux lieues de Langres.

D'autres reconnoissances sur Fay-Billot et sur Gray ont aussi divers engagemens. Les vives escarmouches de Montlandon et de Percey, sont autant de préludes de combats plus décisifs.

Informé du mouvement de la garde impériale, le prince de Schwartzenberg jugea qu'un nombreux corps de troupes françaises alloit se rassembler à Langres ; il se mit aussitôt en marche avec des forces capables de lui assurer le succès dans l'attaque de cette position importante. La principale armée russe, sous le commandement du général Barclay de Tolly, étoit en ligne pour le soutenir.

Le corps du général comte de Wittgenstein, qui se lioit par sa droite à l'armée de Silésie, et par sa gauche au général Barclay, se mit aussi en mouvement. Les réserves russes et prussiennes filèrent sur Vesoul, et l'empereur Alexandre s'y porta avec l'empereur d'Autriche et le roi de Prusse.

Cependant il n'arrivoit aucune autre troupe au secours de la vieille garde. Ce corps d'élite restera-t-il exposé aux attaques d'une armée entière, qui peut le tourner et l'accabler ? Dès le 16 commence le mouvement de retraite sur Chaumont. Le maréchal Mortier laisse dans Langres deux cents hommes et quelques pièces de canon, moins pour défendre la ville que pour lui obtenir, par ce simulacre, une capitulation qui puisse la sauver.

Il ne restoit plus aux habitans, consternés et abandonnés à eux-mêmes, qu'à implorer la commisération d'un ennemi, qu'ils avoient offensé en faisant feu sur ses officiers parlementaires; c'étoit, il est vrai, sous l'influence directe d'un émissaire envoyé à cet effet par Napoléon. Le 17, le général comte Giulay pousse son avant-garde en avant; il rejette la demande d'une capitulation, et Langres est forcée de se rendre à discrétion aux alliés. La rigueur des proclamations vouoit la ville au pillage et à l'incendie pour s'être opposée, à main armée, à l'entrée des troupes de la coalition. Le prince de Schwartzenberg commua cette sentence de destruction en une contribution pécuniaire pour la sûreté de laquelle des otages furent pris parmi les plus riches habitans.

Ainsi, malgré tant de sujets de haine et de vengeance, l'esprit de modération et d'humanité sembloit animer la confédération des peuples, qui, depuis le Volga jusqu'au Rhin, s'étoient levés contre l'empire de Napoléon.

LIVRE IV.

Prise de Toul. — Entrée du fed-maréchal Blucher à Nancy. — Sa déclaration adressée aux notables de cette ville. — Les alliés divisent en quatre gouvernemens les provinces de la rive gauche du Rhin. — Marche des Cosaques. — Manière de combattre de ces troupes légères du Nord. — Marche du comte de Bubna vers la Saône et vers Lyon. — Résistance de Châlons, prise de Mâcon. — Lyon est menacé, sommé et délivré. — Châlons succombe. — Marche des Autrichiens sur Dijon. — Tumulte dans cette ville. — L'autorité du commissaire extraordinaire, comte de Ségur, y est méconnue. — Entrée des Autrichiens à Dijon. — Arrivée des monarques coalisés à Langres. — Premier combat de Bar-sur-Aube. — Retraite de la vieille garde sur Troyes. — Situation des esprits à l'approche du danger. — Napoléon défère la régence à l'impératrice Marie-Louise. — Son discours d'adieu aux officiers de la garde nationale parisienne. — Il part et va se mettre à la tête de l'armée réunie à Châlons-sur-Marne.

Maître de Langres, le prince de Schwartzenberg, voulant aussi s'emparer de Chaumont, fit prendre aussitôt l'offensive au quatrième corps de l'armée alliée, commandé par le prince royal de Wurtemberg. Ce mouvement coïncidoit avec les progrès du corps russe de Wittgenstein et de l'armée de Silésie qui s'avançoit rapidement vers la Meuse.

Le maréchal duc de Raguse venoit de pourvoir à la défense de Metz, et de prendre position sur les hauteurs de Gravelottes; mais, toujours pressé par les corps prussiens du général York et du général Kleist, il continua sa marche rétrograde vers Saint-Mihiel, et se trouva, le 19 janvier, en avant de Verdun, sans avoir eu aucun engagement sérieux. La Lorraine ne pouvant plus être défendue, la retraite du duc de Raguse n'avoit pour objet que d'opérer, avec le moins de pertes possible, la concentration de ses divisions vers la Champagne, entre la Marne et la Seine. Le général Kleist, resté d'abord en réserve, se trouvoit devant Thionville; le gros de sa cavalerie avoit investi Metz, et la plus grande partie de l'armée du feld-maréchal Blucher filoit de Saint-Avold sur Nancy, avec les réquisitions levées pour ses approvisionnemens.

L'hettman Platow venoit d'entrer en Lorraine avec ses cosaques, dont les patrouilles dépassoient Neufchâteau; d'autres cosaques, sous les ordres du prince Scherbatoff, s'avançoient vers Toul.

Dès le 13 janvier, le comte de Wrede avoit porté son quartier-général à Saint-Dié, poussant ses reconnoissances jusqu'à Lunéville. Le 16, il se dirigea sur Charmes, et prit ensuite position entre Neufchâteau, Chatenay et Saint-Christophe. Ce mouvement assuroit la communication du corps bavarois avec l'armée de Silésie. Du 19 au 20, devoit s'opérer la jonction avec la grande armée du prince de Schwartzenberg, sur la route de Chaumont à Troyes. Ainsi les armées combinées présentoient une ligne redoutable aux forces réunies à la hâte par les généraux de Napoléon.

Nancy, la capitale et l'ornement de la Lorraine, alloit être abandonné. Le maréchal Ney, prince de la Moskwa, s'étoit mis en route pour la défendre, sur les assurances positives de Napoléon qu'il y trouveroit réunis un corps de quinze mille hommes et des levées en masse pleines d'ardeur et de zèle. Le maréchal n'y trouva ni armée, ni moyens de défense; à peine y avoit-il six mille hommes. La levée en masse avoit eu, dans la Meurthe, aussi peu de succès que dans les Vosges, et dans la Haute-Saône. Ne pouvant préserver ni secourir Nancy, le maréchal Ney l'évacua le 14 janvier. Le même jour, le prince Biron de Curlande en envoya les clés au feld-maréchal Blucher, et le général prussien les renvoya immédiatement au grand quartier-général. L'officier qui en étoit porteur, rencontra l'empereur Alexandre sur la route de Vesoul. Le czar détacha deux des clés de l'ancienne capitale de la Lorraine, et les expédia au Roi de Prusse, avec un gracieux message, signe certain des attentions délicates et des égards mutuels qui serroient les nœuds des monarques alliés.

Déjà les communications entre l'armée de Silésie et l'armée du généralissime se trouvoient assurées par Nancy et par Charmes, où le général comte de Wrede avoit porté son quartier-général. Les corps français de l'autre côté de la Meuse se replioient ; mais quelques brigades sembloient vouloir tenir à Toul, ville protégée par un mur et par quelques remparts. Le général Sacken s'en approcha par le pont de Saint-Vincent. Le feld-maréchal Blucher, informé de la prise de Langres, instruit d'ailleurs que les corps français des maréchaux Marmont, Ney et Victor repassoient la Meuse, à Verdun, à Saint-Mihiel, à Commercy et à Vaucouleurs, donna l'ordre formel d'emporter la ville de Toul du côté de Void. Le général Sacken fit aussitôt ses préparatifs ; mais Toul, se voyant abandonné, se rendit au général comte Liewen. Quatre pièces de canon, quatre cents hommes et deux drapeaux tombèrent au pouvoir des alliés.

Le 20 janvier, le maréchal Blucher fit son entrée à Nancy. Une députation des magistrats et des notables de la ville étant allée à sa rencontre, ce vétéran des généraux de l'Europe répondit au discours qui lui fut adressé par la déclaration suivante, qui faisoit connoître les motifs de la guerre; et qui par là même, étoit plus importante qu'aucune de celles qui eussent encore été faites par un général ennemi sur le territoire français :

« La Providence, dit le feld-maréchal
» Blucher, vient enfin de conduire nos armes
» sur le sol de la France; enfin, toute l'Eu-
» rope a été tirée de sa fausse sécurité, par
» l'insatiable ambition de l'homme qui, depuis
» quatorze ans, gouverne despotiquement la
» nation française.

» Les peuples du Volga, du Danube, de
» l'Elbe, de la Tamise et du Tage, ont quitté
» leurs demeures, et sont entrés dans cette
» France jadis si heureuse. La plupart de ces
» peuples, autrefois attachés à la France,
» sont devenus ses ennemis, et pourquoi? Par
» le seul motif de l'ambition inquiète d'un
» conquérant effréné. Napoléon n'a-t-il pas

» forcé les nations qui n'étoient pas guerrières
» à le devenir, pour ne pas supporter le mé-
» pris, le déshonneur, le despotisme et le
» brigandage de ses agens?

» Dieu a prononcé, dans sa justice, et
» six cent mille Français ont disparu de la
» terre en deux campagnes, déplorables vic-
» times de l'ambition d'un maître prodigue
» du sang d'un peuple auquel il est étranger !

» Et où sont les fruits de tant de sang ré-
» pandu? quel aspect présente aujourd'hui la
» France? Une génération entière moissonnée
» par le glaive des batailles, le commerce
» détruit, le numéraire enfoui, l'agriculture
» découragée, les peuples gémissant sous le
» poids des impôts, les gendarmes traînant
» vos enfans et vos neveux sous les drapeaux
» du despote qui les laisse périr de misère ;
» de nombreux espions, qui se glissent dans
» les sociétés, dans les familles, pour rap-
» porter à Savary, leur chef, les plaintes et
» les soupirs qu'arrache un gouvernement si
» infâme ; des commissions militaires et spé-
» ciales, qui, par des sentences de mort,
» étouffent toute espèce d'élan généreux : tels
» sont, ô Français ! les fruits des guerres
» interminables qui ont fait le malheur de

» l'Europe. Ce n'est donc que pour l'avantage
» d'un petit nombre de généraux, de préfets,
» de sénateurs et de commissaires, que la
» guerre se perpétue : c'est pour qu'ils puissent
» s'enrichir par le pillage de nos territoires
» et par le plus honteux brigandage, que vous
» avez tant souffert, ô peuple malheureux !

» Mais non, la paix que nous avons offerte,
» et qui a été rejetée avec hauteur, ou accueillie
» d'une manière équivoque, sera conquise par
» la bravoure de nos troupes ; sur votre terri-
» toire, et, s'il le faut, dans votre propre
» capitale. Avec elle nous conquerrons et notre
» indépendance nationale et la liberté du
» commerce et celle des mers ; car c'est nous
» qui combattons pour cette liberté, et non
» pas votre maître, qui voudroit fermer tous
» les ports que la Providence bienfaisante a
» donnés aux nations pour l'accroissement de
» leur prospérité.

» Ne craignez pas les représailles des dé-
» vastations commises dans notre pays par les
» troupes de votre despote ; nous ne sommes
» pas venus parmi vous pour nous venger ;
» nous ne faisons la guerre qu'à celui qui la
» veut à perpétuité.

» Je supprimerai les plus odieux de vos

» impôts, les droits réunis, la gabelle et le
» droit d'enregistrement : puissé-je, braves
» Lorrains, vous rappeler le bon vieux temps
» où le gouvernement sage et paternel de vos
» ducs vous rendoit si heureux !.... »

Dans leur retraite de Nancy, les corps français avoient laissé en arrière des prisonniers de guerre espagnols. Trente officiers, un grand nombre de soldats et le général Sotomayor furent ainsi délivrés. Le maréchal Blucher leur donna le choix, ou de retourner dans leur patrie, par la Hollande, ou de se réunir à l'armée de Silésie contre l'ennemi commun. Presque tous les officiers et soldats choisissant ce dernier parti, formèrent quatre compagnies espagnoles auxiliaires.

Les mouvemens offensifs de scoalisés continuèrent sur toute l'immense ligne d'opérations, dont le Rhin et les Vosges formoient les deux bases principales.

Le corps du général Sacken se portoit sur la Meuse, et celui de Langeron sur Toul, comme corps de réserve. Le général York bloquoit, à la fois, Sarrelouis, Luxembourg, Thionville et Metz, sa cavalerie poussant jusqu'à Verdun; et le corps de Kleist marchoit aussi en réserve sur Metz. Vers le centre de la ligne, l'avant-garde du comte de Wittgenstein avoit déjà dépassé Nancy.

En vain les agens de Napoléon cherchoient à faire lever le peuple, en lui inspirant de la défiance contre les puissances coalisées; mais le peuple, voyant partout les divisions françaises en retraite, et les alliés se présenter avec modération, restoit calme : rien ne pouvoit le décider à prendre part à une lutte purement militaire.

De Nancy le feld-maréchal Blucher porta son quartier-général à Saint-Dizier, et le général comte de Wrede à Andelot, entre Neufchâteau et Chaumont.

Par leur marche parallèle et combinée, les alliés profitoient déjà de tous les avantages dont s'étoit vu en possession le gouvernement français, dans des provinces riches et fertiles qui lui échappoient successivement. Ils augmentoient leurs ressources de tout ce que la France perdoit en argent, en hommes et en subsistances. Napoléon n'avoit déjà plus de communication avec les places du Rhin et des Vosges.

Les provinces de la rive gauche, dont les alliés venoient de faire la conquête, furent divisées en quatre gouvernemens; savoir : celui du Bas-Rhin, comprenant les départemens de la Roer, de l'Ourthe et de la Meuse-Inférieure : Aix-la-Chapelle en étoit le siége ; le gouvernement du Rhin intermédiaire, qui s'étendoit aux départemens du Mont-Tonnerre, de la Sarre, et du Rhin et Moselle ; Trèves en étoit le chef-lieu ; le gouvernement du Haut-Rhin qui siégeoit à Colmar, et comprenoit les départemens du Haut et du Bas-Rhin ; enfin, les pays détachés de la Suisse, de la Haute-Saône, du Doubs et du Jura formant le quatrième gouvernement, et dont Landau étoit le chef-lieu. Le commerce et la navigation du Rhin reprirent leur cours, et l'on vit régner dans ces provinces une tranquillité dont on ne les auroit pas crues susceptibles au milieu d'une guerre générale.

Les alliés se contentoient de bloquer les forteresses, ou même de les observer seulement sans interrompre leur marche en faisant des siéges en règle. On eût dit qu'ils étoient résolus de marcher vite, et en grande masse, pour accomplir le renversement de l'ennemi du repos de l'Europe.

C'étoit pourtant la ligne des places fortes qui sembloit inspirer à Napoléon et à ses ministres une sorte de confiance. « Là, disoient

» ils, Mayence, Landau, Strasbourg, Sche-
» lestadt, Neuf-Brisack, Huningue bordent et
» dominent le cours du Rhin; ici Thionville,
» Metz, Sarrelouis, Luxembourg, Longwy
» coupent plusieurs routes importantes; plus
» loin, Juliers, Anvers, Wesel, Maestricht,
» Vanloo, Berg-op-Zoom, Flessingue couvrent
» la Belgique. N'avons-nous pas aussi la
» ligne presqu'inexpugnable de Lille, Condé,
» Valenciennes, et les places moins impor-
» tantes de Béfort et de Bitche, dans les
» Vosges, et du fort de Joux dans le Jura?
» Ces forteresses ont bravé tous les efforts des
» ennemis qui, malgré la rapidité d'une invasion
» perfide, n'ont pu se rendre maîtres que des
» villes absolument ouvertes sur leur passage.
» Forcés d'éparpiller leur armée pour observer
» ou investir tant de places de guerre, que de
» sujets d'inquiétude ne doivent-ils pas nourrir
» à la seule perspective d'un revers dont tant
» de causes les menacent? Comment pour-
» roient-ils effectuer leur retraite au milieu
» d'une population belliqueuse, pénétrée du
» sentiment de l'indépendance nationale? Une
» bataille perdue suffiroit pour qu'ils fussent
» enveloppés. Avec quelle ardeur nos garnisons
» s'élanceroient à la poursuite des fuyards!

» comme elles seroient secondées par le peuple
» des campagnes, accablé sous le poids des
» réquisitions et des outrages! et cependant,
» négligeant même les places de la Meuse, les
» ennemis s'avancent par Saint-Dizier, par
» Langres; et cependant, malgré tant de dan-
» gers prévus, ils paroissent décidés à venger
» la honte de leurs anciennes défaites dans les
» plaines même de la Champagne. »

Tels étoient les motifs d'espérance que Napoléon se plaisoit à nourrir et à propager, comme si dans une guerre d'invasion, le sort des places fortes ne dépendoit pas du gain d'une bataille.

Cependant la prise de Langres, l'occupation de Nancy, et la retraite de la garde impériale sur la route même de Troyes, formoient, avec la sécurité apparente qu'affectoit Napoléon, tranquille dans son château des Tuileries, un contraste qui laissoit les esprits dans une incertitude mêlée de terreur. On pressentoit généralement que ce long drame, ou plutôt cette effrayante tragédie, accéléroit sa marche vers les dernières scènes : l'idée d'une catastrophe imprévue glaçoit presque tous les cœurs d'épouvante. « Si je tombe, ma chute
» effraiera l'univers : » telle étoit la sinistre

prophétie qu'on attribuoit à Napoléon. Quelle confiance ses troupes affoiblies, dispersées pouvoient-elles inspirer, quand on voyoit ses meilleurs soldats, sa propre garde, rétrograder, n'étant pas soutenue, devant un ennemi qui sembloit se multiplier sur le sol même de la France; devant un ennemi toujours précédé par des nuées de cosaques dont le nom et l'aspect jetoient partout l'épouvante, et enchaînoient toute résistance?

« Ces hordes, disoit-on, n'obéissent qu'à
» leurs chefs immédiats. Pillards par carac-
» tère et par nécessité, les cosaques s'a-
» vancent à vingt ou trente lieues de la ligne
» ennemie par des chemins détournés. S'ils
» rencontrent sur leur passage, une ville
» ouverte, ils s'annoncent comme les éclai-
» reurs, comme l'avant-garde d'un corps im-
» posant qui les suit de près. Les habitans
» effrayés leur prodiguent tout, et préparent
» même d'avance les réquisitions pour leur
» armée : ils partent, et on ne voit plus ni
» armée ni troupes. Ailleurs, ils annoncent
» également l'arrivée de plusieurs colonnes, et
» jettent ainsi l'alarme dans une province en-
» tière. De là ces bruits qui, portés de bouche en
» bouche, grossis par la pusillanimité, épou-

» vantent les âmes timides, et se trouvent dé-
» mentis le lendemain. Hardis seulement contre
» les lâches, les cosaques fuient s'ils trouvent
» la moindre résistance; ce n'est point pour
» combattre qu'ils accourent dans notre belle
» France, ce n'est que pour la piller, et la
» dévaster. »

Les alliés, au contraire, représentoient les cosaques de la mer Noire et du Don comme des hommes intrépides, endurcis, infatigables. « On les voit, disoient-ils, avec leurs
» chevaux dégénérés, passer à travers les
» vignes et les broussailles sans ralentir leur
» course; descendre au petit trot les côtes les
» plus escarpées; franchir avec rapidité les
» plus grandes distances; parcourir tous
» les défilés des montagnes, et fouiller tous
» les recoins d'un pays. Non-seulement,
» les cosaques sont les yeux de l'armée;
» non-seulement ils combattent en ligne,
» mais encore ils dispersent des escadrons,
» attaquent les carrés d'infanterie, passent
» les plus grands fleuves à la nage, et se
» trouvant tout à coup sur les derrières de
» l'ennemi victorieux ou en retraite, ils y
» portent le désordre et l'épouvante. Qui le
» croiroit? ces hordes presque sauvages, loin

» d'être indociles, sont aussi soumises à leurs
» chefs que les troupes régulières. »

Au milieu de cette différence d'opinion, de ce conflit de terreur et d'espoir, un incident vint relever le parti de Napoléon, et donner à ce conquérant humilié plus de confiance et d'audace.

Lyon, la seconde ville de l'empire, le foyer de l'industrie, attaquée par les Autrichiens, fut préservée contre toute attente.

L'occupation de Genève, où le général comte de Bubna avoit établi une administration provisoire, venoit d'ouvrir aux Autrichiens les départemens de l'Ain, du Jura, du Mont-Blanc, et la route de Lyon.

Des détachemens gardoient Genève et le fort l'Ecluse. Dans le Valais tous les habitans couroient aux armes: ils embrassoient avec ardeur la cause des alliés, sous la protection du colonel baron de Simbschen. L'occupation des routes du Simplon et du Saint-Bernard lui ouvroit les plaines de l'Italie; et depuis Doma-Dossola jusqu'aux portes de Milan, on ne trouvoit d'autres troupes que la ligne des douanes françaises. Le colonel entra aussi en Savoie, et publia à Thonon, le 14 janvier, un appel aux Savoyards, que le comte de Sonnaz, gentilhomme du pays, répéta au nom de Victor Emmanuel, roi de Sardaigne (1).

Toutefois des mesures de défense générale sembloient mettre à couvert les départemens de l'Isère et du Mont-Blanc, où les gardes nationales et une partie des levées en masse étoient organisées par les généraux Marchand, Laroche et Desaix.

Mais l'attaque la plus sérieuse étoit dirigée vers le Rhône et la Saône : en un mot, la possession de Lyon devoit être le prix des efforts du corps autrichien commandé par le général comte de Bubna.

De Bourg-en-Bresse, il avoit envoyé de la cavalerie légère dans toutes les directions, espérant détourner l'attention des troupes françaises du véritable point d'attaque. Ses coureurs s'étoient portés vers Châlons et Mâcon. Les préfets et les commissaires s'efforcent aussitôt d'organiser, pour la défense de la Saône, une levée en masse des habitans valides, de vingt à cinquante ans, destinés à garder les

---

(1) Voyez la proclamation du baron de Simbschen, datée de Thonon, le 14 janvier, et celle du comte de Sonnaz, au nom de Victor-Emmanuel, roi de Sardaigne.

ponts, les gués, tous les passages; à garantir les points menacés, et à repousser l'ennemi. Le tiers de la population devoit être mobilisé sur-le-champ, et formé en compagnies franches. A défaut d'armes de calibre, on distribuoit des fusils de chasse, des sabres, des piques, des faux et des instrumens aratoires. La formation d'un bataillon de garde nationale dans chaque canton alloit compléter ces mesures de défense, et le tocsin devoit se faire entendre au premier bruit de l'approche de l'ennemi : telles étoient les instructions que les ministres de Napoléon avoient expédiées aux préfets et aux commandans militaires.

Les troupes légères du comte de Bubna parurent devant Mâcon, et le maire ou plutôt tous les habitans réunis, voulant mettre à couvert leurs propriétés, laissèrent occuper le pont sur la Saône par cinquante hussards autrichiens. Mais les Châlonnais, protégés par la garde nationale d'Autun, par des habitans du Charolais, descendus de leurs montagnes, barricadèrent les ponts, construisirent des redoutes, et Châlons fut alors préservé d'un coup de main. Napoléon en témoigna une joie effrayante : « Quel
» contraste, s'écria-t-il dans son bulletin officiel, entre la conduite de Mâcon, trahis-

« sant la confiance publique, et le dévouement « héroïque des habitans de Châlons : Les « Mâconnais se sont couverts d'une tache indé- « lébile ! » On exalta aussitôt avec emphase la défense de Châlons, qui n'avoit pas été attaqué sérieusement, et la conduite de Mâcon, ville ouverte, dépourvue de troupes, d'artillerie, n'ayant cédé qu'à la nécessité, fut vouée à la honte et aux remords.

Cependant le général comte de Bubna, venant de Dole avec le gros de son corps d'armée, change de direction tout à coup, et se porte en hâte sur Lyon. Le général Meusnier occupoit cette ville importante avec une poignée de soldats destinés à agir sur la droite de la Saône. Au premier bruit du danger que couroit Lyon, Buonaparte sentit la nécessité de défendre la seconde ville de l'empire, dont la reddition pouvoit offrir un exemple contagieux. Le sénateur Chaptal, commissaire extraordinaire, reçut des instructions violentes dont l'exécution devoit être surveillée par les agens secrets d'un gouvernement, toujours armé de défiance. Ces émissaires excitoient le peuple à prendre les armes; ils provoquoient un élan qui pût en imposer à l'ennemi jusqu'à l'arrivée des renforts venant en poste de l'armée de Catalogne, et attendus avec d'autant plus de confiance qu'ils faisoient partie de l'armée du maréchal Suchet, duc d'Albufera. On savoit que cette armée se distinguoit autant par son courage que par sa discipline. Déjà le maréchal Augereau étoit en route, et venoit se mettre à la tête des colonnes qu'on se flattoit de rassembler assez tôt dans Lyon, pour en assurer la défense.

Mais les Autrichiens occupoient déjà Miribel, Montluel, Chalamont et Maximieux; leurs avant-postes n'étoient plus qu'à trois lieues de Lyon, dépourvu de troupes suffisantes pour le préserver d'un coup de main. Les familles riches, les habitans les plus aisés cherchoient à se soustraire à une crise dont l'issue pouvoit ramener la catastrophe qui, dans la désastreuse année de 1793, avoit entraîné, pour ainsi dire, la ruine de Lyon. Ils abandonnoient la ville, et se réfugioient dans toutes les parties du Midi, encore à l'abri des fureurs de la guerre. Les ballots, les marchandies étoient envoyées de Lyon dans les montagnes du Beaujolais et de l'Auvergne, pour y être à couvert. Le commissaire extraordinaire, et les principales administrations étoient en fuite. Le maréchal Augereau arrive, et ne trouvant aucun moyen de défense, il poursuit sa route, espérant réunir des troupes à Valence sur le Rhône. Mais le général Meusnier, avec sa foible garnison, secondé par la populace, veut braver l'orage. Le général comte de Bubna, persuadé qu'il pénétrera dans Lyon sans éprouver de résistance, au lieu d'agir, envoie un parlementaire pour sommer la ville, et pousse en même temps ses avant-postes jusqu'aux portes mêmes de Lyon par le chemin de Saint-Clair. L'officier autrichien se présente le 17 janvier, et demande à être introduit pour remettre au maire la sommation de son général. A la vue de l'officier à cheval, la populace réunie sur les quais, sur la place des Terreaux, manifeste des intentions hostiles; des huées se font entendre; on pousse les cris homicides : *A bas le parlementaire, à l'eau, en Saône!* L'officier se trouble : on le conduit au général Meusnier qui, profitant de son effroi, lui exagère ses forces, et l'exaspération des habitans; il lui conseille même de se travestir pour éviter les effets de la fureur d'une populace effrénée; il le fait soigneusement escorter jusqu'aux avant-postes. Sur le rapport du parlementaire, le général Bubna hésite, et la prise de Lyon est manquée.

Cependant le lendemain, à l'entrée de la nuit, une vive fusillade s'engage vers la porte Saint-Clair, entre les deux avant-postes français et autrichien; les premiers se replient, et les Autrichiens pénètrent jusqu'au faubourg, mais sans oser pousser plus loin leurs attaques circonspectes. Les habitans consternés s'attendoient que le jour éclaireroit la conquête de la ville. Mais le général Meusnier ordonne à la garnison de reprendre les avant-postes; le vingt-quatrième régiment s'avance jusqu'au village de Calvire, poste militaire important, et force à la retraite les premiers détachemens ennemis. Le même jour, à six heures du soir, arrivent de Valence douze cents hommes d'infanterie de ligne; une immense population se porte à leur rencontre, et les accueille avec des cris de joie, comme des libérateurs. Soudain toutes les maisons du faubourg de la Guillotière, du quai du Rhône, de la place des Terreaux sont illuminées; c'est à qui offrira vivres et asile à ces braves accourant à la défense de la seconde ville de l'empire, menacée par douze à quinze mille Autrichiens : ces têtes de colonnes avancent aussitôt sur l'ennemi qui cesse à l'instant toutes ses démonstrations offensives. Vingt pièces de canon et neuf cents hommes entrent encore dans Lyon, et le 21 arrivent aussi deux cents hommes de cavalerie légère, ayant le maréchal Augereau à leur tête.

Le général comte de Bubna évacue immédiatement tous les postes aux environs de la ville, et continuant le 22 son mouvement rétrograde, il se porte de Montluel à Maximieux et au pont d'Ain. Lyon et Mâcon se trouvent ainsi dégagés en même temps.

Le maréchal Augereau adresse aussitôt aux Lyonnais une proclamation énergique en ces termes :

« Je vous ai trouvés désarmés devant un
» ennemi foible en moyens, et incertain dans
» ses mouvemens. Vous frémirez, Lyonnais,
» d'avoir été insultés jusques dans vos murs,
» par un ennemi fier d'un instant de surprise.
» Marchons en avant, et ne laissons à l'armée
» qui accourt pour vous défendre, que le soin
» de poursuivre jusqu'aux frontières l'ennemi
» que vous avez déjà mis en fuite. »

Le maréchal se disposoit à prendre l'offensive, espérant chasser les Autrichiens de Chambéry, où ils venoient d'entrer, et de marcher droit sur Genève, pour manœuvrer ensuite sur les derrières de la grande armée alliée en Franche-Comté et en Suisse.

Cependant, Châlons-sur-Saône, malgré sa première résistance, venoit de succomber. Le général Legrand s'étoit efforcé en vain d'y rassembler des forces suffisantes. Le prince de Hesse-Hombourg avoit fait attaquer la ville, s'en étoit emparé, et y avoit pris quelques canons.

Le général comte de Bubna occupoit tout le pays, depuis les environs de Grenoble, sur sa gauche, jusqu'aux portes de Mâcon, sur sa droite, ayant son centre à Bourg-en-Bresse.

La prise de Châlons ne pouvoit compenser l'échec reçu devant la seconde ville de l'empire ; l'effet moral, surtout, fut prodigieux en faveur de Napoléon ; et dès lors on jugea la défense nationale praticable, et le seul moyen de salut. Tout fut employé afin d'exciter le peuple à s'armer pour le soutien d'un trône qu'on s'efforçoit d'identifier avec la patrie.

Mais si Lyon avoit pu se soustraire à douze à quinze mille Autrichiens qui se montroient irrésolus, Dijon, l'ancienne capitale de la Bourgogne, presque aussi célèbre que Lyon, sans être ni si peuplée, ni si riche, ne put échapper à un détachement de la grande armée confédérée. Le prince de Hesse-Hombourg marchoit déjà de Châlons sur Dijon, pour s'emparer de cette ville importante.

Le danger étoit pressant : Napoléon avoit à craindre à la fois l'invasion par les deux grandes routes de la Bourgogne et de la Champagne. Le comte de Ségur, commissaire extraordinaire, fut envoyé, dans cette double direction, sur tous les points menacés; partout il s'efforça d'électriser les esprits par des proclamations. Après avoir dit aux habitans de Troyes que renonçant à tout projet d'agrandissement, Napoléon avoit accepté toutes les conditions de paix, et qu'il alloit s'avancer en personne à la tête de ses armées pour combattre l'ennemi, il ajouta : « Mais l'ennemi » ne sera pas assez insensé pour oser pénétrer » au milieu d'une nation qui se lève et qui » s'arme pour l'arrêter !... Habitans de l'Aube, » les sacrifices qu'on vous demande seront » *les derniers.* »

Les mêmes assurances furent prodiguées aux habitans de Chaumont, consternés du mouvement rétrograde des troupes françaises : « L'armée de quatre-vingt mille hommes de » l'empereur, leur dit M. de Ségur, arrivera » parmi vous avant peu; elle écraseroit les

» ennemis s'ils osoient pénétrer dans l'inté-
» rieur d'un pays armé pour les arrêter; les
» gardes nationales leur enlèveroient toute
» subsistance, et ils trouveroient leur retraite
» fermée par l'armée du Rhin. Habitans de la
» Haute-Marne, l'empereur Napoléon veut
» décidément que ces sacrifices soient *les der-*
» *niers.* » Puis, prenant la route de la Bourgogne, il s'efforce également d'y produire un mouvement national. « En Alsace, dit-il aux
» Bourguignons, tout le peuple s'est armé à
» l'approche des ennemis, et ils ont fui devant
» les fusils de nos guerriers..... Habitans de la
» Côte-d'Or, ne croyez pas qu'une armée
» puisse pénétrer au centre d'un pays où
» l'on est décidé à lui ôter tout espoir de
» retraite. L'armée du Rhin grossit à chaque
» instant, et l'empereur, avec sa redouta-
» ble garde, sera sous peu de jours à vos
» portes. »

Mais ces promesses pouvoient-elles rassurer une population épouvantée, tremblante, que le bruit du canon, l'approche de la cavalerie légère, la crainte du pillage et de la mort jetoient au désespoir? Les habitans des campagnes fuyoient vers Dijon, emportant leurs effets les plus précieux, traînant à leur suite leurs chevaux, leurs troupeaux; espérant trouver refuge et protection dans l'enceinte d'une ville qu'ils croyoient défendue par une force imposante. Vain espoir! Dijon n'avoit dans ses murs que sa garde nationale à peine organisée, et deux ou trois cents soldats de ligne sous les ordres du général Bellair. Des troupes si foibles pouvoient-elles s'opposer à la marche d'un corps d'armée soutenu par de l'artillerie? D'ailleurs, quarante mille fugitifs accourant de tous les points de la Bourgogne, encombroient Dijon, y jetoient l'alarme et l'effroi. Les habitans, pénétrés des dangers d'une défense qui pouvoit entraîner la ruine de la ville, parlent de reddition; mais le commissaire extraordinaire insiste : il réclame une vigoureuse résistance au nom de l'empereur, au nom de la patrie. L'agitation et le tumulte sont au comble, à l'approche des éclaireurs autrichiens. Les magistrats, les principaux notables se réunissent; et, au milieu d'une assemblée inquiète et orageuse, le peuple vient manifester hautement son vœu contre toute espèce de défense. L'autorité du comte de Ségur est méconnue, désavouée, pour ainsi dire, par le vœu général, et il se voit contraint d'y renoncer; il ne lui reste plus qu'à fuir avec les principaux agens de Napoléon. Le peuple, à leur départ, les salue par des signes manifestes d'improbation et de censure. Dès ce moment, l'autorité municipale est seule reconnue, et Dijon se trouve libre de capituler.

Un peloton de cuirassiers autrichiens se présente le 19 janvier, devant la porte Saint-Nicolas, et somme la ville de se rendre. Les Dijonais répondent qu'ils ne donneront point accès à un aussi foible détachement. Vers midi, deux mille hommes de cavalerie, et quinze cents d'infanterie arrivent avec douze pièces de canon; ils protestent que les personnes et les propriétés seront respectées; aussitôt les portes leur sont ouvertes.

Le prince de Lichtenstein, le prince de Hesse-Hombourg, les généraux Klenau et Nostiz, se faisoient remarquer dans l'état-major autrichien. Environ douze mille hommes arrivèrent successivement avec une belle cavalerie, sous les ordres immédiats du général d'artillerie, comte de Colloredo, se dirigeant sur Troyes; un détachement prit la route d'Auxerre, et le prince de Hesse-Hombourg se porta sur Auxonne. Le prince de Schwartzenberg vint lui-même à Dijon pour inspecter les troupes, et repartit aussitôt pour Langres.

allant à la rencontre de l'empereur Alexandre, qui fit son entrée dans cette dernière ville le 22 janvier. Le 24, se réunirent à ce monarque l'Empereur d'Autriche et le prince de Metternich.

Le même jour fut signalé par le premier combat de Bar-sur-Aube.

L'occupation de la Lorraine par le feld-maréchal Blücher avoit forcé les maréchaux Ney, Victor et Marmont de rétrograder vers la Marne, après avoir tenu un instant la ligne de la Meuse. Le maréchal duc de Trévise n'ayant lui-même qu'un foible corps de troupes à opposer à la grande armée alliée, s'étoit vu pressé et débordé par un ennemi supérieur en nombre, sans pouvoir défendre Langres ni Chaumont; il avoit suivi le mouvement général de retraite jusqu'à Bar-sur-Aube, après avoir surpris et défait, dans sa marche, deux bataillons wurtembourgeois. Là, recevant quelques renforts, il avoit réuni la plus grande partie de la vieille garde, et la division italienne du général Christiani, formant près de seize mille hommes. Ces troupes, si redoutables par leur haute valeur, traînoient cinquante bouches à feu, mais peu de munitions. Le maréchal étoit résolu de défendre la position de Bar-sur-Aube, qui non-seulement couvroit Troyes, mais empêchoit encore l'ennemi de déboucher par la route qui conduit de l'Aube à Châlons-sur-Marne, où se réunissoit alors la plus grande partie des forces de Napoléon. Les hauteurs de Bar furent garnies d'artillerie, et les troupes prirent de fortes positions qui, malheureusement, ne présentoient pas un ensemble régulier. L'avant-garde prit poste au-delà de la ville au pont Boudelin-sur-l'Aube, entre les villages de Fontaine et de Bayel.

Les souverains alliés formèrent aussitôt le projet de tourner et d'emporter la position de Bar, qui devenoit nécessaire pour opérer la jonction de la grande armée, arrivant par la route de Chaumont, avec l'armée de Silésie, qui venoit par la Lorraine. Le prince royal de Wurtemberg, et le général de cavalerie, comte Giulay, réunirent leurs corps d'armée pour attaquer conjointement le duc de Trévise, l'un par la grande route de Chaumont, l'autre par le chemin de Clairvaux. Leur jonction formoit une masse de plus de trente mille combattans contre seize mille. A midi commença l'attaque du côté de Chaumont. L'avant-garde française fut abordée par les troupes du comte Giulay avec une grande témérité, et repoussée jusqu'au pont de Boudelin. Là, se trouvoient en bataille, dans une position qui dominoit tout le terrain, en avant du front d'attaque, huit mille hommes de la vieille garde et de la division italienne, avec dix pièces de canon et quatre obusiers. Le maréchal duc de Trévise, tirant parti de cet avantage, assaillit avec impétuosité les Autrichiens. L'intrépidité française l'emporta, et l'ennemi fut enfoncé de toutes parts. Le major Keck tomba dans la mêlée, percé de coups de baïonnettes. Rien n'auroit pu résister à cette attaque si brillante, si les Autrichiens en désordre ne s'étoient ralliés sous la protection de la brigade de Trenck et d'une artillerie formidable. Les bataillons français reprirent leur position principale près du village de Fontaine. Le maréchal duc de Trévise, reconnoissant l'importance de ce point qui rend maître des communications de l'Aube avec Troyes, s'y maintint toute la journée, espérant toujours recevoir des renforts de Troyes ou de Châlons.

Mais, Bar-sur-Aube étoit déjà tourné par le corps wurtembergeois. Le prince royal de Wurtemberg avoit attaqué sur la droite, le poste de Colombey, s'en étoit emparé, et avoit poursuivi jusqu'à Lignol la brigade française chargée de garder ces deux positions, qui furent forcées successivement. Les troupes, accablées par la supériorité numérique, fléchirent, et ne se rallièrent qu'à Rouvré, protégées par vingt pièces de canon, placées sur un terrain favorable. Le prince royal ouvrit à l'instant même sur toute la ligne une forte canonnade pour donner le temps à toutes ses troupes de se concentrer. Son intention étoit de renouveler l'attaque le lendemain. Bar-sur-Aube, placée alors entre deux feux, étoit plongée dans la désolation. Les coups redoublés d'une artillerie foudroyante qui l'environnoit pour ainsi dire, causoient aux maisons et à la ville entière, une sorte d'ébranlement qu'on auroit pu comparer à l'effet d'une éruption volcanique. Le spectacle des blessés et des mourans, et la crainte d'être, à l'issue d'un combat, la proie d'une soldatesque avide, ajoutoit à l'horreur d'une situation si effrayante. L'espoir ne vint luire pour les habitans, que le lendemain, au point du jour. Dans la nuit même, le maréchal Mortier, assuré qu'il n'arriveroit aucun renfort, voulant d'ailleurs ménager la ville, et le sang de tant de braves, évacua toutes ses positions, après avoir laissé sur le champ de bataille cinq à six cents hommes; perte inférieure à celle de l'ennemi, mais d'autant plus sensible, qu'elle portoit sur la vieille garde, troupe incomparable pour l'intrépidité. Pendant le combat, quelques soldats, italiens et brabançons, avoient quitté les drapeaux français pour passer à l'ennemi (1).

Tel fut le premier combat de Bar-sur-Aube, honorable pour les Français, et le plus sanglant qui eût encore eu lieu depuis le passage du Rhin par les armées confédérées. Il eût été plus décisif encore, si, au moment de l'attaque, et par une marche hardie, cinq à six mille hommes se fussent avancés sur Troyes par la route de Bar-sur-Seine. Troyes n'avoit alors que deux cents hommes dans ses murs, et les alliés se seroient emparés facilement des ponts de la Guillotière, pendant que le maréchal duc de Trévise en étoit encore à dix lieues. Par là, ils l'eussent forcé de se jeter sur Joinville, et de laisser la route de Paris entièrement à découvert.

On put juger dès-lors que la circonspection et la lenteur présidoient aux opérations de la

---

(1) Voyez le bulletin des alliés, daté de Langres, le 28 janvier 1814.

grande armée des alliés ; peut-être l'idée de combattre, sur leur propre sol, les vainqueurs d'Austerlitz, d'Iéna et de Friedland, inspiroit-elle aux ennemis un sentiment de timidité et de crainte.

Quoi qu'il en soit, le maréchal Mortier profitant de la nuit, fit sa retraite par Vandœuvres sur Troyes, et prit position à une lieue et demie de la ville, en arrière du pont de la Guillotière sur la Barce.

Mais le succès de l'ennemi étoit incontestable. En vain Napoléon voulut en éluder l'aveu par un silence absolu ; la route de Troyes étoit couverte de blessés, et des bruits sinistres circuloient dans la capitale. On s'étonnoit que les troupes dont on exagéroit le nombre, se portassent toutes vers Châlons-sur-Marne, tandis que les alliés avançoient triomphans par la route de Troyes. Ils avoient déjà envahi les frontières, de Lyon à Anvers, dans une profondeur de quarante lieues en-deçà du Rhin ; ils touchoient aux portes de Troyes et aux plaines de la Champagne ; l'orage enfin grondoit à cinquante lieues de la capitale, et Napoléon tranquille, en apparence, sur l'avenir, n'avoit pas quitté le château des Tuileries, son refuge accoutumé ; il y passoit des revues, affectant de montrer un front serein ; il y multiplioit les parades, montrant avec ostentation les troupes qu'on lui rassembloit à la hâte ; et le lendemain les journaux en doubloient et en triploient le nombre avec une exagération puérile. Ainsi, on étoit censé avoir vu dans l'espace d'un mois plus de deux cent mille hommes à Paris ; et pourtant l'ennemi touchoit au cœur de l'empire sans qu'on lui eût opposé aucune force capable de l'arrêter dans sa marche.

Toujours abusé par l'espoir de recouvrer ses conquêtes, Napoléon tenoit renfermés, dans les principales forteresses, au-delà et en-deçà du Rhin, plus de cent mille vieux soldats. Ces vétérans réunis en corps d'armée, n'eussent-ils pas concouru plus efficacement à la défense de la patrie, qu'isolés derrière des murailles qui n'étoient pas même une barrière ? Cette inconcevable distribution de forces, ne fut pas, dit-on, le résultat d'un calcul, mais l'effet de la surprise et de la confusion causées par une invasion rapide qui ne permit pas de connoître le plan d'attaque de l'ennemi, ni de mûrir des dispositions de défense. Telle est du moins l'opinion d'un grand nombre d'officiers généraux éclairés.

Toute la politique de Napoléon consistoit à voiler ses propres fautes, et à inspirer de la sécurité à ses soldats et à ses courtisans. Il eût été difficile de tromper ces derniers sur le véritable état des choses, si leur aveuglement n'eût été comparable à l'excès de leur servitude. Ils examinoient cependant d'un œil inquiet, l'attitude, les gestes et les traits de celui à qui ils devoient uniquement leurs emplois et leurs richesses. On savoit que Napoléon se retiroit souvent dans des souterrains pratiqués aux Tuileries, et que là, seul, environné de cartes du théâtre de la guerre, le compas à la main, il combinoit et dressoit, dans un recueillement profond, toutes les parties du vaste plan de campagne qui devoit sauver sa couronne et préserver l'empire. Un jour des affidés apostés laissent pénétrer à dessein jusqu'à l'entrée du caveau, les courtisans les plus familiers qui venoient avertir l'empereur que le conseil d'Etat étoit assemblé. Ils trouvent Napoléon dans une sorte d'extase, jetant par terre son compas, et s'écriant comme Archimède sortant du bain : « *Je l'ai trouvé,* » je les tiens, pas un n'échappera ! » — « Ja- » mais, dirent entre eux les courtisans pleins » d'admiration, jamais l'empereur n'a été

» inspiré par de si hautes conceptions : les
» ennemis sont perdus, et l'empire est sauvé. »

Des lois récentes organisoient la garde nationale sur le pied de guerre, et appeloient sous les drapeaux de Napoléon quatre cent cinquante mille conscrits ; mais trente départemens déjà envahis étoient dérobés à ces levées extraordinaires ; dans d'autres elles étoient incomplètes. Partout on manquoit d'argent, d'armes et de munitions. Le gouvernement n'étant plus secondé par l'opinion publique, faisoit de vains efforts pour réveiller le patriotisme éteint. Plongée dans une sorte de stupeur, la nation comparoit avec effroi sa foiblesse présente avec sa grandeur passée. Les militaires seuls conservoient quelque énergie, mais elle n'étoit pas soutenue par la confiance qui enfante les succès.

Le gouvernement faisoit répandre avec assurance que toutes les routes étoient couvertes de soldats, mais on n'y rencontroit que des malades, des blessés qui refluoient dans l'intérieur, et des prisonniers espagnols qu'on entassoit aux extrémités de la France.

L'armée ne se formoit qu'avec peine ; les conscrits exposés dans une saison si dure à toutes les privations, étoient découragés ;

les fournisseurs ne recevant plus d'à-comptes, refusoient de continuer le service ; la détresse et la défiance étoient générales.

Les décrets alarmans se multiplièrent. L'un ordonna la formation de six régimens de tirailleurs, et de six régimens de voltigeurs de la jeune garde, composés de volontaires âgés de plus de vingt ans et de moins de cinquante, pris parmi les ouvriers sans travail et les militaires ayant déjà servi. Mais ces *volontaires* étoient arrachés des ateliers que l'inaction du commerce faisoit fermer chaque jour. Dépourvus de travail, les ouvriers n'avoient plus d'asile que dans les camps.

A l'approche de la crise, l'opinion publique reprit un certain essor. Les langues sembloient se délier. Rien ne pouvoit plus apaiser le mécontentement qui s'exhaloit de toutes parts, dans le sein des familles comme dans les lieux publics, tant la police étoit sans force par la terreur qu'éprouvoient ses propres agens. Ils étoient tremblans pour eux-mêmes, et n'osoient exciter des haines contre lesquelles ils ne voyoient plus d'appui. La crainte même fermoit la bouche aux délateurs. Cette police générale et secrète, ce palladium du despotisme avoit aussi sa partie élégante; ses gens de lettres chargés de recueillir et de rédiger, en style de bel esprit, les conversations les plus saillantes des salons de la capitale, les anecdotes littéraires, celles de la société même, agréables bagatelles destinées à distraire le terrible Napoléon au milieu des camps. Mais ces futiles commentaires sur *l'esprit public*, n'avoient plus alors qu'une couleur sombre et lugubre. C'étoit pour former l'opinion dans les intérêts du gouvernement, que tous les matins, des explorateurs déshonorés, mais partout accueillis, alloient recevoir du chef de la police, le mot d'ordre et le bulletin des nouvelles qui devoient circuler dans la journée. Cette tactique usée n'excitoit plus que le rire du mépris. L'énorme levier de la presse étoit le seul qui pût encore remuer l'opinion publique.

Cependant le départ de Napoléon étoit annoncé, et ses discours d'adieu à ses conseillers et à ses courtisans déceloient des craintes. Ils donnoient à entendre que pendant les grandes opérations qui se préparoient, il ne seroit pas impossible que des hordes de cosaques, débordant les ailes des armées, ne vinssent insulter les barrières de la capitale.

Ce fut sous ces tristes auspices que Napoléon

conféra, pour le temps de son absence, la régence à l'impératrice Marie-Louise; intéressante victime, qui, naguère éclatante de fraîcheur, n'offroit plus que des traits minés par l'inquiétude et les soucis.

Une scène touchante étoit préparée. Le 23 janvier, tout le corps des officiers de la garde nationale est admis aux Tuileries. Napoléon paroît au milieu d'eux, tenant par la main son épouse et son fils; il leur adresse un discours animé, et pour la première fois, peut-être, il exprime avec un accent qui paroît sortir de l'âme, des sentimens nobles et élevés; il émeut profondément tous ceux qui l'environnent et qui l'entendent. Jamais il ne parla avec le ton d'une éloquence si naturelle; et son discours produisit un grand effet; quand il présenta, lui-même, à ce corps respectable, l'impératrice et le roi de Rome; il ajouta qu'il alloit se mettre à la tête de ses armées, et qu'il confioit à la garde parisienne, sa capitale, sa femme et son fils. L'impératrice mêlant ses larmes à celles de la plupart des officiers, reçut leur serment comme épouse, mère et souveraine.

Le prestige s'évanouit quand on sut le lendemain, que cette scène pathétique avoit été étudiée, et que Napoléon, pour *faire de l'effet*, avoit dérobé, en quelque sorte, les pauses, les gestes, les inflexions mêmes de l'acteur dramatique le plus célèbre de la capitale (1).

Enfin il part, le 25 janvier, le cœur plein d'inquiétude et de rage ; il sort pour la dernière fois du palais des rois, pour opposer aux alliés une activité sans plan et un courage sans prévoyance.

Ses courtisans, ses conseillers, son sénat, ses nombreux salariés, tout son parti enfin, reste plein de confiance et d'espoir, se reposant encore sur la fortune de Napoléon. « La » patrie est sauvée, disent-ils, l'empereur est » parti. De toutes parts les armées s'avancent, » les gardes nationales marchent, les cons- » criptions se lèvent, chacun semble avoir » perdu de vue ses intérêts particuliers, pour » s'occuper du grand intérêt national. Sans » doute la lutte où la France se trouve engagée » est terrible ; les mouvemens des alliés sont » désastreux pour quelques contrées ; mais » aucun succès réel, aucune bataille gagnée, » aucune forteresse conquise ne leur ont encore » donné de consistance, ni de trophées sur le

---

(1) M. Talma.

» sol de la France. Les monarques coalisés
» ont pu la croire divisée, sans courage, sans
» esprit public, sans ressources; mais le senti-
» ment de l'honneur national a réuni tous les
» Français, et le cri, *aux armes!* a retenti
» de toutes parts.

» L'ennemi ne doit donc plus compter ni sur
» notre foiblesse, ni sur notre division.

» L'histoire ne nous dit-elle pas que si les
» Sarrasins fussent parvenus à détacher Charles
» Martel de la nation, c'en étoit fait de la
» France? Quelle que soit la cause du danger,
» il existe; et pour le repousser, réunissons-
» nous tous à un souverain plein d'activité et
» de génie. »

L'opinion générale et indépendante expri-
moit des idées et des sentimens tout opposés.

« Le moment approche, disoient les mé-
» contens, où cet homme, qui est parvenu
» par des voies ténébreuses à fouler aux pieds
» le genre humain, va rentrer dans le néant.
» C'est en vain qu'il veut confondre son nom
» et ses intérêts avec ceux de la France entière;
» ce n'est que son usurpation et sa tyrannie
» qui ont lié jusqu'ici son sort à celui de la
» France. Il a été entraîné malgré lui à pro-
» clamer hautement ses terreurs. Semblable

» à un gladiateur condamné, il paroît aujour-
» d'hui dans sa dernière arène, l'œil morne
» et la tête baissée. Aucun signe d'encoura-
» gement public ne vient le ranimer. Personne
» n'adresse à Dieu des vœux sincères pour
» son propre salut. Ses ennemis sont nombreux
» et formidables ; et ses partisans sont tristes,
» silencieux, sans énergie. Comment quitte-t-il
» sa capitale ? Quels sont les tendres gages
» d'amour et d'affection qu'il donne en par-
» tant à sa bonne ville de Paris ? Tel qu'un
» locataire frauduleux qui signale les der-
» niers jours de sa résidence par la dévastation
» et par le vol, il pille la banque, il pille le
» Mont-de-Piété et les caisses publiques. Ses
» rapines accélèrent la disparition des capi-
» taux qu'on retire de toutes parts de la cir-
» culation. Mais il est enfin arrivé le moment
» terrible où l'Univers conjuré contre son
» oppresseur, où toutes les nations indignées
» vont secouer le joug qui les accable. Napo-
» léon, lui-même, a révélé ses craintes : au
» jour de son audacieuse méchanceté, il se
» confioit dans son étoile, dans sa fortune,
» dans sa destinée ; aujourd'hui la lumière
» éblouissante qui le guida si long-temps s'est
» évanouie, et il se trouve le jouet d'un pou-

» voir qu'il ne peut vaincre, et que sa con-
» science revêt de terreurs. Déchiré par le
» sentiment de l'exécration universelle qui s'at-
» tache à lui, par l'horrible anticipation de
» l'avenir, il court distraire son inquiétude
» dans le tumulte des camps; il va joindre et
» sacrifier les débris de tant d'armées autre-
» fois victorieuses et florissantes. »

Tels étoient les sentimens et les passions contraires qui agitoient les Français de la capitale et des provinces, à l'approche de la crise que les armes alloient décider.

LIVRE V.

Arrivée de Napoléon à Châlons-sur-Marne. — Concentration de son armée. — Marche de l'armée de Silésie sur l'Aube. — Napoléon attaque et prend Saint-Dizier. — Il se dirige en hâte sur l'Aube, par la forêt de Montierender. Il surprend l'armée de Silésie à Brienne. — Premier combat de Brienne. — Les deux armées restent en présence. — Bataille de Brienne et de la Rothière. — Retraite de l'armée française sur Troyes.

S'OPPOSER à la jonction des armées alliées de l'Est, créer autour d'elles un système de défense ou d'insurrection nationale, leur livrer des batailles partielles, les repousser au-delà du Rhin, ou les détruire par la promptitude de ses manœuvres, tel étoit le plan de campagne de Napoléon, quand il se mit à la tête de l'armée rassemblée avec tant de peine. Sa direction vers Châlons-sur-Marne, et ses mouvemens ultérieurs, décelèrent sa vive impatience d'en venir aux mains avec l'armée de Silésie, qui étoit à ses yeux la plus redoutable; elle n'étoit composée en effet que de Russes et de Prussiens, dont l'intérêt politique sembloit ne lui promettre aucun relâche ni aucune composition. Peut-être aussi étoit-il excité par la réputation d'activité et de vigueur que s'étoit acquise l'illustre vétéran de la Prusse, le feld maréchal Blucher, et brûloit-il de se mesurer avec lui.

Cette armée avoit déjà dépassé la Marne, et son corps principal, commandé par le général Sacken, se portoit diagonalement sur l'Aube, pour joindre la grande armée entre Bar-sur-Aube et Brienne, afin de prévenir les entreprises de Napoléon. Le mouvement du corps de Sacken commença, le 22 janvier, par la marche de deux colonnes, l'une sur Ligny, l'autre sur Vaucouleurs, Gondrecourt et Joinville. Le feld-maréchal et son état-major suivoient cette dernière colonne.

Cependant, pour faire face de tous côtés, les différens corps de l'armée française, ou plutôt les restes des cadres qui en portoient le nom, occupoient encore une ligne trop étendue ; il ne leur étoit pas possible d'opposer à l'ennemi une masse imposante. Des instructions récentes, émanées des Tuileries, avoient prescrit aux maréchaux d'empire, de se concentrer vers Châlons et Vitry, du 20 au 25 janvier ; l'attention générale se dirigeoit sur les premiers coups qui devoient se porter dans ces plaines de Châlons, déjà fameuses.

Le maréchal duc de Tarente se replioit devant le corps russe de Wenzingerode, par Namur, Rocroi, Vervins, Rhetel et Rheims, abandonnant les Ardennes, où les peuples s'étoient armés contre Napoléon.

En sortant de Verdun, le maréchal duc de Raguse s'étoit vainement retranché dans les défilés de Clermont en Argonne, connus sous le nom des Ylètes; il se replioit aussi sur Châlons.

Après avoir occupé Bar-sur-Ornain, le maréchal Ney se concentroit sur Ligny et sur Saint-Dizier, où se trouvoit le maréchal Victor, duc de Bellune.

Le major-général prince de Wagram, à qui Napoléon devoit tant de victoires, étoit arrivé de Paris à Ligny, pour conférer avec les maréchaux; il fut décidé que le maréchal Victor tiendroit à Ligny et à Bar jusqu'à l'arrivée de la jeune garde venant d'Anvers pour renforcer l'armée de Châlons.

Napoléon lui-même ne soupçonnoit point encore les véritables intentions des alliés, et des deux côtés on cherchoit à se deviner. Le 22 le duc de Bellune poussa une reconnoissance de deux mille chevaux vers Saint-Aubin où la cavalerie russe du général Wasiltchikoff tint ferme. Le 23 le lieutenant-général prince de Tcherbatoff attaqua la ville de Ligny, et la prit de vive force, laissant au pied des retranchemens trois cents hommes tués ou blessés. La brigade française qui s'y étoit vaillamment défendue se jeta dans Saint-Dizier; elle y fut attaquée le lendemain, et repoussée sur Vitry. Le prince Tcherbatoff marcha ensuite vers Brienne pour opérer de nouveau sa jonction avec le corps de Sacken. Le lieutenant-général Lanskoï tint la position de Saint-Dizier avec une avant-garde de huit cents chevaux, pour observer la route de Châlons.

Au milieu de ces mouvemens précurseurs d'actions plus décisives, Napoléon arrive à Châlons-sur-Marne le 26, à onze heures du soir. Le lendemain, voyant le désordre, l'extrême confusion qui régnoit dans l'armée, apercevant le misérable état des nouvelles levées mises en route dans le plus affreux dénûment, il se frappa, dit-on, la tête, en s'écriant : *Tout est perdu!* Mais, se rassurant bientôt à l'aspect martial des vieilles troupes que rien ne pouvoit décourager, il part, traverse Vitry-sur-Marne le 27, se porte rapidement sur

Saint-Dizier, et fait attaquer immédiatement le lieutenant-général Lanskoï par le corps du maréchal duc de Bellune. Les Russes plient devant la cavalerie française dans deux combats successifs; et ils sont chassés avec perte du faubourg même de Saint-Dizier; le général Duhesme presse si vivement leur arrière-garde, que, n'ayant pas même le temps de faire sauter le pont, ils se jettent dans les chemins fangeux de Montierender. A huit heures du matin Napoléon paroît à Saint-Dizier au milieu des chants de triomphe. Toute son armée, forte de soixante mille combattans, manœuvroit dans cette direction. Il balança s'il pousseroit jusqu'à Nancy et au-delà : en effet, il pouvoit, en se rendant maître des Vosges, couper à l'ennemi ses communications avec le Rhin, avec l'Allemagne, et peut-être même l'anéantir au milieu de la France. Ce plan hardi qui, deux mois après, devoit causer sa ruine, entroit déjà dans ses combinaisons gigantesques; mais la marche de Blucher, dont il eut alors quelques indices, et l'appréhension de laisser sa capitale à découvert, lui firent prendre la résolution de se porter rapidement sur l'Aube, afin d'entamer l'ennemi par son arrière-garde.

Le dégel retarda la marche des colonnes,

et embarrassa les convois. L'armée étoit impatiente, inquiète ; elle eût été découragée sans le succès de Saint-Dizier, qui vint relever la confiance du soldat. L'esprit que manifestoient les habitans des campagnes faisoit espérer d'ailleurs une guerre nationale, et un système de défense analogue venoit d'être organisé à la hâte sur la ligne d'opération. Dès que l'ennemi se montroit, les cloches sonnoient, et, se répétant de village en village, faisoient connoître la force de l'ennemi au moyen d'un signal convenu. Selon le rapport des paysans, partout où les ennemis se montroient en force, ils crioient : *Mort à Napoléon! Vive la Régence!*

Le 28 l'armée se mit en mouvement, de Saint-Dizier par la forêt de Montierender, route de traverse que les pluies et le dégel avoient défoncée, route presqu'impraticable, même en été. Il fallut des peines incroyables pour y faire passer l'artillerie, et cette première marche fatigua tellement l'armée, qu'elle n'arriva que très-avant dans la nuit à Montierender.

Elle se mit en mouvement le 29 sur Brienne par Longeville. Les rapports firent connoître que les alliés étoient passés en force par la route de Doulevant à Paris, en longeant la rive droite de l'Aube; qu'ils s'étoient avancés jusqu'à Brienne, et s'en étoient emparés. Napoléon se montra plus impatient encore de joindre l'ennemi pour le combattre.

Cependant le corps russe du lieutenant-général Lanskoï, repoussé de Saint-Dizier, s'étoit replié et rallié à l'armée de Silésie près de Doulevant par Joinville. Le feld-maréchal Blucher venoit de réunir à Brienne le corps de Sacken, et une partie de celui de Langeron, commandée par le général Alsufieff; il avoit même poussé des corps de cavalerie jusques vers Arcis et vers Troyes, occupé par l'infanterie de la vieille garde. A la première nouvelle des mouvemens de Napoléon, le généralissime prince de Schwartzenberg avoit rassemblé près de Joinville le corps russe du général comte Wittgenstein et le cinquième corps d'armée, sous les ordres du général comte de Wrede, pour soutenir le général York qui se trouvoit menacé par la marche des Français sur Saint-Dizier. Le prince royal de Wurtemberg étoit placé avec le quatrième corps entre Bar-sur-Aube et Brienne, et le général Giulay près de Bar-sur-Aube. De Chaumont en Bassigny les gardes russes et prussiennes, et les réserves s'étoient mises en mouvement sur la même ville. Le corps du général Kleist devoit passer la Marne près de Saint-Mihiel, le 2 février, pour communiquer avec le général York, chargé de pénétrer jusqu'à Châlons : tels étoient les mouvemens des différens corps des coalisés.

Cependant le feld-maréchal Blucher, instruit par ses éclaireurs de l'apparition des Français à Vassy et à Montierender, et ne pouvant toutefois deviner les véritables intentions de Napoléon, se hâta de concentrer près de Brienne ses forces disponibles ; il donna l'éveil au prince royal de Wurtemberg, qui s'étoit ménagé la position de Maisons, et formoit ainsi l'aile droite de l'armée de Silésie. Le 28, vint s'y réunir aussi l'avant-garde du corps de Wittgenstein, sous les ordres du général comte Pahlen. Vers midi on amène au feld-maréchal un lieutenant-colonel français, que les cosaques venoient d'enlever entre Vitry et Arcis. Il étoit porteur de dépêches importantes, annonçant que Napoléon, à la tête de son armée, s'étoit décidé à prendre l'offensive par Saint-Dizier, et d'un ordre adressé au maréchal duc de Trevise, qui lui prescrivoit de quitter Troyes et l'Aube, pour s'approcher de l'aile droite de l'armée de l'empereur.

Le feld-maréchal vit alors clairement que Napoléon, ayant réuni toutes ses forces, vouloit la bataille ; il résolut aussitôt de se rapprocher de la grande armée alliée qui pouvoit arriver avant le 1er février à Bar-sur-Aube. Blucher avoit reconnu d'ailleurs qu'entre cette ville et Brienne le village de Trannes offroit une forte position, liée naturellement avec celle de Maisons, déjà occupée par le prince royal de Wurtemberg. Au moment où l'ordre du départ alloit être donné, parut, divisée en fortes colonnes, l'armée française s'avançant sur Brienne ; il étoit trois heures après midi, et le feld-maréchal étoit loin de s'attendre à une attaque si prompte et si brusque.

Brienne-le-Château, situé au pied d'une colline élevée, près de l'Aube, est un bourg tout-à-fait ouvert, qui ne renferme que des maisons en bois : il consiste en deux seules rues, dont l'une descend du château même, et aboutit à la route de Joinville ; l'autre conduit d'Arcis à Bar-sur-Aube. Derrière le bourg est situé le château, bâti sur la colline, qui, par une pente douce, va se perdre dans une forêt ombrageant les deux rives de l'Aube. Un chemin spacieux conduit du château à la ville, qui n'en est éloignée que de mille pas; le coteau se prolonge le long de l'Aube, vers Lesmont, et de l'autre côté de Brienne, vers Montierender, s'étendent des plaines immenses de même que jusqu'à Trannes vers Bar-sur-Aube.

C'étoit à l'école militaire établie jadis au château de Brienne que Napoléon avoit fait ses études. Là il avoit reçu les premiers élémens de l'art de la guerre; là s'étoit allumé le flambeau de ce génie qui devoit embraser le Monde; c'étoit là enfin, c'étoit dans le séjour qui avoit servi de berceau à sa grandeur future, que Napoléon venoit chercher les armées de toutes les nations de l'Europe, réunies contre lui, pour leur livrer une bataille qui pouvoit décider à jamais de son sort.

Ce château de Brienne, déjà célèbre par tant de circonstances, étoit occupé par le feld-maréchal Blucher et par son état-major. Le corps russe d'Alsufieff s'étoit jeté dans le bourg, et derrière, sur la route de Brienne à la Rothière, se trouvoit placé, en colonnes, le corps du général Sacken. Deux mille chevaux, commandés par le général comte Pahlen, couvroient les approches et les avenues du bourg. Ils furent attaqués à l'improviste par une masse de cavalerie française sous les ordres des généraux Milhaud et Grouchy, et par une division de cavalerie de la garde, commandée par le général Lefebvre-Desnouettes. Après s'être développée, cette nombreuse cavalerie exécuta plusieurs charges sur la droite même de la route, et s'empara de la hauteur de Perthes. Forcé de céder à une cavalerie supérieure, le général comte Pahlen tourna bride vers Brienne, traversa le bourg, et se replia pour se réunir au corps de Sacken.

En même temps le maréchal Ney se portoit sur Brienne même, par le chemin de Mézières, à la tête de six bataillons en colonnes serrées, avec de l'artillerie légère, tandis que le général Château, avec plusieurs bataillons de grenadiers, tournant par la droite, s'introduisoit dans le parc à la faveur des inégalités du terrain. Les grenadiers, se glissant avec une grande résolution, surprirent l'état-major prussien dans le château, au moment où le général Blucher étoit à table avec ses officiers. Le feld-maréchal, le général Gneisneau, chef de son état-major, et d'autres officiers supérieurs, n'eurent que le temps de prendre leurs chevaux, avec lesquels, toute issue leur étant fermée, ils s'esquivèrent par un escalier, d'où ils gagnèrent les bois, et joignirent le corps de Sacken.

Blucher reconnut alors seulement qu'il étoit attaqué par toute l'armée de Buonaparte, événement qui lui causa une extrême surprise, et qui dérangea tous ses projets de concentration. Il falloit résister toutefois, pour sauver l'honneur et l'armée. Le feld-maréchal ordonna aussitôt à la cavalerie du général Sacken, réunie à celle du comte Pahlen, de se porter avec célérité sur l'aile gauche de l'armée française, dépourvue de cavalerie. Ce mouvement se fit à la nuit tombante. La cavalerie alliée prit deux batteries, et l'aile gauche des Français se replia vers une autre position, en arrière du point d'attaque.

Cependant les tentatives du maréchal Ney sur Brienne avoient d'abord été infructueuses par la vive résistance du général Alsufieff. Le maréchal venoit de renouveler ses attaques avec des troupes fraîches de l'aile droite : elles furent repoussées comme les premières ; mais le château et une partie de la ville furent bientôt au pouvoir des grenadiers français, quand ils eurent pénétré, du côté du parc, par une entrée où l'on avoit négligé de placer du canon et de l'infanterie. Le corps du général Sacken avança aussitôt au pas de charge. Le combat devint alors si acharné, que les avenues, les rues, les places et les vergers furent jonchés de morts. Napoléon, voulant déloger les Russes à tout prix, fit jeter des obus dans cette malheureuse ville, construite en bois, et qui dans un instant fut embrasée. Les femmes, les enfans, et presque tous les habitans des villages circonvoisins, avoient fui dans les forêts environnantes, et leurs lamentations se mêloient au bruit retentissant de l'artillerie et de la fusillade. L'incendie se propageoit avec une rapidité effrayante; les Russes eux-mêmes favorisoient l'embrasement pour arrêter la marche des Français. M. de Hardenberg, neveu du chancelier de Prusse, chargé de la garde du quartier-général, fut pris au bas de la montée du château, d'où il s'efforçoit d'arrêter les fuyards et le progrès des flammes. Toutefois, jusqu'à huit heures du soir, les alliés se maintinrent dans Brienne malgré les attaques réitérées de la jeune garde et d'une brigade de la division Meusnier. Ils cherchèrent même à reprendre le château, que le brave chef de bataillon du cinquante-sixième défendit avec une intrépidité digne d'éloge ; des cadavres russes et prussiens couvroient les avenues et le grand escalier du côté du parc. Le combat se prolongea jusqu'à onze heures du soir, au milieu des terribles lueurs de la mousqueterie, des obus et des canons; au milieu des cris plaintifs des blessés et des mourans : l'infanterie des deux armées en vint plusieurs fois à la baïonnette, et plusieurs charges de cavalerie augmentèrent l'horreur de ces mêlées nocturnes.

Napoléon parcouroit les rangs, et s'exposoit même au feu de la mousqueterie pour relever le courage de ses troupes, dont une partie, composée de nouvelles levées, montroit une mollesse désespérante dans un début si décisif; ces jeunes soldats, exténués à la suite de tant de marches forcées dans des chemins couverts de boue, et ne recevant aucune distribution, tomboient de fatigues et de besoins. Vers la fin du combat, des cosaques, se glissant derrière l'armée, abordèrent l'escorte de Buonaparte : on les repoussa ; des coups de carabine et de pistolet furent tirés de part et d'autre. Le prince de Wagram eut son chapeau renversé d'un coup de lance. En chargeant à la tête de la garde, le général Lefebvre

Desnouettes venoit d'être abattu, et couvert de blessures.

L'armée de Silésie, ayant en vain renouvelé ses attaques, dans l'espoir de chasser les Français de Brienne, mit un terme à l'effusion du sang, et se retira à onze heures du soir, prenant derrière Brienne, vers la Rothière, une position qui la mettoit en communication avec les corps de Giulay et du prince royal de Wurtemberg.

Napoléon s'établit et passa la nuit à Mezières, situé à une lieue et demie en arrière du champ de bataille, et le lendemain 30 il fit son entrée à Brienne. A l'exception du château, et de quelques maisons encore intactes, le reste de cette ville infortunée n'étoit plus qu'un monceau de cendres.

De quels souvenirs ne dut-il pas y être assiégé! Son entrée dans Brienne fut le seul avantage qu'il put retirer de cette journée sanglante, sur laquelle il avoit fondé l'espoir de plus grands résultats. Une armée tout entière étoit venue fondre à l'improviste sur un corps et une division de l'armée de Silésie, formant à peine vingt mille hommes, et ces vingt mille combattans n'avoient été repoussés qu'à une lieue du champ de bataille, sans même qu'il fût possible d'empêcher leur jonction avec la grande armée des alliés. Ainsi Napoléon n'avoit pas atteint son but, qui consistoit à accabler isolément le feld-maréchal Blucher.

Toutefois le besoin et l'impatience de vaincre étoient tels, que des lettres authentiques du quartier-général et du secrétaire d'Etat duc de Bassano, annoncèrent qu'on avoit enveloppé et fait prisonniers quinze mille hommes dans ce premier engagement, et pris à l'ennemi quarante pièces de canon. La nouvelle de ce prétendu triomphe se répandit dans Paris avec la rapidité de l'éclair.

« Ne semble-t-il pas, s'écrioient les journa-
» listes, ne semble-t-il pas qu'Antée ait frappé
» la terre, et qu'il en sorte d'innombrables
» légions ? Dans dix jours, l'empereur com-
» mandera la plus belle et la plus puissante
» armée qu'on ait jamais vue ; lord Cathcart
» peut maintenant écrire au ministère anglais
» que les alliés *sont bien reçus* en France. »

Tout étoit préparé pour électriser les esprits. On affirmoit que les courriers avoient vu les quinze mille prisonniers ; qu'ils avoient vu l'artillerie ennemie engouffrée dans la forêt de

Vassy, et les quarante pièces de canon prises à la bataille.

Les troupes, ajoutoient les mêmes relations, avoient été secondées dans leurs prodiges par les habitans des campagnes, qui, armés de faux, de piques, de fourches, de bâtons ferrés, étoient tombés sur les fuyards ennemis, et ramenoient de tous côtés des prisonniers, des équipages et des canons. D'autres circonstances venoient fortifier ces récits, la plupart controuvés. La victoire une fois décidée, l'empereur s'étoit rendu à Brienne, dans ce lieu mémorable à plus d'un titre. N'étoit-ce pas à Brienne qu'avoit commencé à se développer le germe de ces grands talens qui devoient un jour étonner l'Europe et sauver la France? C'étoit de là que le héros étoit parti pour s'élancer aux plus hautes destinées : sur un tel champ de bataille, la victoire ne pouvoit lui être infidèle.

A ces fictions et à ces rêves vinrent se mêler, dans la capitale, les chants guerriers d'un nouvel intermède, *l'Oriflamme*, sorti de l'arsenal des bureaux d'*esprit public*, attachés au département de la police; et ce fut des banquettes de l'Opéra que des agens apostés firent jaillir les éclats de ce patriotisme factice avec lequel on prétendoit enflammer une nation écrasée sous le despotisme.

Bientôt ces prestiges se dissipèrent pour faire place, non à l'austère vérité, mais à ce silence effrayant qui, sous une telle oppression, décéloit presque toujours quelqu'événement fâcheux ou sinistre.

Dès le lendemain du combat de Brienne, Napoléon fit manœuvrer son aile gauche, et vers midi toute son armée s'avança en colonne d'infanterie. Des batteries placées avantageusement canonnèrent les lignes de la cavalerie des alliés, placées à une lieue en arrière du champ de bataille de la veille. Attaquée par le général Grouchy et par le maréchal duc de Bellune, cette cavalerie se replia dans la position de Trannes, au-delà du village de la Rothière. Napoléon place aussitôt toute son armée sur les hauteurs de Brienne, qui dominent la plaine, développant des forces supérieures à l'armée de Silésie. Le 31 janvier, il s'avance encore, et se déploie de nouveau dans la plaine même entre la Rothière et Trannes, occupant une hauteur boisée en avant de cette dernière position. Ainsi, les deux armées passent deux jours en présence.

Le général York cependant avoit attaqué et

repris Saint-Dizier, et le général comte de Wittgenstein, soutenu par le général de Wrede, avoit repoussé le 29, près de Vassy, le corps du maréchal duc de Raguse, qui, faisant sa jonction avec l'armée de Buonaparte, éprouva quelques pertes dans sa marche sur Montierender.

En même temps, la grande armée alliée s'étoit approchée de l'Aube avec célérité; le corps bavarois par Joinville, les réserves russes par Chaumont, et la cavalerie autrichienne par la route de Bar-sur-Seine. Déjà le corps du prince royal de Wurtemberg, qui étoit en marche de Maisons, pouvoit arriver à Trannes le 1er février. Le comte Giulay se portoit, en seconde ligne, entre Bautancourt et Arçonval, et les gardes russe et prussienne étoient placées en réserve dans une position resserrée entre Colombay et Bar-sur-Aube; là, elles pouvoient soutenir chaque point menacé. Le généralissime prince de Schwartzenberg annonça ces dispositions au feld-maréchal Blucher, pour qu'il attaquât sans délai l'armée française, tandis que le général comte de Wrede feroit son mouvement offensif de Doulevant sur Brienne.

Ainsi Napoléon laissoit lui-même le temps

aux alliés de se réunir. Son intention ne pouvoit être d'accepter une bataille générale dans ces plaines immenses, où l'infériorité de ses forces, surtout en cavalerie, devoit lui faire craindre un désavantage réel. Son armée, ayant l'Aube derrière elle, n'avoit plus de retraite sur Troyes ou sur Arcis que par le pont de Lesmont, au-dessous de Brienne, et ce pont, qu'on avoit brûlé pour arrêter l'ennemi, ne pouvoit être rétabli que dans la journée du 1er février.

Une partie de l'armée filoit déjà vers Lesmont, quand parurent à midi les têtes de colonnes des alliés débouchant sur les villages de la Rothière et de Dienville, où le gros de l'armée française étoit encore en position.

Napoléon se vit alors réduit à la nécessité de combattre pour le salut de l'armée. Il ne donnoit pas la bataille, il étoit forcé de la recevoir. L'étendue de la ligne ennemie le contraignit d'abord à prolonger la sienne pour ne pas être débordé. Toutes ses troupes, disposées sur deux lignes, furent rangées sur la pente d'une chaîne de collines, la droite appuyée à Dienville et à l'Aube, le centre à la Rothière et la gauche au hameau de la Gibrie. La Rothière étoit défendue par de fortes colonnes,

Des détachemens considérables occupoient Petit-Mesnil, Chaumenil et Morvilliers, couvrant les derrières de la position où s'appuyoit l'aile gauche à des hauteurs boisées. Là, commandoit le maréchal duc de Bellune. A Morvilliers, vers Chaumenil, avoit pris position le sixième corps, sous le commandement immédiat du maréchal duc de Raguse ; position importante qui couvroit le flanc gauche. Le général Duhesme défendoit la Rothière, et le général Gérard devoit préserver les deux rives de l'Aube, en occupant Dienville. On rangea l'infanterie en fortes masses sur les flancs des villages et dans les villages mêmes, qui furent bordés d'artillerie.

Pendant ces dispositions défensives, les trois colonnes d'attaque des alliés, formées par le feld-maréchal Blucher, se dirigeoient dans la l'ordre suivant : Le corps du général Sacken descendoit des hauteurs de Trannes dans la plaine de la Rothière, et se portoit sur le centre des Français, en deux fortes divisions, l'une sur Brienne par la route de Dienville, l'autre sur la Rothière même : le corps autrichien du général comte Giulay, et le corps russe du général Alsufieff formoient sa réserve. Le prince royal de Wurtemberg, avec l'aile droite, s'avançoit sur Chaumenil et la Gibrie, pour attaquer la gauche des Français, ouvrant par sa marche combinée la communication avec le général comte de Wrede qui se dirigeoit aussi sur Chaumenil par Doulevant. Le général Barclay de Tolly occupa les hauteurs et les défilés de Trannes.

Il étoit une heure après midi, et la cavalerie des deux armées rangées en bataille entre les deux lignes, se mettoit partout en mouvement dans la plaine. Des escarmouches et une vive canonnade étoient le prélude de l'attaque générale. Bientôt l'attention est détournée par un feu violent d'artillerie et de mousqueterie, parti de l'aile gauche de l'armée française : c'étoit le prince royal de Wurtemberg qui, se frayant un chemin à travers la forêt d'Eclance, ouvroit la bataille en attaquant la hauteur boisée de la Gibrie, défendue par plusieurs régimens. Malgré leur résistance opiniâtre, il s'empare des hauteurs et du hameau: Napoléon, craignant alors d'être débordé, fait manœuvrer un corps sur sa gauche, et la Gibrie est reprise à la baïonnette par des brigades françaises qui déploient la plus rare valeur. Le prince royal, recevant à son tour des renforts, attaque derechef le bois et le hameau ; il est d'abord repoussé, mais le mouvement combiné du général comte de Wrede étoit prévu avec tant de précision, que les Austro-Bavarois, débouchant sur la droite du prince royal par la forêt de Soulaines, dans la direction de Chaumenil, marchent aussitôt sur Trémilly, pour attaquer de concert Chaumenil et l'aile gauche de l'armée française. C'étoit au moment où le maréchal duc de Raguse cherchoit à établir, par de fortes colonnes d'infanterie et de cavalerie, ses communications avec Chaumenil par Morvilliers. Le feld-maréchal lieutenant comte de Hardegg l'attaqua vivement, et rejeta ses colonnes sur Morvilliers. Une division de hulans de Schwartzenberg, par une charge heureuse, s'empare d'une batterie de six pièces de canon qui se mettoit en mouvement pour soutenir l'infanterie du sixième corps. La jonction du prince royal et du comte de Wrede étant dès lors effectuée, la Gibrie et Chaumenil sont de nouveau attaqués et enlevés par des forces supérieures. Instruit que les positions de son aile gauche sont compromises, Napoléon accourt en personne avec une partie de l'artillerie de sa garde; il ordonne de reprendre Chaumenil sous la protection d'un feu bien dirigé, attachant une grande importance à la possession de ce village, et il se reporte immédiatement vers le centre, où sa présence étoit également réclamée. Le général comte de Wrede, jugeant alors qu'il falloit éloigner les batteries de la garde ou s'en emparer, fait mettre en mouvement toutes les divisions austro-bavaroises, qui tombent à la fois sur les batteries françaises, mettent en déroute la cavalerie, rompent les carrés d'infanterie, et forcent les artilleurs à rétrograder, après leur avoir pris quelques canons et plusieurs chariots de munitions attelés : dès lors Chaumenil reste sans retour aux alliés.

Près de trois heures venoient d'être employées en manœuvres et en attaques successives sur ce point de la ligne de bataille. En vain Napoléon, par ses démonstrations, avoit menacé le flanc droit de la position des coalisés; elles ne purent détourner le feld-maréchal Blucher du but principal qu'il se proposoit d'atteindre. Voyant sa droite assurée par le double succès du prince royal et du comte de Wrede, il se détermine à emporter de vive force la Rothière, centre et comme la clef de la position de l'armée française. C'étoit en effet le point décisif, et de sa possession alloit dépendre le gain de la bataille, qui vers trois heures devint générale. Toutes les forces des alliés s'étoient déployées dans les plaines de la Rothière et de Brienne. S'avançant en échelons, l'infanterie du général Sacken attaque la Rothière, en même temps que sur la gauche le général comte Giulay, avec le troisième corps, remplit l'intervalle entre l'Aube et les masses disposées pour l'attaque, et ouvre son feu sur le bourg de Dienville.

L'ardeur des troupes alliées est excitée jusqu'à l'enthousiasme par la présence de l'empereur de Russie, du roi de Prusse et du prince de Schwartzenberg. Placés entre Trannes et la Rothière, sur le terrain même de l'action, ils observent et suivent le progrès des attaques, contrariées par des tourbillons de neige obscurcissant l'air ; souvent même l'artillerie et la mousqueterie sont obligées de taire leur feu, aucun objet ne pouvant être distingué. Les batteries russes, quoique servies avec une supériorité marquée, laissent la moitié des canons en arrière, tant la terre est couverte de neige épaisse ; ce n'est qu'en doublant les trains de l'autre moitié, qu'on parvient à la porter en avant. La résistance étoit toujours opiniâtre à la Rothière et à Dienville ; l'aile gauche même n'étoit que débusquée sans être entamée. Au coucher du soleil, la cavalerie française pénétra vers le centre, jusque dans les masses d'infanterie russe, qu'elle contraignit à plier. Dans cet instant critique, le feld-maréchal Blucher fit un de ces mouvemens hardis qui décident ordinairement la victoire : il ordonne à sa cavalerie, qui venoit de recevoir des renforts, de tourner le flanc gauche des Français par un mouvement rapide, et de les attaquer sur leurs derrières. En même temps l'infanterie, commandée par le général Sacken, reçoit l'ordre d'attaquer les Français par le flanc droit. Ces manœuvres, que favorisèrent les ténèbres, furent exécutées avec autant de vivacité que de précision ; et la cavalerie française, surprise par les dragons russes, fut chargée et culbutée jusqu'à Brienne-le-Vieux, où les Russes entrèrent pêle-mêle avec les Français. L'infanterie de Napoléon, qui formoit le centre, restant alors à découvert, le général Sacken poussa ses attaques avec vigueur, et resta maître de la Rothière. La bataille paroissoit gagnée. Napoléon craignit même un instant la déroute de son armée, événement inévitable si les alliés eussent redoublé leurs charges sur Brienne et sur Lesmont. Le désastre de

Leipsic pouvoit se renouveler, car le pont de Lesmont n'étoit pas rétabli, et n'offroit d'ailleurs qu'un passage étroit et difficile.

Mais bientôt, à ce premier ébranlement, succède plus d'assurance. Napoléon se met à la tête de la cavalerie du général Colbert, et ordonne une charge qui arrête les progrès des alliés. Le maréchal Oudinot, duc de Reggio, revient en hâte sur ses pas de Lesmont, à la tête de deux divisions de la jeune garde, et il reprend l'offensive. De fortes colonnes d'infanterie et des batteries d'artillerie volante sont dirigées sur la Rothière. Napoléon, à la tête de ses gardes, renouvelle trois fois les attaques avec tant de vigueur, qu'il s'empare de l'église et de quelques maisons, tandis que les grenadiers russes occupent le reste du village. Là on se serre, on croise la baïonnette. Le général Decous, commandant la seconde division de la jeune garde, est blessé dangereusement dans une de ces attaques (1), et le général Baste tombe mort atteint de plusieurs balles. Cet officier de marine venoit de renoncer à son grade de contre-amiral pour se battre sur terre.

---

(1) Il mourut à Paris, de ses blessures, le 18 février suivant.

LIVRE V. 203

Les efforts des Russes sur le front de la ligne étoient d'autant plus animés, que le feld-maréchal Blucher les dirigeoit en personne. Ce général se fit remarquer à l'attaque de la Rothière parmi les soldats les plus exposés au feu ; il soutint les troupes qui venoient d'être abordées dans le village par la garde impériale ; un cosaque d'ordonnance fut tué à ses côtés.

Cependant les réserves russes avançoient par ordre de l'empereur Alexandre, et au milieu de ces vicissitudes la bataille se prolongeoit dans la nuit. Vers dix heures du soir le prince de Wagram, traversant la ligne française pour visiter les postes, trouve les deux armées si près l'une de l'autre, que plusieurs fois il prend les sentinelles des alliés pour celles des Français ; l'adjudant-général Maussion, un de ses aides-de-camp, tombe au pouvoir des ennemis, ainsi que le général de division Forestier. Enfin, tout le village de la Rothière est cédé à l'acharnement des Russes, et le général Sacken, trois fois à la veille d'être pris, fait une charge hardie sur la droite du village, s'empare de vingt pièces de canon attelées, et de cinq à six cents hommes des bataillons de la garde. A minuit, Napoléon tente une dernière entreprise sur la Rothière ; les grenadiers russes, restés maîtres de ce village, la repoussent, et dès lors la victoire est décidée en faveur des alliés.

Mais l'extrême droite des Français se maintenoit à Dienville, malgré les attaques réitérées du corps autrichien de Giulay, qui, voulant passer de la rive gauche à la droite de l'Aube, eut plusieurs de ses bataillons détruits. C'étoit le dernier point de la ligne de bataille; et par son pont sur l'Aube, il assuroit la communication la plus prompte avec Troyes. Des assauts réitérés ne peuvent lasser la constance du général Gérard. A minuit seulement, il cède la partie du village située sur la rive droite, et se met en retraite de l'autre côté de la rivière, après avoir fait sauter le pont, abandonnant toutefois aux Autrichiens deux cent trente prisonniers. Ainsi, la victoire, long-temps disputée par la valeur française, étoit complète; toutes les positions étoient enlevées. L'armée filoit, depuis une heure du matin, avec ses bagages sur le pont de Lesmont; son arrière-garde seule étoit postée en avant de Brienne, et ne se mit en marche qu'au point du jour, suivie de quelques partis de cosaques. Elle fila aussi vers Lesmont, tandis que le sixième corps, par un mouvement latéral, couvroit également la retraite en se portant vers Ronay. Le maréchal duc de Raguse y prit une forte position, et le feld-maréchal Blucher fit aussitôt ses dispositions pour attaquer à la fois ces deux arrières-gardes. Il met en mouvement les trois corps du prince royal de Wurtemberg, des généraux Wrede et Giulay. Le prince royal marche sur Brienne ; le comte de Wrede s'avance sur la droite du prince royal, et le général Giulay longe l'Aube. Une charge brillante du prince sur la cavalerie qui couvroit la retraite près de Saint-Christophe, eut un plein succès. L'arrière-garde, chassée de Brienne, gagna Lesmont ; le général Giulay, secondé par l'infanterie wurtembergeoise, l'attaqua immédiatement, tandis que les Bavarois prenoient également l'offensive sur le sixième corps, qui occupoit déjà les hauteurs du village de Ronay. Le maréchal duc de Raguse, ayant fait sauter le pont, étoit couvert par un terrain marécageux qu'avoient inondé les débordemens de la Voire. Selon le rapport des paysans, cette position, presque inexpugnable, avoit été choisie par Napoléon, qui s'y étoit transporté la veille. Tous ces obstacles réunis ne purent décourager les Bavarois ; ils échouèrent néanmoins dans leurs premières attaques, par la courageuse résistance des Français; la glace, trop foible, rompoit sous les pieds des assaillans; ils ne pouvoient avancer que sur la route même, et quand ils en venoient aux mains, leurs armes, leurs munitions devenoient inutiles par l'effet de l'humidité.

Cependant le général comte de Wrede résolut d'enlever d'assaut la position. Ses soldats, par des tentatives réitérées, surmontant la plupart des obstacles qu'opposoit la difficulté du terrain, s'emparent d'abord d'un pont sur le ruisseau qui traverse Ronay en deux bras; déjà la moitié du village est en leur pouvoir; mais ils sont arrêtés par le second bras du ruisseau, dont le pont vient d'être rompu. Placés en masse derrière la Voire, dans l'église et dans les maisons de Ronay, les soldats français entretenoient, par les crenelures, un feu nourri. Vers quatre heures seulement la cavalerie austro-bavaroise, ayant trouvé un endroit guéable, traversa la Voire; mais le sixième corps étoit déjà en retraite et à couvert. La résistance du maréchal duc de Raguse retarda de vingt-quatre heures la poursuite de l'armée française. Lesmont cependant venoit d'être enlevé d'assaut par les Austro-Wurtembergeois; mais toute l'armée de Napoléon étoit déjà établie sur la rive gauche de l'Aube, prenant sa direction sur Troyes par Piney, se ralliant ainsi à la vieille garde et aux divisions formant le corps d'armée du maréchal duc de Trévise.

Telle fut la bataille de Brienne, ou plutôt de la Rothière (1), où Napoléon, pour la première fois, combattit en personne les alliés sur le territoire de la France.

Le courage et la fermeté que déployèrent ses troupes, le danger auquel il s'exposa lui-même, tout prouve combien il attachoit d'importance à obtenir la victoire dans ce premier engagement : aussi fallut-il que les alliés emportassent d'assaut chaque village, chaque hauteur, chaque buisson; aussi achetèrent-ils avec du sang chaque pied de terre. Leur constance, et surtout leur nombre, triomphèrent, il est vrai, de tous les obstacles.

Les alliés avoient eu près de quatre-vingt mille hommes engagés, et Napoléon, au-delà de soixante mille. S'il eut à regretter sa vieille garde, qu'il n'avoit pu rallier encore, d'un autre

---

(1) Voyez les bulletins français et étrangers, qui rendent compte de cette bataille.

côté les corps ennemis des généraux Colloredo, Wittgenstein, Kleist et York, n'avoient pris aucune part à la bataille. On évalua la perte des Français à quatre ou cinq mille hommes, tués ou blessés, y compris un petit nombre de prisonniers de guerre. Celle des alliés s'éleva à plus de six mille; mais ils n'eurent aucun prisonnier, ne perdirent aucun canon, en enlevèrent soixante-dix, et restèrent maîtres du terrain. Tel fut d'ailleurs l'effet moral de cette journée, que près de vingt mille conscrits abandonnèrent, pendant la retraite, les drapeaux de Napoléon. Le prince de Schwartzenberg qui avoit fait arriver les renforts avec célérité et intelligence, reçut une épée de l'empereur Alexandre, sur le champ de bataille. Le général comte de Wrede et le prince royal de Wurtemberg furent décorés de l'ordre de Saint-Georges.

Mais la bataille de Brienne eût été plus décisive, si les alliés en avoient tiré tous les avantages qu'elle sembloit leur offrir ou leur promettre.

Pourquoi ne pas manœuvrer pour s'opposer à la jonction de l'armée française avec le corps de la vieille garde, resté en position à Troyes? On n'eût rencontré aucun obstacle insurmontable en passant l'Aube à Dienville ; et en marchant droit sur Piney, par où devoient passer les colonnes en retraite. Pourquoi aussi ne fit-on pas coïncider l'attaque de Troyes par la route de Chaumont, avec l'attaque de Brienne ? Ces fautes eurent les plus graves conséquences ; on eût dit les alliés étourdis d'avoir attaqué et vaincu Napoléon au centre même de son empire.

Cependant leur grande armée, après avoir dépassé les frontières de la Suisse, et franchi toutes les barrières de la France ; après avoir tourné toutes les forteresses de l'est, et opéré sa jonction avec l'armée de Silésie, venoit de couronner tant d'efforts en remportant une victoire disputée dans les plaines de l'Aube. Un tel début, dans une bataille rangée, sembloit ne plus rien laisser à envier, et les monarques alliés purent s'attendre, sans trop de présomption, à prescrire la paix à celui qui la leur avoit si souvent dictée dans leurs propres capitales.

LIVRE VI.

Détresse de l'armée française dans sa retraite vers Troyes. — Situation et alarmes de Paris. — Hésitation des coalisés. — Ils marchent sur la capitale avec deux armées séparées. — Napoléon s'obstine à garder la position de Troyes. — Il est débordé vers la Marne. — Plan du feld-maréchal Blucher. — Marche du général York. — Il s'empare de Vitry et de Châlons. — Le maréchal duc de Tarente se replie sur Château-Thierry. — Napoléon abandonne Troyes, et se replie sur Nogent. — Entrée des alliés à Troyes. Ouverture du congrès de Châtillon. — Napoléon demande une suspension d'armes — Les alliés lui proposent la signature des préliminaires de paix. — Politique des cours alliées : elles songent enfin aux Bourbons.

Attristée par le sentiment de sa défaite, encore plus affoiblie par la désertion que par ses pertes réelles sur le champ de bataille, l'armée française effectuoit, dans un état déplorable, son mouvement de retraite sur Troyes : tout sembloit la repousser. Au sein même de la France, au milieu de campagnes fertiles, où les greniers regorgeoient, le soldat manquoit de tout, et le service des vivres n'étant pas même assuré, il ne se nourrit, pour ainsi dire, que de racines dans ses marches subites de Saint-Dizier à Brienne, et de Brienne à

Troyes; il employoit moins son peu de repos à l'apprêt de ses repas, qu'à réparer ses forces par un sommeil interrompu dans des bivouacs, couverts de boue, et exposés à l'inclémence de l'hiver.

Quand l'armée eut passé l'Aube, elle aperçut, aux environs de Pinay, quelques centaines de cosaques. Leur apparition, leur aspect barbare jeta les nouvelles levées dans une sorte de terreur qui se communiqua aux soldats plus aguerris. Les conscrits jetoient leurs armes, disparoissoient dans les bois, et regagnoient leurs foyers. C'est ainsi que l'armée, de plus en plus affoiblie, s'approcha de l'ancienne capitale de la Champagne.

A Troyes, comme à Paris, on avoit d'abord cru Napoléon victorieux : une lettre du major-général accrédita même le bruit d'un avantage signalé. Les ressources de l'imposture étant aussi une ruse de guerre, on doit moins s'étonner que Napoléon y eût recours, lui dont le gouvernement ne reposoit que sur l'erreur.

La surprise fut extrême, quand, au milieu de ces bruits de triomphe, Troyes vit arriver dans ses murs les débris de l'armée française, et Napoléon, à cheval, couvert de neige et de boue, presque sans suite, avec les apparences d'un fugitif. Environ cinq mille hommes de toutes armes traversèrent Troyes, pêle-mêle, dans un désordre affligeant; le reste filoit par les dehors de la ville, et prenoit position.

La vieille garde venoit de se porter sur Arcis-sur-Aube; mais, après vingt-quatre heures d'hésitation, l'issue des événemens de Brienne la ramenant à Troyes, elle y fit sa jonction avec l'armée. Cette garde, cavalerie et infanterie, la plus belle troupe qu'on pût voir, formoit un contraste frappant avec les autres corps recrutés de conscrits affoiblis, de soldats délabrés, abattus par les revers et par les marches pénibles. Elle partageoit leur mécontentement; car le soldat, ne se contenant plus, l'exhaloit par des plaintes amères et par les cris du désespoir : l'armée sembloit à la veille de se dissoudre.

Cependant elle venoit d'opérer autour de Troyes et aux environs la concentration de tous ses débris, à l'exception du sixième corps, qui, après avoir passé l'Aube à Ronay, s'étoit porté sur Arcis, où le maréchal duc de Raguse prit position.

Toutes les forces réunies à Troyes s'élevèrent à quarante-trois mille hommes, dont quinze à vingt mille de vieilles troupes.

On étoit à Paris dans la plus vive attente. Des bruits contradictoires faisoient flotter l'opinion en sens contraires, selon la différence des intérêts. Les partisans de Buonaparte ne rêvoient que prodiges; ses ennemis n'apercevoient que des calamités : ils invoquoient une catastrophe qui mît enfin un terme à son affreuse domination. La police seule cherchoit à rassurer les esprits; ses journaux fourmilloient de détails pompeux sur des marches, des mouvemens de troupes superbes qui de toutes parts accouroient à la grande armée de Napoléon, tant de fois renouvelée. Presque chaque jour on passoit en revue, aux Tuileries, des corps de toutes armes destinés pour l'armée. C'étoit le roi Joseph qui, successivement assis sur deux trônes, et deux fois détrôné, se trouvoit alors le grand inspecteur des forces de la capitale, en qualité de lieutenant de l'empereur son frère. La moindre parade présentoit, selon les supputations officielles, dix-huit mille hommes effectifs. On eût dit que, sortant par une barrière de Paris, les soldats rentroient par une barrière opposée, afin de passer une seconde revue, puis une troisième, à l'imitation des marches triomphales de théâtre.

Cependant la curiosité publique se montroit impatiente. Enfin, le bulletin si long-temps attendu présente aux Français crédules la bataille de Brienne « comme un engagement » d'arrière-garde, mais offrant toutefois un » des exploits les plus brillans de l'armée fran- » çaise. Le combat avoit cessé la nuit, après » une vive canonnade. L'armée avoit continué » sans obstacle ses manœuvres de concentra- » tion, et leur objet avoit été complétement » rempli. »

Les yeux attachés sur le théâtre de la guerre et sur le cours de l'Aube et de la Marne, les Parisiens cherchoient à comprendre ou à deviner les mouvemens des armées et leurs évolutions, autant qu'il étoit possible de les suivre à travers ce dédale de tergiversations et de mensonges. Ils jugèrent néanmoins que du 26 janvier au 3 février, c'est-à-dire, après huit jours de combats et de manœuvres savantes, Napoléon, vainqueur à Saint-Dizier, vainqueur à Brienne, et toujours vainqueur, se trouvoit à Troyes en Champagne à trois marches en arrière de Saint-Dizier; que cette ville et Vassy devoient être considérées comme le *nec plus ultrà* des progrès de l'Hercule moderne dans l'est de la France; qu'à la vérité on avoit présenté Nancy comme délivré, mais que Nancy étoit toujours au pouvoir des alliés; que, pendant ces huit jours de grandes manœuvres sur un espace de dix-huit à vingt lieues, entre Châlons et Troyes, Napoléon étoit tombé entre l'armée de Silésie et la grande armée confédérée; que le résultat immédiat de toutes ses opérations ne pouvoit plus être révoqué en doute, et qu'il présentoit non pas quinze mille prisonniers et quarante pièces de canon, comme on l'avoit si impudemment annoncé, mais une suite d'échecs qui anéantissoient les illusions et les rêves des admirateurs du César de l'île de Corse.

Son mouvement irréfléchi sur Saint-Dizier et sa défaite à Brienne venoient de compromettre les seules ressources qui eussent échappé, pour ainsi dire, à tant de revers en Espagne, en Russie, en Allemagne. Mais il entroit dans la destinée de Buonaparte d'être encore plus ménagé par ses ennemis que par la fortune.

Plus de hardiesse après la journée de Brienne, eût porté en six ou sept marches les alliés aux portes de Paris. A la vérité, ils furent d'abord incertains si Napoléon se retiroit sur Châlons ou sur Troyes, et cette hésitation qui déjà étoit une faute, leur fit perdre le fruit de la bataille. Trop de lenteur et une sorte de timidité arrêtèrent leur essor. En se berçant de l'idée qu'ils arriveroient à la paix du Monde par des négociations, ils négligèrent de poursuivre l'armée vaincue. Les militaires réfléchis s'y attendoient ; tous s'accordoient dans ce senment, que Napoléon étoit perdu s'il hasardoit une seconde bataille, ou s'il ne se mettoit à couvert par une prompte retraite.

Rien ne pouvoit exciter une plus grande surprise parmi les officiers instruits, que l'intention que manifesta Buonaparte de séjourner et de tenir à Troyes, au moment où des ennemis aussi nombreux que formidables, en le débordant par ses flancs, pouvoient gagner sur lui plusieurs marches, arriver brusquement à Paris, et atteindre ainsi le but de la guerre.

Les monarques alliés décidèrent enfin qu'ils marcheroient sur Paris en deux grands corps d'armée, l'un suivant le cours de la Seine et de l'Yonne par les routes de Troyes et de Sens ; l'autre gagnant la Marne par Châlons, Château-Thierry et Meaux. Ce plan sembloit offrir le double avantage d'assurer les subsistances des confédérés dans un pays qu'ils croyoient épuisé de vivres, et de placer

Napoléon entre deux armées offensives, dont l'une alloit le tenir en échec, tandis que l'autre, par son apparition subite aux portes de la capitale, feroit renoncer à toute idée de la défendre, et la préserveroit ainsi du danger de sa destruction.

Mais ce système de ménagement et la séparation des deux armées devoient entraîner les inconvéniens les plus graves devant un ennemi aussi actif que perfide; et ces dangers, qui, pour le malheur de l'humanité, n'étoient que trop réels, les alliés n'auroient pu les éviter que par une célérité incompatible avec leur timide circonspection.

Le premier effet du nouveau plan fut donc de séparer encore l'armée de Silésie de la grande armée. Tandis que le maréchal Blucher se dirigeoit par Fère-Champenoise, vers la Marne, le prince de Schwartzenberg marchoit sur Troyes par Vandœuvres. Troyes se vit alors sérieusement menacée; et ce n'étoient pas quelques abattis, des ouvrages élevés à la hâte, des batteries placées à ses portes qui pouvoient la garantir; il ne falloit rien moins qu'une bataille et une victoire. Quelle alternative pour l'ancienne capitale de la Champagne, qui, presque entièrement construite en bois, ne pouvoit devenir un instant le théâtre de la guerre sans avoir à redouter l'embrasement!

Troyes, située dans une vaste plaine arrosée par la Seine qui s'y subdivise en plusieurs bras, coupée par des ruisseaux et des marais boisés, n'a qu'une vieille enceinte de remparts qui peut la mettre à l'abri d'une insulte, mais non d'une attaque sérieuse. Ses environs toutefois offrent deux positions d'un accès difficile : celle des ponts de la Guillotière sur la Barce, du côté de Vandœuvres, et celle des Maisons-Blanches sur l'autre rive de la Seine, faisant face à Bar-sur-Seine et à la forêt de Chource. Soit qu'on voulût résister dans la ville, soit qu'on n'en défendît que les dehors, l'issue d'un combat malheureux ne pouvoit que lui être funeste. Tout y respiroit la crainte et les alarmes depuis que la canonnade de Bar-sur-Aube s'y étoit fait entendre. Les habitans consternés avoient fermé leurs boutiques, enlevé les écriteaux et les enseignes, et démeublé dans les fauxbourgs les maisons exposées au feu de l'artillerie.

Tous les avis annoncèrent bientôt l'approche des alliés en fortes colonnes. On assure qu'alors Napoléon manda le maire de Troyes,

pour lui signifier que la loi de la nécessité le forceroit peut-être de livrer aux flammes les faubourgs, afin de couvrir les mouvemens de l'armée, et qu'il falloit en enlever les effets les plus précieux. « Sire, répond le maire, si
» le salut de la France dépend de l'incendie
» de cette ville, vous pouvez la brûler; mais
» Dieu prononcera un jour sur nos actions. »
A ces paroles Napoléon tourne le dos au maire, et passe dans une autre salle, laissant ce magistrat dans la plus cruelle incertitude sur le sort de ses concitoyens.

Cependant l'armée se maintenoit autour de la ville, et occupoit toutes les positions susceptibles d'être défendues, surtout les ponts de la Guillotière. Napoléon manifestoit ouvertement l'intention de tenir, et annonçoit des renforts de trente à quarante mille hommes venant de la Bretagne, de la Normandie et de l'armée d'Espagne; mais les voyageurs démentoient ces assertions : ils n'avoient rien vu sur la route, et l'on en inféroit que les prétendus renforts n'étoient encore qu'une fiction imaginée pour inspirer plus de courage et de confiance.

Indépendamment de la position de la Guillotière, l'armée tenoit celle des Maisons-

Blanches ; à deux lieues de Troyes, sur la route de la Bourgogne : elle étoit occupée par la vieille garde. Une division autrichienne, commandée par le prince de Lichtenstein, s'étant portée dans cette direction, fut repoussée vivement, et le maréchal Mortier, duc de Trévise, fit avancer aussitôt son avant-garde sur le pont et au village de Clerey. Le prince de Schwartzenberg ordonna au comte Colloredo d'enlever ce poste aux Français. Le général Bianchi, chargé de l'attaque, éprouva une vive résistance. Le pont et le village furent défendus avec une grande valeur par un officier de la garde impériale, qui, né au village même de Clerey, mit de l'acharnement à repousser les Autrichiens. Le pont fut enlevé toutefois par des forces supérieures ; mais il en coûta plus de sang pour l'obtenir que pour le défendre.

Le 4 février, le quartier-général de l'empereur de Russie fut établi à Lusigny, près Vandœuvres, où se trouvoient déjà la garde russe et une grande partie de l'armée ennemie. Loin de s'attendre que Napoléon voulût défendre Troyes, les monarques alliés croyoient déjà l'armée française en pleine retraite, et se disposoient à faire, le soir même, leur entrée dans la ville. Le comte Colloredo s'étant porté à l'avant-garde, pour reconnoître la position des Français sur la Barce, un combat vif s'engagea vers les hauteurs, où le général autrichien reçut un coup de feu à la cuisse. Le général Nostiz prit aussitôt le commandement; mais l'attaque avoit échoué.

Un dégel momentané ayant ajouté de nouveaux obstacles à la nature du terrain, coupé et marécageux, qui environne ces positions, les alliés, après quelques escarmouches, se décidèrent à rétrograder d'une marche, et à porter, le 5, leur quartier-général à Bar-sur-Seine; mais en même temps les corps autrichiens s'étendoient sur la rive gauche, pour tourner Troyes par Chource et par la route de Sens du côté de l'ouest.

Ce jour-là même l'armée française s'attendoit à une bataille générale, et Napoléon alloit en effet passer la Barce, dans l'intention de repousser les alliés, quand, à sa grande surprise, il reçut l'avis qu'ils venoient de se replier sur Vandœuvres.

Tout en concentrant leurs forces, les alliés poussoient toujours des corps nombreux pour couper les communications de Napoléon avec Paris. Mais, bravant ces démonstrations, il ne vouloit point entendre parler de retraite. Déjà même, par son ordre, plusieurs maisons, situées sur la route d'Arcis, et le pont Hubert venoient d'être brûlés, pour empêcher les alliés de passer la Seine, quand cet homme, que la force seule, et jamais la prudence, faisoit rétrograder, se vit contraint d'abandonner malgré lui, sans combat, l'ancienne capitale de la Champagne. Ce fut à la diversion de l'armée de Silésie, sur la Marne, que les alliés furent redevables de la reddition de Troyes.

Le mouvement offensif du corps d'armée du général York avoit commencé la diversion. Après avoir repris Saint-Dizier, ce général le mit en état de défense, comme étant situé sur la route militaire, et y établit une ligne de communication entre Joinville, Vaucouleurs et Void; puis il se porta à Vitry-sur-Marne, et en forma l'attaque le 1er février. Repoussé d'abord par le général Montmarie et par les habitans, il y revint en force, jeta des obus dans la ville, et s'en rendit maître. Il marcha immédiatement sur Châlons, où s'étoient repliés les divisions des généraux Sébastiani et Arrighi, et le onzième corps de l'armée française, sous les ordres immédiats du maréchal duc de Tarente.

Instruit de l'approche des Prussiens, le maréchal leur oppose, le 3 février, huit mille hommes, précédés par la cavalerie des généraux Sébastiani et Excelmans : mais les Prussiens, supérieurs en nombre, tournent le détachement, atteignent l'arrière-garde près de la chaussée, entre Châlons et Vitry, lui enlèvent trois canons, lui font quelques centaines de prisonniers, et la poursuivent jusqu'aux portes de Châlons. Le général York envoie aussitôt un officier parlementaire sommer la ville de se rendre. Sur le refus des généraux français, il fait prendre d'assaut le faubourg, du côté de Vitry, et jette dans la ville des obus qui y mettent le feu en quatre endroits. Une vive fusillade s'engage, et Châlons se voit à la veille d'éprouver les horreurs d'un sac et de l'incendie. Cependant une députation des magistrats, autorisée par le duc de Tarente, vient supplier le général York de suspendre les hostilités. Ce général s'y refuse, ne voulant traiter qu'avec les chefs militaires. Le maréchal entre alors en négociation, et il est arrêté que les troupes françaises évacueront la ville, en laissant les magasins et les approvisionnemens intacts, et tout dans le même état.

Mais le onzième corps eût été compromis par l'observation trop scrupuleuse du principe de ces conditions; et malgré les représentations des habitans, le duc de Tarente fit sauter le pont de pierre sur la Marne, afin de mieux assurer sa retraite. Il l'effectua le 6, par la rive gauche, prenant la direction de Château-Thierry, et traînant à sa suite un parc d'environ cent pièces de canon. Le général York se hâta de passer la Marne sur un autre point, et de poursuivre les Français par le chemin de Paris. La nouvelle du succès de Brienne, et l'approche des autres corps de l'armée prussienne sur la ligne de la Marne, donnèrent à ce général une nouvelle ardeur. Il marcha en hâte sur Château-Thierry, tandis que le général Sacken se dirigeoit de Sézanne sur Montmirail, s'avançant l'un et l'autre vers la capitale, et formant comme les deux avant-gardes de l'armée de Silésie. Le général en chef Blucher venoit de porter son quartier-général à Sandron, et se dirigeoit sur Vertus. Là, il alloit se trouver en communication directe avec tous les corps de son armée. Celui du général Kleist arrivoit de Saint-Dizier; et le général Kapsiewitz, avec une des principales divisions du corps de Langeron, s'approchoit aussi de la Marne. C'étoit le corps du prince de Cobourg qui alloit relever celui de Langeron, et entreprendre le blocus des places fortes laissées sur les derrières de l'armée prussienne. Le plan du feld-maréchal consistoit à réunir tous les corps russes et prussiens qui arrivoient par Mayence, par la Meuse, par la Moselle et par l'Aisne, afin d'en former une masse imposante, et de marcher droit sur Paris.

Le maréchal duc de Tarente, couvrant seul la route de Château-Thierry et de Meaux avec des débris d'armée, ne pouvoit opposer d'obstacles aux progrès de Blucher. Le danger étoit pressant. Napoléon se trouvoit déjà débordé par la Marne et par l'Yonne. L'hettman Platow ayant déjà paru avec ses cosaques, aux portes de Sens, la stupeur et la crainte frappoient tout ce qui se trouvoit sur les routes et dans les environs de la capitale. Mais Napoléon ne pouvoit se résoudre à abandonner aux alliés la capitale de la Champagne. Ses avant-postes étoient toujours en avant de la Barce, vers les ponts de la Guillotière, et on s'attendoit toujours à une bataille générale entre Troyes et Vandœuvres.

Cependant, le 6 février, après plusieurs

ordres de départ, révoqués presque aussitôt que donnés, Napoléon, qui s'étoit décidé à rester à Troyes, reçoit de Paris un courrier de Joseph, qui le fait changer tout à coup de résolution. Ce roi de théâtre faisoit connoître à son frère l'impossibilité de tenir sur la Marne, et la stupeur de Paris, où l'entrée des alliés sembloit un événement inévitable, et point assez prompt au gré des habitans. La vérité s'étoit frayée un passage jusqu'au centre de la capitale. La journée de Brienne enfin connue, la supériorité de l'ennemi plus redoutable par le nombre que par l'audace, l'abattement de l'armée française, son état de délâbrement, tout étoit dévoilé, et Paris n'étoit plus occupé que de son propre sort. On commençoit à y élever des ouvrages pour en défendre les approches ; les barrières étoient palissadées, dans la crainte de surprise ou d'un coup de main. Passy, Montmartre, et les hauteurs environnantes, étoient marquées pour servir de positions défensives. On faisoit aussi des travaux à Saint-Denis et à Aubervilliers : la garde nationale, en pleine activité de service, offroit déjà un aspect militaire. On annonçoit une immense fabrication de piques pour armer les habitans des campagnes voisines ; mais la perspective d'une défense locale jetoit l'effroi dans tous les cœurs.

Telle étoit la situation de la capitale, quand Napoléon, plein de dépit, l'air abattu, l'œil morne, donna l'ordre d'abandonner Troyes, de faire avancer quelques milliers de combattans sur Lusigny, afin de cacher la retraite, et de tout employer pour retarder la marche de l'ennemi. C'étoit au moment même où les monarques alliés venoient d'arrêter pour le lendemain, 7 février, une attaque générale sur toute la ligne française; et c'étoit aussi au moment où le prince royal de Wurtemberg poussoit en avant ses reconnoissances, tandis que le général Stockmayer s'avançoit par Clerey, avec une avant-garde. Mais, dans la nuit, l'armée française, abandonnant la position de Courtenange, effectua sa retraite vers Nogent-sur-Seine, ne laissant aux portes de Troyes qu'un foible détachement qui tomba au pouvoir de la cavalerie du prince royal de Wurtemberg. La veille ce prince avoit tourné, près de Ruvigny, la position de la Guillotière; et prenant possession du village de Laubrecelle, sur sa gauche, il se trouvoit par là en mesure de commencer l'attaque générale quand il reçut le premier avis de l'évacuation de Troyes. Il se remet aussitôt à la tête de ses troupes; et paroît aux portes de la ville quatre heures après le départ de Napoléon. Les habitans commençoient à revenir de la crainte que Troyes ne devînt la proie des flammes à la suite du choc des deux armées. Le sort de Brienne justifioit cette cruelle appréhension. Ne trouvant aucune résistance, le prince héréditaire renverse les palissades, entre précipitamment, et s'empare de Troyes sans qu'aucun magistrat se présente, Napoléon n'ayant pas même prévenu le maire qu'il abandonnoit la ville à elle-même. Les principaux notables, cependant, s'assemblent à la hâte, et présentent les clefs au prince royal, qui les envoie immédiatement au généralissime par le colonel Mumhingen; puis il remonte à cheval, poursuit vivement, à la tête de sa cavalerie légère, l'arrière-garde sur la route de Paris, atteint les traîneurs, et fait quelques prisonniers.

En même temps, le gros de l'armée wurtembergeoise défile à travers la ville, s'avance sur la route de Sens, et prend ses quartiers à Fonvanes, Liebault, Neuville et Villemaur. Les troupes confédérées, tant infanterie que cavalerie, continuent à défiler pour gagner la route de Paris; et, en moins de douze heures, plus de cent mille hommes prennent position autour de Troyes, poussant au-delà leurs avant-gardes dans toutes les directions. Le général comte de Wrede suit les Français jusqu'aux Granges, sur la route de Nogent.

C'est ainsi que tomba au pouvoir des alliés une ville qui comptoit jadis quarante mille âmes, plusieurs grandes fabriques et un grand nombre d'ateliers. L'administration désastreuse de Napoléon avoit réduit sa population à vingt mille habitans. Mais les grandes routes qui aboutissent à Troyes, des diverses parties de la France, ses ressources, la fertilité de son territoire, rendoient son occupation de la plus haute importance, surtout pour la subsistance des armées.

Le gouvernement militaire de Troyes fut conféré au prince Hohenlohe-Bartestein, gouverneur-général des départemens de l'Aube, de l'Yonne, de la Haute-Marne et de la Côte-d'Or. Les membres du conseil de préfecture reçurent les ordres du prince, et eurent à pourvoir aux réquisitions réitérées de l'intendant-général des armées de la ligue européenne : Troyes devint pour elles un véritable grenier d'abondance.

Mais ce fut à Troyes que l'hésitation de la grande armée des alliés parut à découvert.

Napoléon, pour mieux dérober sa retraite, avoit mis son armée en marche au milieu de la nuit, par un temps affreux, par des routes que les pluies avoient abîmées. La fatigue des troupes fut accablante pendant ce mouvement pénible; les conscrits continuoient à s'évader. Les officiers, les soldats, s'attendoient tellement à être enveloppés et défaits, que le lendemain on trouva la route, les fossés de Troyes à Méry, couverts de fusils, de gibernes, de *schacos*, tant le découragement étoit général. La vieille garde elle-même manifestoit son dégoût. « Nous étions perdus, disoient hau-
» tement les militaires les plus éclairés, si
» l'armée étoit restée à Troyes vingt-quatre
» heures de plus : l'ennemi nous auroit tour-
» nés et accablés. Qui peut même nous garantir
» que nous ne serons ni harcelés, ni débordés?
» Que peuvent trente à trente-cinq mille
» hommes découragés contre cent cinquante
» mille combattans qu'animent le succès et
» la vengeance? L'armée française, depuis
» Moscow, ne compte plus que des jours de
» deuil, et n'offre plus que des débris. Hélas!
» que va devenir la France, inondée par des
» torrens d'ennemis? » Et, en effet, si les ennemis suspendoient un instant leurs pro-

grès, c'étoit bien moins par la crainte de nos efforts que par le résultat de leurs propres combinaisons.

Des motifs politiques pouvoient seuls expliquer, il est vrai, l'inconcevable lenteur des alliés, qui, après avoir perdu huit jours devant Troyes, laissoient Napoléon libre d'effectuer sa retraite, sans profiter de l'avantage du nombre, de l'ascendant de la victoire, en poussant quelques avant-gardes par simulacre plutôt que dans le dessein de l'atteindre.

Mais toute la carrière de Buonaparte avoit été marquée par des tentatives si audacieuses, que, battu même, il inspiroit encore une espèce d'effroi secret à ses ennemis. Cette hésitation, Buonaparte avoit toujours su la mettre à profit : c'est ainsi que lorsque les alliés étoient arrivés sur le Rhin, qu'ils avoient été prêts à franchir ces limites naturelles de l'empire français, ils s'étoient recueillis comme si la nouveauté de la tentative les eût étonnés et arrêtés ; comme si, avec d'immenses moyens de succès, ils ne se fussent pas crus encore assez forts. Napoléon étoit perdu si, après la bataille de Leipsic, les coallliés, réunissant toutes leurs forces disponibles, et organisant sans relâche des réserves pour les soutenir, ils eussent pénétré brusquement dans le cœur de la France. Napoléon étoit alors sans courage, parce qu'il étoit sans ressources; il étoit sans plan, sans calcul; il n'avoit pas même eu le temps de sauver ses trésors, et de mettre à couvert les élémens de sa dynastie.... Il demande à la fortune deux mois de relâche, et la fortune, ou plutôt ses ennemis, les lui accordent. Il lui faut encore, après la défaite de Brienne, quinze jours de temporisation, et il les obtient en quelque sorte de ses ennemis. A la vérité le cabinet autrichien ne vouloit que la paix, sans accabler Napoléon; et l'empereur Alexandre cédoit par déférence à ce système pacifique. Ce puissant monarque apportoit la plus noble franchise dans ses transactions, et il se flattoit, de même que l'empereur d'Autriche, que Napoléon se rendroit aux vœux de l'univers, et fléchiroit sous la loi de la nécessité. La Russie et l'Angleterre ne montroient également que la seule intention d'une paix conforme à l'intérêt général de l'Europe. Dès le 4 février avoient commencé les conférences de Châtillon-sur-Seine, et l'on venoit de déclarer neutre un circuit de quatre lieues autour de cette ville. On y vit arriver, appelé par la Russie, lord Castlereagh, principal secrétaire d'Etat des affaires étrangères du gouvernement britannique. Son nom seul, sa réputation d'aménité et de modération donnoient généralement l'espoir que le désir de la paix se réaliseroit bientôt en Europe.

Rien ne sembloit impraticable à une politique sage secondée par la force des armes et par les intentions bienfaisantes des monarques alliés.

Leurs dispositions pacifiques n'avoient pu échapper au dominateur de la France; mais, ne se dissimulant pas le danger de sa position, qui le plaçoit dans l'alternative de souscrire à une paix honteuse, ou de voir les armées coalisées s'avancer jusqu'aux portes de sa capitale, il ne songea plus qu'à la sauver d'une occupation ennemie, en appelant à son secours la fausseté et la ruse. Au moment même où il se voit forcé de battre en retraite, il envoie à son plénipotentiaire, à Châtillon, l'ordre de proposer un armistice fondé sur des bases conformes à celles que les cours alliées jugeoient elles-mêmes nécessaires au rétablissement de la paix générale; il offre la remise de quelques places fortes dans les pays que la France céderoit, le tout à condition d'une suspension des opérations militaires.

Ce signal de détresse n'étoit au fond qu'une feinte imaginée pour arrêter l'essor des armées confédérées, pour gagner du temps, pour rallier les renforts tirés des armées d'Espagne, Napoléon étant déterminé à sacrifier le Midi pour sauver le centre. Déjà une division de l'armée, qui couvroit Bayonne et Bordeaux, étoit arrivée à Provins sous le commandement du général Leval; d'autres divisions suivoient, et des bataillons de gardes nationales d'élite de l'Orléanais, de la Normandie et de la Bretagne, étoient en mouvement sous les ordres du général Pajol.

La proposition d'un armistice immédiatement communiquée au congrès de Châtillon-sur-Seine par le plénipotentiaire français, n'étoit qu'un piége grossier : les alliés, sans y tomber aveuglément, ne purent l'éviter; toutefois le but de Napoléon étoit moins d'obtenir l'armistice que d'amortir l'élan de ses ennemis. Convaincus néanmoins, par vingt années d'expérience, que dans les négociations avec Buonaparte les apparences devoient être soigneusement distinguées des intentions, les alliés substituèrent à la proposition d'une trève celle de signer sur-le-champ les préliminaires de la paix, sauf la remise immédiate comme otages des principales forteresses investies, telles que Wesel, Mayence et Anvers. La signature de ces préliminaires offroit à la France, dans la crise terrible où elle étoit plongée, tous les avantages d'un armistice, sans avoir pour les cours alliées aucun des dangers d'une suspension d'armes. Mais la démarche de Buonaparte n'avoit pour objet, ni les préliminaires, ni une trêve ; il ne vouloit que suspendre les progrès des confédérés, en jetant de l'embarras dans la marche de leur politique ; il n'avoit en vue que de tirer parti de l'avantage que lui offroit le lien formé, contre toute attente, avec une princesse d'Autriche; il jugeoit, avec raison, combien étoit pénible la coopération de son auguste beau-père, à une guerre dirigée contre l'empire, dont l'archiduchesse sa fille occupoit le trône. Cette circonstance singulière ne devoit-elle pas jeter de l'incertitude dans les cabinets, susciter d'imprudentes lenteurs, et de fausses mesures? Telles furent les causes réelles du tâtonnement des coalisés, et de leur hésitation à détrôner l'ennemi des rois et des peuples. Cette indécision éclata surtout dans l'appui incertain que les monarques de la ligue européenne prêtèrent aux légitimes souverains de la France, aux princes infortunés dont la bonté fut toujours le trait caractéristique, aux augustes rejetons de Henri IV, que tant de révolutions fatales, d'usurpations successives tenoient depuis vingt-cinq ans éloignés du berceau de leur grandeur et du trône de leurs ancêtres.

Ce fut à Vesoul, dans les premiers jours de janvier, que les souverains confédérés purent juger enfin de la disposition des esprits en France; de la haine qu'inspiroit généralement le détenteur de la monarchie de saint Louis; de l'épuisement de ses ressources en tous genres, et des dangers que courroit infailliblement l'Europe, si ce conquérant, repoussé dans ses limites, eût armé, par des prestiges, la nation en sa faveur. Ce fut à Vesoul enfin, que les monarques alliés, frappés de ces considérations imposantes, songèrent qu'une île hospitalière renfermoit le monarque légitime des Français. Mais les Bourbons, disons-le franchement, ne furent, dans cette première lueur de restauration, que les instrumens de la politique. La Providence se réservoit plus tard de faire éclater sur eux ses grands desseins.

LIVRE VII.

Détermination de l'Angleterre à l'égard des Bourbons. — Trois princes de la famille royale s'embarquent pour différens points du continent. — Entrée des monarques alliés à Troyes. — Conversation du prince héréditaire de Wurtemberg avec le marquis de Widranges sur les intentions des alliés. — Une députation des principaux royalistes de Troyes réclame le rétablissement de la dynastie légitime. — Réponse de l'empereur Alexandre. — Situation de Paris à l'approche des alliés. — Tout semble se dissoudre. — Napoléon prend tout à coup l'offensive sur la Marne. — Défaite de l'arrière-garde russe à Champeaubert. — Combat de Montmirail, et défaite du corps d'armée de Sacken. — Poursuite des Prussiens et des Russes jusqu'à Château-Thierry. — Sac de cette ville. — Les ennemis se réfugient derrière la Marne. — Marche du maréchal Blucher sur Montmirail. — Combat de Vauchamp ou de Janvilliers. — Retraite du maréchal Blucher sur Châlons.

———

Les monarques ligués contre le conquérant inhumain qui avoit ravagé l'Europe, venoient enfin de porter leurs regards vers ces augustes bannis qui, dans leur exil, gémissoient, non sur leurs propres malheurs, mais sur ceux de la France. Mobile de la coalition formée pour sauver le continent, le cabinet britannique ne voyoit un terme à la révolution française et à ses conséquences funestes que dans le rétablissement du trône en France et dans ses rapports avec l'Europe, tels qu'ils existoient avant la conflagration de 1789. Ce principe d'ordre social le conduisit naturellement à désirer la restauration de la race illustre, dernière branche de l'arbre sacré d'une monarchie qui, dans l'espace de neuf siècles, avoit compté quarante-trois monarques parmi lesquels l'histoire ne signaloit qu'un tyran. Ainsi, *l'ancienne famille et les anciennes limites*, tel devoit être, selon les plus sages combinaisons et pour le salut de l'Europe, le mot d'ordre des alliés, au moment même où leurs succès préparoient le triomphe de la civilisation sur le système de ravages et de bouleversement dont la France étoit devenue le foyer. Tout autre projet ne pouvoit offrir que des palliatifs qui, en éloignant les bienfaits de la paix, prolongeroient les calamités de l'univers. Etoit-elle compatible, cette paix tant désirée, avec les principes destructeurs de la révolution, dont Buonaparte n'étoit que l'héritier et le chef? Non, sans doute. Déjà le cabinet de Prusse partageoit à cet égard les vues du ministère anglais. Le noble caractère de l'empereur de Russie portoit ce prince à désirer que le vœu de la nation française fût seul consulté dans un si grand acte d'équité générale. Quant à la cour de Vienne, placée entre les grands intérêts de l'Europe et ceux de son alliance avec Napoléon, sa situation politique devenoit délicate et embarrassante. Toutefois les traités qui l'unissoient à la ligue européenne, n'énonçoient pas le dessein de changer, par la force des armes, le gouvernement français. Mais si Napoléon refusoit d'adhérer aux bases d'une pacification nécessaire au repos du Monde, si la nation française manifestoit la volonté de se délivrer de son oppresseur, alors ne pouvoit-on pas surmonter tous les obstacles par la déchéance de l'éternel artisan de la guerre, et en reconnoissant le pouvoir d'une régence formellement établie? Un pareil système ne contrarioit en rien l'ordre naturel des événemens, et tout sembloit indiquer qu'il seroit préféré par l'Autriche, à moins que la restauration des Bourbons ne devînt un gage nécessaire à la félicité universelle. Du reste, ces principes n'étoient encore que des théories dans le conseil des rois, où les résultats politiques sembloient dépendre uniquement des chances de la guerre. Abaisser Napoléon, tel étoit l'unique but qu'on s'étoit proposé. Mais dans l'intervalle, le cabinet de Londres favorisa le départ des princes de la famille royale de France, pour différens points du continent, sans toutefois leur accorder aucun appui ouvert et déclaré : cette détermination étoit subordonnée aux vœux que pourroient manifester les Français. En conséquence, le duc d'Angoulême fit voile pour les Pyrénées, dont la partie française réclamoit le sang de Henri IV. Le duc de Berry aborda bientôt à l'île de Jersey, pour être plus à portée de se rendre aux désirs ardens des royalistes de la Bretagne, de la Normandie et de la Vendée; MONSIEUR, comte d'Artois, débarqua, le 2 février, à Catwick, en Hollande, et Son Altesse Royale, après deux jours de repos à la Haye, se dirigea vers le quartier-général des alliés, par la route de Dusseldorff et de la Suisse.

Mais tandis qu'on se demandoit de toutes parts où étoient les Bourbons, l'idée de leur retour inspiroit de telles craintes à Buonaparte, qu'il employoit à leur égard la politique de l'oubli et du silence. Il s'efforçoit de persuader à la nation française, par toutes sortes d'argumens et de subterfuges, que les alliés ne pénétroient en France que dans le dessein de la piller et de la démembrer.

Dans ces circonstances, l'empereur de

Russie, le roi de Prusse, et l'empereur d'Autriche firent leur entrée dans la ville de Troyes.

La présence des souverains alliés dans l'ancienne capitale de la Champagne, ne pouvoit manquer d'y ranimer l'espoir des plus fidèles partisans des Bourbons. L'un d'eux, le marquis de Widranges, gentilhomme de l'ancienne chevalerie de Lorraine, résolut d'entraîner cette ville à être la première à manifester hautement son amour pour ses maîtres légitimes; il fut secondé par M. de Gouault, chevalier de Saint-Louis, ancien officier plein d'honneur et de bravoure, qui avoit servi en Allemagne sous les ordres du duc d'Enghien. Pénétré de ce noble projet, le marquis de Widranges se présente d'abord au prince héréditaire de Wurtemberg, et, dans une conversation préliminaire, il supplie S. A. R. de lui faire connoître les intentions des puissances confédérées sur la destinée future de la nation française. Le prince royal élude d'abord la question avec toutes les formes de la politesse; mais, le marquis lui inspirant bientôt plus de confiance, le prince s'ouvre à lui à peu près en ces termes : « Depuis notre entrée en France, nous n'avons

» trouvé sur notre route que des villes peu
» considérables, qui n'ont osé manifester au-
» cune opinion politique, et dont les habitans
» n'ont fait, pour ainsi dire, *comme des mou-*
» *tons*, que ce que nous avons exigé d'eux.
» Les monarques alliés pouvoient-ils se pro-
» noncer avant de s'être mesurés avec Napoléon
» sur le territoire même de la France? C'eût
» été impolitique; il falloit battre un tel adver-
» saire, et depuis la journée de Brienne nos
» vœux sont accomplis. Toutefois les puissances
» coalisées ont adopté un principe invariable :
» c'est de ne prendre aucune initiative dans
» le choix d'un souverain en France. Troyes,
» ville grande et populeuse, ne pourroit-elle
» pas émettre son vœu? Ne pourriez-vous pas
» le déterminer par votre influence, et faire
» connoître ce vœu à l'empereur de Russie,
» monarque d'une franchise admirable, et
» dont le dévouement pour le bonheur de
» l'Europe est une sorte de religion? » Le
marquis répond au prince que, seul, il n'ose
se flatter de faire prononcer la ville de Troyes,
mais qu'il réunira quelques amis distingués,
dont l'exemple pourra être d'un grand poids
dans la détermination générale; puis il ajoute :
« Mais n'est-il pas à craindre que l'intérêt

» de l'archiduchesse Marie-Louise ne soit
» nuisible à la cause des Bourbons aux yeux
» de l'empereur d'Autriche? — Non, reprend
» le prince héréditaire ; non, l'empereur d'Au-
» triche sacrifieroit, au besoin, ses plus chères
» affections pour assurer à l'Europe les bien-
» faits d'une paix durable ; et si l'impératrice
» Marie-Louise se présente aux avant-postes,
» on la reconduira avec honneur dans la capi-
» tale de son auguste père. Ne suis-je pas
» moi-même dans une position à peu près
» semblable? Alliée à tous les souverains de
» l'Europe, ma sœur n'a-t-elle pas donné sa
» main à *Jérôme Napoléon*, devenu roi de
» Westphalie? Hé bien, si ma sœur revient
» en Allemagne, elle sera princesse de Wur-
» temberg. Il est temps que tout rentre dans
» l'ordre. »

Cet entretien confidentiel fortifia les dispositions du marquis de Widranges et de ses amis ; bientôt même ils apprennent, par le comte de Rochechouart et par le colonel Rapatel, attachés à l'état-major de l'empereur Alexandre, que MONSIEUR, comte d'Artois, que le duc de Berry et le duc d'Angoulême alloient débarquer sur le continent. « Il est
» temps de se prononcer, ajoute le comte de

» Rochechouart; dans plusieurs villes, dans
» plusieurs châteaux, les chevaliers de Saint-
» Louis ont repris leurs croix, et le peuple,
» dans plusieurs cantons, arbore la cocarde
» blanche. » Le marquis de Widranges et ses
amis sont électrisés ; lui et M. de Gouault rat-
tachent à leur boutonnière la croix de Saint-
Louis, signe de la fidélité française. Le zèle
leur inspire une adresse à l'empereur de
Russie, au nom des principaux royalistes de
Troyes : elle est rédigée et couverte de signa-
tures en peu d'instans. Le marquis de Widranges obtient, par l'intermédiaire du général
Barclai de Tolly, une audience du czar, et il
s'y présente à la tête d'une députation composée de MM. de Gouault, de Richemont,
de Montaigu, Mangin de Salabert, Guelon,
Delacour-Bureau, Picard, docteur-médecin,
et Jaquet, négociant. La députation est admise
devant l'empereur Alexandre, à onze heures
du matin, le 11 février.

Chargé de porter la parole, le marquis de
Widranges s'exprime en ces termes : « Sire,
» organes de la plupart des honnêtes gens de
» la ville de Troyes, nous venons mettre aux
» genoux de Votre Majesté impériale l'hom-
» mage de leur plus humble respect, et la

» supplier d'agréer le vœu que nous formons
» tous pour le rétablissement de la maison
» royale de Bourbon sur le trône de France. »

« Messieurs, répond avec bonté l'empereur
» de Russie, je vous vois avec plaisir, et je
» vous sais gré de votre démarche; mais je la
» crois un peu prématurée. Je ne suis pas tout-
» puissant, et d'ailleurs les chances de la guerre
» sont incertaines; je serois fâché de voir des
» braves, tels que vous, compromis ou sacrifiés.
» Nous ne venons pas pour donner nous-mêmes
» un roi à la France; nous voulons connoître
» seulement ses intentions, et c'est à elle à se
» prononcer, mais hors de notre ligne mili-
» taire, car il importe qu'on ne croie pas que
» l'opinion a pu être influencée par la pré-
» sence des armées. »

Le chef de la députation prend alors la liberté de représenter au czar que jamais la France n'osera se prononcer en faveur de ses souverains légitimes, tant qu'elle sera *sous le couteau* (telle fut son expression). « Personne
» n'aime Buonaparte, ajouta-t-il, mais tous
» les Français le redoutent: d'ailleurs, n'en
» résulteroit-il pas de grands dangers pour les
» trônes, si l'on engageoit ainsi les peuples à
» changer à volonté la dynastie de ses souve-

» rains? La légitimité n'est-elle pas un droit
» sacré? Jamais, ajouta l'orateur avec une
» véhémence respectueuse, non, jamais l'Eu-
» rope ne sera tranquille tant que Buonaparte
» aura l'autorité en France. — C'est pour cela,
» reprend vivement le czar, qu'il faut le battre,
» battre, battre ! » Puis, s'adressant en particulier aux membres de la députation, il leur
adresse des paroles gracieuses et des questions
sur les établissemens de Troyes, notamment
sur les hôpitaux; il les congédie ensuite avec
cet air de bienveillance qui lui captive tous
les cœurs (1).

Les royalistes eurent dès lors une confiance
entière dans ce puissant monarque ; et, loin
d'être découragés par les sages précautions
qu'exigeoit encore une politique prévoyante,
ils virent s'ouvrir devant leur malheureuse
patrie une perspective plus consolante.

Instruits le même jour par le comte de Rochechouart que MONSIEUR, comte d'Artois, lieutenant-général du royaume, après avoir débarqué en Hollande, étoit à la veille d'arriver à
Bâle, ils députèrent à S. A. R. le marquis de

---

(1) Tiré des notes particulières communiquées à l'auteur par
M. le marquis de Widranges.

Widranges, qui partit sur-le-champ. Il étoit spécialement chargé de porter à S. A. R. une copie de l'adresse des royalistes de Troyes, aux souverains coalisés. Le marquis de Widranges rallia en route, soit à Dijon, soit à Langres et à Vesoul, les fidèles serviteurs du trône des Bourbons, et leur annonça que l'usurpateur étoit poursuivi par des armées triomphantes, jusques dans ses derniers retranchemens.

Forcé d'abandonner la ville de Troyes, Napoléon n'avoit pu gagner Nogent-sur-Seine que par deux marches rétrogrades qui avoient épuisé et accablé l'armée française. Des pluies continuelles ayant délâbré de plus en plus les routes, les soldats avoient éprouvé un surcroît de fatigues, de désagrémens et de privations, que les plus jeunes se montroient incapables de supporter ; le découragement étoit au comble. On sait d'ailleurs que le moindre mouvement de retraite influe sur le moral du soldat français, et le jette dans l'abattement. Aucune précaution n'avoit assuré les subsistances dans un pays déjà ruiné, et ces deux jours de marches pénibles coûtèrent à l'armée un grand nombre d'hommes qui, s'étant éparpillés dans les villages et dans les fermes, furent la plupart atteints par les escadrons ennemis. Sous ces tristes auspices, Buonaparte s'établit à Nogent, c'est-à-dire à vingt-trois lieues de sa capitale. L'armée prit position sur un plateau en avant de cette ville, et dont les approches sont garanties par un ruisseau et par quelques endroits marécageux susceptibles de défense ; elle reçut quelques renforts qui réparèrent un peu les vides occasionnés par les pertes récentes : on savoit, d'ailleurs, que douze mille vieux soldats, détachés des armées d'Espagne, arrivoient en poste, et que d'autres troupes étoient en marche. Mais en vain Napoléon s'efforçoit de réparer le désordre qu'avoit entraîné sa retraite.

Paris offroit alors le spectacle morne et lugubre d'une ville servant de refuge à une armée battue. Les Parisiens virent sous leurs propres yeux les restes de ces phalanges qui avoient fait la gloire de la France se fondre, pour ainsi dire, par bandes dans leurs murs ; ils virent des conscrits, d'anciens soldats, pâles, défigurés, accablés de misère, se traînant dans les rues, ou s'appuyant sur les bornes, tenant à peine d'une main l'arme avec laquelle ils avoient défendu la patrie, et de l'autre main implorant des secours ; ils virent des malheureux arrachés à leurs chaumières avant d'avoir atteint l'âge viril, et menés avec leurs habits champêtres sur le champ de bataille pour y épuiser le feu de l'ennemi dans les endroits les plus périlleux; les Parisiens virent aussi la Seine chargée de barques couvertes de blessés et de mourans; ils virent les avenues, les quais encombrés de chariots, de voitures où étoient entassés des soldats percés de balles, de coups de lance, les uns sans jambe, les autres sans bras; ils en virent même qui, n'ayant pas reçu le premier appareil à leurs blessures, en proie à de cruelles souffrances, prioient les passans de les achever.

La consternation étoit universelle; chacun ne songeoit plus qu'à sa propre sûreté et à sauver les débris de sa fortune. Au milieu du silence de la nuit se faisoient entendre les coups redoublés de pieux et de marteaux, dans les murs, dans les caves, dans les lieux solitaires où étoient ensevelis l'or, l'argent et les effets précieux. Les familles opulentes se réfugioient en Normandie ou en Bretagne, où filoit en sûreté la plus grande partie des richesses de la capitale. Cette émigration successive de la classe aisée ne diminuoit en rien la population, dont le vide étoit aussitôt compensé par les nombreux fugitifs qui accouroient des provinces envahies. Paris se croyoit sur un volcan et à la veille d'une épouvantable catastrophe : rien ne pouvoit rassurer ses malheureux habitans : « Si Napoléon se retire dans nos murs, » disoient-ils, s'il vient disputer Paris aux » alliés, Paris est perdu, sa destruction est » inévitable. Puisse le ciel nous préserver » d'une destinée si funeste ! Puissent les en- » nemis devancer notre oppresseur, et ne lui » laisser d'autre retraite que la Loire ! » Si de pareils vœux s'étoient réalisés, les calamités de la guerre se seroient prolongées en changeant de théâtre ; mais les Parisiens ne voyoient de salut pour la France que lorsque Paris ne seroit plus exposé à un danger immédiat.

Le courage et la confiance abandonnèrent même les ministres et les courtisans, lorsqu'après s'être flattés que Napoléon conserveroit la position de Troyes, ou obtiendroit un armistice, ils virent leur espoir évanoui. Qui pouvoit désormais s'opposer à la marche de l'armée de Silésie sur la capitale? Cette armée s'avançoit par les routes de la Marne, tandis que Napoléon étoit encore à Nogent-sur-Seine, peut-être aux prises avec la grande armée alliée : telle étoit l'appréhension des courtisans; mais non, le dominateur de la France luttoit contre l'indiscipline de ses soldats, qui, dénués de tout, se livroient au pillage. Ils ne respectèrent pas même le château de la mère de leur empereur, à Pont-sur-Seine; les Polonais de la garde le dévastèrent, et donnèrent le signal des premiers ravages. Le mal étoit au comble, ainsi que l'irritation des esprits; les paysans français fuyoient devant les soldats français, et tous les fléaux qu'entraîne la guerre désoloient les plus belles provinces de l'empire : on se demandoit de quel côté se trouvoient les plus dangereux ennemis. On crut mettre un terme à tant de maux par un ordre du jour daté de Nogent le 8 février, et borné à l'enceinte des camps, pour le dérober à la connoissance du public : il étoit conçu en ces termes;

« L'empereur témoigne son mécontente-
» ment à l'armée sur les excès auxquels elle
» se livre. Ces excès, qui sont blâmables dans
» toutes circonstances, deviennent le plus
» grand crime, lorsqu'ils sont commis sur
» notre propre territoire. Les chefs de corps
» et les généraux sont prévenus qu'ils sont
» responsables de tous les désordres. Les ha-
» bitans fuient partout, et l'armée qui doit dé-

» fendre le pays en devient le fléau. Les trains
» d'artillerie et les équipages sont désignés
» comme se portant aux plus grands excès.
» Les chefs de ces corps doivent spécialement
» prendre des mesures pour les faire cesser. »

Comme si le premier auteur de ces désordres n'eût pas été celui qui n'assuroit ni la solde, ni la subsistance de ses troupes ; celui qui jadis dans ses invasions dévastatrices, voulant s'attacher les soldats, et leur faire supporter toutes les fatigues, leur avoit fait goûter les douceurs de la licence et de l'indiscipline ! C'étoit lui maintenant qui, par une équitable compensation, recueilloit les fruits amers de sa funeste politique.

En arrivant à Nogent, Napoléon reçut du maréchal duc de Tarente plusieurs courriers, annonçant que les Russes et les Prussiens s'avançoient en forces ; qu'ils menaçoient Château-Thierry, la Ferté-sous-Jouarre et Meaux ; que tout le cours de la Marne seroit bientôt en leur pouvoir, ainsi que Paris si l'on ne se hâtoit de réunir sur cette ligne d'opérations des forces imposantes. Le maréchal Blucher manœuvroit en effet dans cette direction. Après différens combats, soutenus contre le corps prussien du général York, le maréchal duc de Tarente évacua, le 8 février, le faubourg de Château-Thierry, sur la rive gauche de la Marne, et afin d'assurer sa retraite, il fit sauter une arche du pont de pierre qui sépare la ville du faubourg : les Prussiens l'occupèrent à l'instant. Le 9, dès la pointe du jour, les tirailleurs des deux armées se fusillèrent avec acharnement des deux bords opposés de la rivière. Tandis que les troupes françaises se retiroient en bon ordre sur la Ferté-sous-Jouarre, en disputant le terrain pied à pied dans toutes les positions susceptibles de défense, le général York faisoit jeter un pont de bateaux sur la Marne. Château-Thierry fut plongé dans la douleur quand il se vit abandonné, et le son de la première trompette prussienne, qui s'y fit entendre fut déchirant. Quelques bataillons entrèrent dans la ville, et des brigades russes parurent bientôt, soutenues par de l'artillerie et de la cavalerie. Les alliés se répandirent aussitôt dans toutes les directions, annonçant qu'ils marchoient sur Paris, où ils feroient leur entrée triomphante le dimanche suivant ; que Napoléon étoit du côté de Troyes, forcé de tenir tête à la grande armée alliée, et que la route de Meaux n'étoit défendue que par le corps du duc de Tarente, hors d'état d'opposer la moindre résistance. « Nous ne sommes, » ajoutoient-ils, que l'avant-garde de la puissante armée commandée par le vaillant, » l'invincible feld-maréchal Blucher. » Ces troupes, en effet, brûloient d'impatience d'arriver les premières à Paris, et tenoient surtout à l'honneur de prendre possession de cette capitale avant les Autrichiens. Paris étoit le mot de ralliement de ces hommes du Nord; quelques-uns même avoient écrit le mot *Paris* sur leurs chapeaux, et les cosaques poussoient continuellement ce cri avec une sorte de joie féroce. Le pont de bateaux étant enfin rétabli sur la Marne, le général York continua sa marche sur Meaux et sur la capitale, ne laissant à Château-Thierry qu'une simple garnison. En même temps le maréchal Blucher portoit son quartier-général de Vertus à Etoges, sur la route de Châlons à Paris, précédé par le corps russe du général Sacken, qui poussoit ses avant-gardes à Dormans et à la Ferté-sous-Jouarre, s'emparant ainsi de tout le pays, depuis Fromentière et Montmirail jusqu'à la Marne. Ainsi l'armée de Silésie menaçoit vivement la capitale, n'en étant plus qu'à trois marches au-delà même du rayon sur lequel manœuvroit l'armée française. Le maréchal duc de Tarente, après avoir fait sauter les ponts de la Ferté et de Tréport, s'étoit retiré à Meaux, et là sa foible armée ne pouvoit arrêter l'ennemi. Sur l'autre rayon, des détachemens de la grande armée du prince de Schwartzenberg touchoient aux portes de Sens, et leurs troupes légères poussoient jusqu'à Melun, à dix lieues de Paris. De sa position de Nogent, Napoléon observoit ces divers mouvemens offensifs, et paroissoit dans l'impuissance de les arrêter. Il étoit débordé sur ses deux flancs ; il voyoit l'ennemi aux portes de sa capitale, et les plus belles provinces de son empire exposées à toutes les calamités, à tous les ravages d'une guerre d'invasion. L'opinion se soulevoit contre lui, et tout son gouvernement sembloit tomber en dissolution. La régente, les ministres, les conseillers, faisoient leurs préparatifs pour l'abandon de Paris ; les trésors, les caisses, les objets d'art les plus précieux, les archives des affaires étrangères étoient emballés ; le feu avoit même déjà dévoré une grande partie de cette masse énorme de délations secrètes qui encombroient les bureaux de la police. Paris, résigné, alloit ouvrir ses portes. Il n'y avoit aucun esprit juste et éclairé, dans l'armée comme dans les fonctions publiques, dans les administrations comme dans l'universalité des citoyens, qui ne s'attendît à un prochain dénoûment; chacun desiroit et hâtoit de ses vœux la catastrophe qui devoit mettre un terme à cette douloureuse agonie.

Mais Napoléon n'avoit pas encore épuisé toutes les chances de la guerre. Les alliés, se reposant sur la supériorité de leurs forces, ne mirent ni prudence ni liaison dans leurs opérations; ils fournirent eux-mêmes à leur adversaire l'occasion de sortir de sa situation désespérée, et de faire encore pencher la balance en sa faveur. Napolon y parvint par une détermination fougueuse et inattendue.

Frappé d'un de ces rayons lumineux qui, dans les beaux jours de sa gloire, avoient éclairé son génie militaire, il résolut, par une marche rapide et hardie, de tomber sur le flanc et sur les derrières de l'armée du maréchal Blucher, et de la forcer de s'arrêter. Il calcule d'abord qu'en se frayant un passage par Villenoxe et Sezanne, il arrivera en deux marches sur la route de Châlons à Paris, et qu'après avoir coupé à l'armée prussienne ses communications, il pourra l'attaquer en flanc et en queue.

Mais l'exécution de ce projet, favorisé, il est vrai, par la séparation des corps ennemis, qui marchoient en échelons à de trop grandes distances, présentoit néanmoins des difficultés qui eussent rebuté tout autre capitaine. La route de Nogent à Sézanne étoit à peu près impraticable ; le sol, qui dans cette partie de la Brie est gras et marécageux, se trouvoit défoncé par les pluies abondantes qui n'avoient presque pas cessé depuis l'entrée de l'hiver. On regardoit généralement comme impossible d'y faire passer de l'artillerie.

Cette circonstance avoit inspiré une sorte de sécurité aux Prussiens et aux Russes, qui ne concevoient pas qu'on pût les inquiéter dans leurs marches, sachant d'ailleurs l'armée de Napoléon sur une autre ligne militaire.

Dès le 7 février le maréchal duc de Raguse et le maréchal Ney s'étoient dirigés, avec leurs corps respectifs, vers Sézanne et Barbonne, quoique Napoléon n'eût point encore arrêté son plan d'opération.

Mais le 9 au matin toutes les incertitudes cessent. Décidé au fond de son âme à ramener, par un coup audacieux, la fortune sous ses drapeaux, Napoléon expédie aux deux maréchaux, qui occupoient les positions de son aile gauche, le comte Arthur de la Bourdonnaye, colonel, aide-de-camp du prince de Wagram, pour les prévenir que l'empereur arrivoit avec le gros de l'armée, et qu'ils eussent à se tenir en mesure d'attaquer le lendemain l'ennemi, qu'on savoit être en marche sur la route de Châlons à Montmirail. Un tel ordre surprit d'autant plus les maréchaux, que déjà quelques-unes de leurs reconnoissances à cheval s'étoient abîmées et perdues dans ces routes défoncées, parsemées de cloaques, ce qui leur faisoit juger le transport de l'artillerie impossible dans cette direction; mais la stricte exécution des volontés de Buonaparte étant le premier devoir imposé par son code militaire, les maréchaux ne hasardèrent aucune objection. Ici d'ailleurs le mouvement fut imprimé avec une célérité inconcevable au gros de l'armée, composée en partie de la vieille garde et de plusieurs bataillons venus d'Espagne. Les troupes s'étoient mises en route le 9 février, se dirigeant vers Sézanne par Villenoxe et Barbonne. Dans cette première marche, les pressentimens des deux maréchaux furent à la veille de se vérifier. Le général de l'artillerie vient annoncer à Napoléon qu'il est impossible de continuer le mouvement par la forêt de Tra-

tonne, les trains étant déjà comme ensevelis et engouffrés au-delà de Villenoxe, dans des routes marécageuses. « Il faut y passer, ré-
» pond Napoléon, dût-on y laisser les pièces. »
On obéit. Les soldats eux-mêmes traînent les canons et les poussent à bras. Mais on désespéroit de réussir, et tant d'efforts ne paroissoient pas capables de vaincre tant d'obstacles, quand, par sa prévoyance et son activité, le maire de Barbonne parvint à rassembler cinq cents chevaux du pays, qui dégagèrent les trains après quelques pertes en hommes, en chevaux et en canons. Grâce à ce secours inattendu, l'expédition reprit son essor. L'armée ne put arriver toutefois que bien avant dans la nuit à Sézanne ; cette ville, dépourvue de magasins, offrit à peine quelques abris à trente mille combattans. Napoléon fut d'abord incertain s'il prendroit sur sa gauche la route de Sézanne à Montmirail, ou la route de Champeaubert sur sa droite : il se décida pour la dernière, dans l'espoir de tomber sur l'extrême arrière-garde des deux corps de Sacken et d'York, qu'il cherchoit à combattre séparément. Le premier étoit posté à Montmirail, et l'autre à la Ferté-sous-Jouarre, tous deux ayant leur avant-garde poussée à deux ou trois

lieues en front de la Marne, près Château-Thierry et Meaux. La nouvelle de l'entrée de la grande armée à Troyes, et le mauvais état des routes de la Seine à la Marne, laissoient toujours sans inquiétude ces deux généraux alliés sur un mouvement décisif de la part de Napoléon dans cette ligne transversale. Mais le 10, à la pointe du jour, Napoléon, conduisant lui-même ses troupes, se porte sur les hauteurs de Saint-Prix, fait passer le défilé marécageux de Saint-Gond au corps d'armée dn maréchal duc de Raguse, et lui ordonne d'attaquer le village de Baye. Là étoit l'avant-garde de la division russe d'Alsufieff, qui, postée à Champeaubert, servoit de corps intermédiaire entre les forces du maréchal Blucher, alors à Vertus, et le corps du général Sacken. Cette avant-garde se déploie aussitôt, et présente une batterie de huit pièces de canon. Les divisions Ricard et Lagrange, avec la cavalerie du premier corps, tournent le village de Baye par sa droite, et, à une heure après midi, Napoléon en est le maître. Le général Alsufieff, dépourvu de cavalerie, et se voyant attaqué par cinq à six mille chevaux, et par un corps supérieur d'infanterie, concentre toutes ses forces, au nombre de quatre mille hommes, sur Champeaubert, dans l'intention de battre en retraite; mais déjà la cavalerie de la garde impériale se déployoit dans les belles plaines situées entre Baye et Champeaubert, débordant et tournant les Russes pour leur couper la route de Châlons. En vain le général Alsufieff forme des carrés avec son infanterie; en vain veut-il résister au choc des masses de la cavalerie française et au feu de ses batteries nombreuses. Se voyant tournés, les Russes s'ébranlent et veulent se retirer par la route d'Epernay. Le maréchal duc de Raguse leur enlève Champeaubert, et au même instant les cuirassiers français, chargeant la droite, acculent les Russes à un bois et à un lac, entre les routes d'Epernay et de Châlons. N'ayant plus de retraite, les Russes se dispersent; artillerie, infanterie, cavalerie, tout s'enfuit pêle-mêle dans les bois et dans les marécages; une partie se noie dans le lac; les plus braves se rallient et résistent long-temps exposés au choc de la cavalerie et à la mitraille; ils succombent enfin, et mettent bas les armes. Le général, plusieurs colonels, et plus de deux mille hommes sont faits prisonniers. Sur vingt-quatre canons, neuf restent au pouvoir des vainqueurs; le reste est jeté dans le lac, ou précède les fuyards qui, à la faveur des bois et de l'obscurité, parviennent à se soustraire à la poursuite de la cavalerie française. Ainsi toute l'arrière-garde russe est détruite, dispersée ou prisonnière; le corps du général Sacken se trouve pris à dos, compromis, et cet avantage signalé n'a coûté aux vainqueurs que trois ou quatre cents hommes tués ou blessés, parmi lesquels figure le comte Lagrange, général de division, atteint légèrement à la tête (1).

Mais Napoléon ambitionnoit de plus grands résultats : la défaite entière du corps de Sacken; et il faisoit passer dans l'âme de ses officiers et de ses soldats toute l'ardeur dont il étoit dévoré. A huit heures du soir le général Nansouty, débouchant sur la chaussée, se porte vers Montmirail avec les divisions de cavalerie de la garde, des généraux Colbert et Laferrière; il s'empare de la ville et d'une centaine de cosaques qui l'occupoient. A cinq heures du matin la division de cavalerie du général Guyot prend la même direction; mais l'infanterie est retardée dans son mouvement, par l'état affreux des chemins de Sézanne à Champeaubert.

---

(1) Voyez les bulletins de Napoléon et des alliés.

Jamais les trains d'artillerie n'eussent pu suivre les colonnes, sans la constance des canonniers, et sans les secours fournis par les habitans.

Instruit du désastre de son arrière-garde, le général Sacken venoit de quitter la Ferté-sous-Jouarre, et avoit marché toute la nuit vers Montmirail, après avoir expédié plusieurs ordonnances au général Yorck, qui marcha, mais plus tard, des environs de Meaux dans la même direction. Ainsi tout présageoit une bataille dont l'issue seroit d'une haute importance.

Craignant toutefois qu'au moment où l'armée française seroit aux prises avec le corps de Sacken, d'autres troupes ennemies ne vinssent déboucher par la route de Châlons, Buonaparte dirigea le corps du maréchal duc de Raguse à Etoges, afin de couvrir l'armée sur sa droite.

A onze heures du matin, le 11 février, le corps du général Sacken, renforcé par quelques régimens de celui du général York, parut en avant de Montmirail, où Napoléon venoit d'arriver, avec la division Ricard et la vieille garde. L'armée russe n'étoit que de dix-huit à vingt mille hommes. Ne pouvant plus éviter la bataille, le général Sacken appuya son centre à la ferme de l'Epine-au-Bois, sur la route de Montmirail à la Ferté-sous-Jouarre; sa gauche au village de Fontenelle, sur la route de Montmirail à Château-Thierry, et sa droite à la rivière du Petit-Morin, en arrière du village de Marchais. Napoléon, soupçonnant que les Russes vouloient déboucher par ce village, y plaça la division Ricard, sous les ordres immédiats du maréchal Ney. A peine les troupes françaises y sont-elles établies, que le général Sacken les fait attaquer. Le village de Marchais est pris et repris trois fois. Les Russes montrent, pour s'en emparer, autant d'acharnement que les Français déploient de constance et de bravoure pour le défendre. L'action duroit depuis plus de cinq heures, et les deux armées se trouvoient encore dans leur première position. La nuit approchoit. Napoléon, recevant enfin des renforts, se décide à commencer une attaque sérieuse, sans attendre le reste de l'armée. Il ordonne au général Ricard de céder le terrain du côté de Marchais, pour amorcer l'ennemi, espérant qu'il renforceroit sur ce point ses attaques, et dégarniroit son centre. Il donne en même temps l'ordre au général Nansouty de se porter avec sa cavalerie sur la droite, tandis que seize bataillons de la vieille garde, qui arrivoient de Sézanne, sous le commandement du général Friant, se forment en une seule colonne le long de la route, pour attaquer le centre de l'ennemi, chaque bataillon éloigné de cent pas. Les trains d'artillerie arrivent également; et bientôt paroît aussi le duc de Trévise avec seize autres bataillons de la garde. Cette troupe d'élite débouche par Montmirail. De l'attaque du centre, ou de l'Epine-aux-Bois, alloit dépendre le succès de la journée ; c'étoit la clé de la position des Russes. Quarante pièces de canon en défendoient les approches; on avoit garni les haies d'un triple rang de tirailleurs, et en arrière étoient disposés des bataillons d'infanterie pour les soutenir. Napoléon donne le signal. Le général Friant s'élance aussitôt vers l'Epine-aux-Bois avec plusieurs bataillons de la garde ; le duc de Trévise se porte avec six autres bataillons sur la droite de l'attaque du général Friant, et avec le gros de la cavalerie, le général Nansouty s'étend sur la droite des Russes, donnant au général Sacken l'inquiétude de voir sa retraite coupée. Resté maître du village de Marchais, ce général croit pouvoir dégarnir son centre pour renforcer sa droite ; la vieille garde profite de ce faux mouvement, s'élance sur la ferme de la Haute-Epine, et aborde les Russes au pas de course. Le maréchal Ney marchoit le premier. A l'aspect d'une troupe si formidable, les tirailleurs russes se retirent épouvantés sur les masses, qui sont attaquées aussitôt. La mêlée devient sanglante; l'artillerie ne peut plus jouer; la fusillade est effroyable; mais le succès est balancé encore; peut-être même eût-il été douteux, si les lanciers, les dragons et les grenadiers à cheval de la garde, filant sur la grande route, au trot, et aux cris de *vive l'empereur!* et gagnant la droite de la Haute-Epine, ne se fussent jetés sur les derrières des masses de l'infanterie russe. Assaillis et tournés à à l'improviste, les Russes sont bientôt rompus et mis en désordre. L'infanterie, profitant du mouvement de la cavalerie, se précipite sur l'ennemi déjà ébranlé; il n'a bientôt plus de salut que dans la fuite, et abandonne sa position, ses canons, ses bagages. En même temps le duc de Trévise, soutenant l'attaque de son côté, arrive au bois, enlève le village de Fontenelle, et prend six pièces de canon en batterie. Parvenue à la hauteur de l'Epine-au-Bois, la division des gardes-d'honneur fait un à gauche pour tourner le village de Marchais, tandis que le maréchal duc de Dantzick, à la tête de deux bataillons de la vieille-garde, marche aussi en avant sur le village, pris alors entre deux feux. Tout ce qui s'y trouve est sabré, tué, fait prisonnier ou mis en fuite. En moins d'un quart-d'heure un profond silence snccède au bruit du canon et au feu roulant de la mousqueterie. Les Russes, pêle-mêle, généraux, officiers, soldats, infanterie, cavalerie, artillerie, se retirent précipitamment et en désordre par la route de Château-Thierry, mauvaise traverse, après avoir perdu cinq à six mille hommes tués, blessés ou prisonniers, tandis que les vainqueurs n'avoient à regretter que douze à quinze cents hommes. Mais les troupes françaises, accablées de fatigues, avoient besoin de repos; d'ailleurs, il étoit huit heures du soir, et d'épaisses ténèbres n'eussent pas permis de poursuivre l'ennemi, qui, ralliant sur sa route de nouvelles brigades prussiennes, se trouvoit protégé dans sa retraite.

Le général Sacken n'avoit pû mettre en ligne que vingt mille combattans, contre quarante à cinquante mille, composés de troupes fraîches arrivées successivement sur le champ de bataille; toutes ne donnèrent pas, il est vrai; mais les Russes, à la fin, ne pouvoient manquer de succomber. Leur général fit une faute, en s'obstinant à jeter des forces sur son extrême droite, tandis que sa gauche étoit plus réellement menacée. Mais sa résistance et son dévouement sauvèrent le corps prussien du général Yorck, qui put effectuer sa jonction et combiner sa retraite avec les Russes. Napoléon eût obtenu de plus grands résultats, si, dès le commencement de la journée, il n'eût fait qu'entretenir le combat devant le village de Marchais, et porté ses masses sur l'extrémité de la gauche de l'ennemi. La cavalerie envoyée sur ce point, étendit trop son mouvement, et produisit peu d'effet. Toutefois le combat de la Marchais, dit de Montmirail, doit être regardé comme une victoire complète. L'armée française ne fut pas toute engagée, et n'éprouva qu'une perte légère, par la vivacité de ses attaques.

Le lendemain, 12 février, le maréchal duc de Trévise se mit à la poursuite des Russes, par la route directe de Montmirail à Château-Thierry; et Napoléon, qui avoit établi son quartier-général à la ferme de la Haute-Epine, si glorieusement enlevée, se dirigea sur Vieux-Maison; de là, il prit la route qui va droit à

Château-Thierry, et qu'avoient suivie les bagages des alliés ; elle étoit fangeuse et difficile, couverte de chariots, de débris et de fourgons embourbés.

L'ennemi soutenoit sa retraite avec huit bataillons qui, venus tard la veille, n'avoient pas encore donné. Arrivés au village des Caquerets, les Russes veulent défendre la position qui est derrière le ruisseau, et couvrir ainsi la route de Château-Thierry ; mais un bataillon de la vieille garde se porte à l'instant sur la petite Noue, culbute les tirailleurs, et poursuit l'ennemi, qui, repoussé de position en position, se forme sur les hauteurs de Nesle en avant de Château-Thierry. Napoléon les fait attaquer de front par six bataillons de la garde, qui occupoient la plaine : en même temps les divisions de cavalerie des généraux Defrance et Laferrière, commandées par le général Nansouty, font un mouvement à droite, et se portent entre Château-Thierry et l'arrière-garde russe, protégée par sa cavalerie, qui s'élançoit de tous les points sur sa gauche, pour s'opposer à la cavalerie française. En vain s'efforce-t-elle de l'arrêter par plusieurs charges ; elle est culbutée, et disparoît. Au même moment le général Letort, avec les dragons de la garde, se précipite sur les flancs et sur les derrières des huit bataillons russes formés en carré : il en fait un horrible carnage ; presque tous les soldats de cette arrière-garde sont pris ou tués ; trois canons et plus de deux mille prisonniers, parmi lesquels se trouvoit le général russe Fredenreih, restent au pouvoir des vainqueurs. Le champ de bataille étoit couvert de morts et de blessés : tout ce qui put se soustraire au feu et aux baïonnettes des Français se jeta précipitamment dans Château-Thierry. Napoléon vouloit que ses propres troupes y entrassent pêle-mêle avec les Russes, pour qu'ils n'eussent pas le temps de faire sauter le pont de la Marne. Un autre espoir l'animoit : ses émissaires excitoient les habitans de Château-Thierry à faire main-basse sur les vaincus, et à détruire eux-mêmes le pont de bateaux, ce qui eût livré tous les fuyards ; mais on ne put leur fermer le passage. Arrivée sur les hauteurs de Nesle, l'armée victorieuse vit les restes des corps russes et prussiens fuyant dans le plus grand désordre, et gagnant en toute hâte ses ponts sur la Marne ; les grandes routes leur étant coupées, ils ne pouvoient plus trouver de salut que sur la rive droite.

Depuis quelques heures le canon se faisoit

entendre à Château-Thierry, dans la direction de Montmirail ; ce bruit, se rapprochant sans cesse et devenant toujours plus fort, causoit de l'agitation et du trouble parmi la réserve des alliés, restée au nombre de deux mille hommes, sous le commandement du prince Guillaume de Prusse. Les officiers, les soldats se regardoient avec inquiétude, se parloient avec mystère, alloient et venoient sans cesse. La canonnade redouble, se rapproche encore, et fait soupçonner qu'il s'agit d'une bataille perdue. Bientôt, en effet, arrivent en fuyant les colonnes russes : des régimens réduits à cent hommes, des soldats de tous les corps et de différens uniformes, courant pêle-mêle ; des chevaux tombant de fatigues, une multitude de soldats sans armes ni bagages, tel étoit le tableau qu'offroit cette armée naguère florissante, pleine d'espoir et de jactance. Le nombre des fuyards s'étoit grossi du corps prussien du général York. A la première nouvelle de la vive attaque de Napoléon, ce général abandonna Meaux qu'il avoit enveloppé, et précipita sa retraite sur Château-Thierry ; où il vint joindre les débris du corps russe vaincu à Montmirail. Les officiers cherchent en vain à rallier leurs troupes ; tous leurs efforts sont impuissans. Les généraux crient, d'une voix presqu'éteinte à leurs soldats : « Courage, » rien n'est perdu ! Voici nos réserves ; les » ponts sont gardés ! » Le prince Guillaume s'étoit avancé en effet à la porte des faubourgs, avec ses troupes fraîches, afin de protéger la retraite de cette masse désorganisée ; elle repasse précipitamment la Marne par les deux ponts, et regagne la rive droite, tandis que des batteries placées sur la grande route de Châlons à Paris, entre les arbres de la partie de la ville dite la Levée, faisoit feu sur la cavalerie française poursuivant les fuyards. Mais bientôt le maréchal duc de Trévise paroît sur les hauteurs à la tête de l'avant-garde, qui, bravant le canon, marche au pas de course, ou plutôt se précipite comme un torrent sur les troupes qui garnissent les faubourgs et protégent la retraite. A l'aspect des grenadiers français, les faubourgs de la rive gauche sont évacués précipitamment. En vain l'ennemi embarrasse les rues de ses bagages, de ses caissons brisés, de ses canons démontés ; l'avant-garde franchit tous les obstacles, renverse tout ce qui s'oppose à son passage. Le prince Guillaume n'a que le temps de faire démasquer une batterie de huit pièces de canon, sous le feu et la protection de laquelle il parvient à opérer lui-même sa retraite, et à brûler ses ponts. Une vive fusillade s'engage aussitôt d'une rive à l'autre.

En vain les habitans de Château-Thierry, animés par les émissaires de Napoléon et par la défaite des ennemis, s'étoient efforcés, au moment où avoit commencé leur passage, de couper le pont de bateaux afin de livrer les Russes et les Prussiens à l'armée victorieuse; plusieurs, il est vrai, avoient atteint un grand nombre de fuyards, et en avoient précipité quelques-uns dans la Marne; les paysans les traquoient dans les bois, et ne leur faisoient aucun quartier. Ces actes d'hostilités manifestes irritèrent un ennemi déjà porté aux excès par ses revers. Dès son entrée dans la ville, malgré les exhortations et les efforts de ses chefs, il avoit commencé à piller les maisons; les portes étoient enfoncées à coups de hache et de solive. Pendant toute la nuit les Prussiens et les Russes se livrèrent, sans aucun frein, au pillage et à toutes sortes de violences. La ville ne fut délivrée que par la retraite de leurs colonnes, qui, ne pouvant se diriger ni sur Epernay, ni sur Soissons, prirent dans la direction de Reims la route de traverse de La Fère en Tardenois. Le passage de l'armée française, d'une rive à l'autre, alloit rassurer Château-Thierry.

Napoléon avoit eu le soir son quartier-général au Château de Nesle, à un quart de lieue de la ville. Dès le point du jour, il ordonne qu'on s'occupe immédiatement de réparer les ponts sur la Marne, afin de poursuivre l'ennemi sans délai. A la tête de son armée, il s'avance à l'entrée du pont de pierre qui sépare le faubourg de la ville, et que la veille l'ennemi avoit coupé de nouveau. A la vue de l'armée française et de son chef, les habitans accourent de l'autre côté du pont, et font éclater leur joie par des acclamations et des cris de guerre. Riches, pauvres, vieillards, femmes même, tous travaillent à l'envi à le réparer : les plus gros arbres roulent avec facilité, et après quatre à cinq heures d'efforts, le pont se trouve assez solide pour que l'artillerie puisse y passer à bras. A peine est-il praticable, que l'infanterie de la jeune garde, sous le commandement du duc de Trévise, le franchit au pas de course pour se mettre à la poursuite des alliés. Ils avoient placé leur batterie de retraite sur la rive droite de la Marne, au sommet de la colline, dite la montagne

Blanche, qui domine Château-Thierry; mais voyant l'armée française passer la Marne, et venir sur eux, ils tournèrent les pièces, et s'éloignèrent dans une extrême confusion.

Des victoires si inespérées sembloient tenir du prodige aux yeux de ceux mêmes qui venoient de les remporter. L'armée française, naguère découragée, plongée dans l'abattement, se livroit à la joie, supportoit les privations et les fatigues sans murmures, et témoignoit les plus heureuses dispositions. Ces succès d'ailleurs avoient été obtenus sans coûter de grandes pertes et sans de très-grands efforts. On s'étonnoit d'avoir trouvé si peu de résistance de la part d'ennemis qui s'étoient toujours montrés redoutables; on remarquoit surtout que, dans aucunes circonstances des guerres précédentes, on n'avoit fait autant de prisonniers russes, et le soldat français, qui passe si subitement du découragement à la confiance, commençoit à croire, comme le lui disoient les proclamations et les bulletins, que la France, *terre sacrée que l'ennemi a violée, sera pour lui une terre de feu qui le dévorera.* Les officiers supérieurs, tout en gémissant des calamités qui désoloient leur patrie, et faisant des vœux pour en voir le terme, ne pouvoient être insensibles à la gloire que recouvroit l'armée.

D'un autre côté, les alliés étoient frappés de découragement et de stupeur par l'effet de ces revers inattendus.

Après avoir regardé comme certaine leur entrée dans la capitale, ils s'écrioient alors qu'il falloit y renoncer. On assuroit même que le général Sacken, en passant à Château-Thierry, avoit dit hautement que Napoléon venoit de retrouver tout à coup des forces immenses et irrésistibles.

Mais ces succès glorieux pour les armes françaises, n'étoient ni complets ni décisifs.

Le maréchal duc de Trévise avoit seul passé la Marne avec une division de la jeune garde, tandis que, de sa position de Meaux, le duc de Tarente poussoit aussi de fortes colonnes sur la route de Reims et de Soissons. Quant à l'armée victorieuse, elle alloit faire volte-face vers Montmirel, afin de combattre le feld-maréchal Blucher en personne. Instruit du désastre de Champaubert par les fuyards, il se portoit dans cette direction; mais il n'avoit pu rallier sous ses ordres, à Bergères, du 10 au 12 février, que le corps prussien du général Kleist et la division russe du corps de

Langeron, commandée par le général Kapsiewitz, formant en totalité dix-huit mille combattans sous les armes. Le 13, il avoit marché contre le maréchal duc de Raguse, qui occupoit la position d'Etoges. N'étant point en forces, le duc de Raguse se mit en retraite, en s'appuyant sur Montmirel. Ce fut à Etoges que le feld-maréchal apprit la marche victorieuse de Buonaparte avec sa garde sur Château-Thierry. Se dirigeant aussitôt sur Champaubert, il y bivouaqua toute la nuit, et poursuivit le lendemain le duc de Raguse jusqu'au village de Vauchamp. Ce mouvement ramène Napoléon en toute hâte; il part de Château-Thierry le 14, à trois heures du matin, et fait, pendant la nuit, une marche forcée pour se réunir au corps d'armée du duc de Raguse, et pour livrer bataille, avec le gros de ses forces, au maréchal Blücher, dans l'espoir d'anéantir les restes de l'armée de Silésie. A huit heures, sa cavalerie d'avant-garde paroît à la hauteur du village de Vauchamp; elle se jette avec précipitation sur six pièces d'artillerie que les Prussiens avoient portées en avant, et s'en empare. La cavalerie prussienne, sous le général Ziethen, et le colonel Blucher, fils du feld-maréchal, charge aussitôt la cavalerie française, et Blucher apprend bientôt, par son fils, que Napoléon vient d'arriver en personne sur le terrain, avec toute sa garde et toute sa cavalerie.

Déjà l'infanterie prussienne s'avançoit, en colonnes de bataillons, sur les deux côtés de la chaussée qui traverse le village de Janvilliers en arrière de Vauchamp. La cavalerie française, dont le nombre augmentoit à vue d'œil, parut subitement en grandes masses; enfonça, sous les ordres du général Grouchy, la cavalerie prussienne d'avant-garde, se partagea ensuite, et attaqua avec fureur les colonnes d'infanterie rangées dans la plaine. Les Prussiens se forment immédiatement en carrés, restent fermes sur le terrain, et ouvrent un feu vif sur leur front, leurs flancs et leurs derrières. Dans un large champ, sur la droite de Janvilliers, six carrés sont attaqués au même moment; tous réussissent à repousser les charges réitérées de la cavalerie française, tandis que les cavaliers russes et prussiens, se retirant par les intervalles, se reforment sur les derrières, et s'avancent de nouveau pour charger la cavalerie de Napoléon, après qu'elle a été obligée de se retirer devant le feu meurtrier des carrés. Cependant le nombre des régimens français augmentoit toujours, et l'on voyoit de gros corps de cavalerie qui menaçoient les flancs de l'armée en retraite. La cavalerie de la garde de Napoléon venoit d'arriver au grand trot : deux bataillons de l'avant-garde prussienne, entrés dans le village de Janvilliers, n'ont pas même le temps de se former; ils sont enfoncés et pris, tandis que la cavalerie du général Grouchy tourne, entoure et sabre trois autres bataillons, et accule le reste dans les bois.

Assailli de tous côtés par des forces supérieures, le maréclal Blucher, n'ayant que trois régimens de cavalerie, résolut d'abandonner une position peu favorable à une lutte si inégale. L'infanterie eut ordre de marcher, en colonnes et en carrés, vers Etoges et Châlons, avec de l'artillerie dans les intervalles; elle étoit couverte, sur ses flancs et sur ses derrières, par de la cavalerie et des tirailleurs.

Sans haies et sans culture, et généralement ouvert, le pays sur lequel étoit la ligne de retraite présentoit seulement çà et là des bouquets de bois qui permettoient à la cavalerie française de cacher ses mouvemens. L'infanterie prussienne évitoit de s'y engager;

dans la crainte de rompre ses rangs. Sur un espace de quatre lieues, depuis Janvilliers jusqu'au-delà de Champaubert, ce fut un combat continuel en retraite, pendant lequel la cavalerie française renouvela ses attaques avec autant de hardiesse que de bravoure.

Il n'y eut pas une seule colonne ou carré d'infanterie qui ne fût chargé ou exposé au feu des Français, tandis que les Prussiens et les Russes faisoient, de leur côté, un feu continuel sans interrompre l'ordre de leur marche. Il arrivoit souvent que la cavalerie française se trouvoit entremêlée avec les carrés, et presque toujours forcée de se retirer avec perte. De fortes colonnes d'infanterie la suivoient, dans l'espoir d'atteindre l'ennemi, et de l'anéantir.

Vers trois heures, l'armée de Napoléon avoit dépassé le village de Fromentière, sans que les Prussiens eussent encore été entamés, autrement que dans leur avant-garde. Mais Napoléon vouloit la destruction complète de l'armée de Blucher. Il ordonne au général Grouchy de se porter sur Champaubert, à une lieue sur les derrières des alliés; en même temps plusieurs corps d'infanterie passent par des chemins de traverse, et débordent les deux flancs de l'ennemi dans sa marche. Par cette double manœuvre, Napoléon avoit évidemment en vue de couper à Blucher sa retraite sur Etoges et Châlons. En effet, au coucher du soleil, Blucher aperçoit de gros corps de cavalerie française qui, après avoir tourné autour des flancs de son armée, s'étoient jetés sur la ligne de sa retraite, à mi-chemin de Champaubert à Etoges, et là, s'étoient formés en masses solides, sur les deux côtés de la chaussée, dans l'intention de lui barrer le passage. Le feld-maréchal se voit entouré de tous côtés; mais sa décision est aussi prompte que son coup d'œil; il ordonne de continuer la marche, et de se frayer un chemin de vive force en franchissant tous les obstacles.

Les colonnes et les carrés, assaillis de tous côtés, continuent leur retraite d'une manière imposante. L'artillerie ouvre un feu vif sur la cavalerie; à ce feu succèdent les décharges répétées de la mousqueterie des colonnes d'infanterie qui s'avancent dans un ordre régulier.

L'exemple du maréchal Blucher, qui se montre partout, et dans les endroits les plus exposés; du général Kleist, du général Gneisenau qui dirige lui-même le mouvement sur la chaussée; l'exemple plus remarquable encore du prince Auguste de Prusse, toujours à la tête de sa brigade, contribuent puissamment à exciter le courage des soldats, et à leur inspirer une résolution qui frappa les Français eux-mêmes d'admiration et d'étonnement.

Le maréchal et son état-major n'avoient évité la chaussée qu'en passant à la droite vers un bois. Le général Kleist et le prince Auguste de Prusse animoient l'infanterie : on étoit à cinq cents toises de Champaubert, quand elle se vit entièrement cernée par la cavalerie française. Le prince Auguste tire aussitôt son sabre, et s'écrie : « Mieux vaut mourir qu'être pris ! » Tout l'état-major suit son exemple, met le sabre à la main, et veut attaquer le bois : « Ce seroit » en vain, Monseigneur, dit alors le général » Gneisenau au prince; l'ennemi est aussi » derrière le bois, et il ne reste plus qu'à » prendre l'infanterie pour soutien. » A l'instant même, un bataillon russe fait front, et parvient, par plusieurs décharges, à éloigner la cavalerie assaillante. Forcée de quitter la chaussée par le feu répété à mitraille qui se joint à celui de la mousqueterie, elle laisse le passage ouvert des deux côtés, bornant ses attaques aux derrières et aux flancs de l'armée en retraite.

Les colonnes furent continuellement harcelées. Mais pendant toute cette marche, il n'y eut pas un seul régiment enfoncé, ou qui perdit son ordre de bataille. L'armée prussienne touchoit à la forêt d'Etoges, lorsqu'une vingtaine de cuirassiers français se glissant dans les bois, entourèrent l'escorte du maréchal Blucher; mais ces hommes étoient dans un tel état d'ivresse, que, ne pouvant pas même tirer leurs sabres, la plupart furent aisément tués ou pris au milieu de l'état-major. Si ces cuirassiers eussent conservé le sang-froid de leur courage, ils se fussent emparés aisément d'une partie de l'artillerie.

A la nuit tombante, les attaques d'infanterie succédèrent à celles de la cavalerie. Plusieurs bataillons avoient dépassé l'armée prussienne par les traverses, et s'étant embusqués à la hauteur d'Etoges, reçurent l'armée ennemie à l'entrée du village, en faisant plusieurs décharges de mousqueterie à demi-portée. Les généraux Kleist et Kapsiewitz percèrent toutefois, avec leurs corps respectifs, et traversèrent Etoges de vive force, mais non sans essuyer une perte considérable. La division russe formant l'arrière-garde fut attaquée, abordée à la baïonnette, et rompue par le premier régiment de marine du maréchal duc de Raguse. On lui fit un millier de prisonniers, parmi lesquels se trouvoit le général Ourousoff et plusieurs colonels. Mais, à force de sang-froid et de constance, le maréchal Blucher parvint à ramener le gros de son armée à la position de Bergères, après avoir perdu en tués, blessés et prisonniers, plus de quatre mille hommes, et neuf pièces de canon. Ce général venoit de combattre, il est vrai, contre des forces doubles, et une cavalerie plus que triple de la sienne : près de huit mille chevaux avoient donné, et la plupart étoient l'élite de la garde impériale. Mais l'artillerie russe et prussienne, plus nombreuse, s'étoit montrée supérieure à celle des Français, dont les trains, d'ailleurs, ne purent suivre les colonnes à cause de la difficulté des routes. La cavalerie de Napoléon perdit environ mille chevaux et presqu'autant de cavaliers, tués ou blessés. Le général Lion, de la garde, fut du nombre de ces derniers. Le prince de Wagram, le maréchal du palais comte Bertrand, le duc de Dantzick et le maréchal Ney, s'étoient montrés constamment à la tête des colonnes. L'ardeur des soldats fut souvent excitée par la présence même de Napoléon ; il frémit néanmoins de voir l'armée de Silésie lui échapper après trois revers consécutifs (1).

Mais souriant de l'heureux effet que ses succès inattendus produisoient déjà sur l'esprit d'une armée impatiente de reprendre l'élan de la victoire, il ne songea plus qu'au parti qu'il pourroit en tirer pour ramener à lui l'opinion des Parisiens; appelé, d'ailleurs, sur les rives de la Seine, où d'autres ennemis menaçoient encore la capitale, il ne dépassa point le village d'Etoges, laissant le maréchal Blucher accomplir sa retraite vers Châlons. Cette position militaire présentoit au général ennemi l'avantage de pouvoir y former la jonction de différens corps. Il avoit reçu l'avis, pendant la bataille, que les généraux York et Sacken étoient arrivés en sûreté à Reims, et que de nombreux renforts, venant du Nord et de l'Est, n'étoient plus qu'à deux ou trois marches. Ainsi, l'armée de Silésie pouvant être facilement réparée et renforcée, Blucher se voyoit à la veille d'être en état de marcher de nouveau contre son redoutable adversaire, avec la confiance que donnent le nombre et l'union.

---

(1) Voyez les bulletins français et étrangers sur ces différens combats.

LIVRE VIII.

Effets des victoires remportées sur l'armée de Silésie. — Marche de la grande armée austro-russe le long de la Seine et de l'Yonne. — Les Cosaques se répandent dans le Gâtinais, jusqu'aux portes d'Orléans. — Ils sont repoussés à Sens; ils se rendent maîtres de Courtenay, de Montargis et de Nemours. — Siége de Sens par le prince royal de Wurtemberg. — Prise de cette ville. Nogent est attaqué, brûlé et presque détruit. — Les maréchaux ducs de Reggio et de Bellune se replient sur la rive droite de la Seine. — Les alliés s'emparent de Nogent, de Bray et de Montereau. — Leur hésitation. — Ils passent la Seine, poussent jusqu'à Provins et à Nangis. — Nouvelles alarmes dans Paris. — Marche de Napoléon pour combattre la grande armée austro-russe. — Combat de Nangis et de Mormant : défaite du corps russe de Wittgenstein. — Combat de Montereau : reprise de cette ville. — Retraite des alliés. — Causes de leurs défaites.

On avoit regardé comme infaillible l'entrée des alliés à Paris, vers les premiers jours de février : tout à coup, par la rapidité de ses marches, par la hardiesse de ses manœuvres, Napoléon ramène la fortune sous ses drapeaux; il change l'état de la guerre, et il en prolonge les calamités. C'est ainsi que, balançant encore pendant cinquante jours les destinées du Monde, il produisit sur l'opinion des effets tellement remarquables qu'ils rentrent aussi dans le domaine de l'histoire.

Paris, surtout, passa brusquement de la stupeur et de l'abattement à une sécurité aveugle.

Soit naturellement, soit à dessein, le courrier extraordinaire, expédié avec la nouvelle de la défaite des Russes à Champaubert, arriva aux Tuileries au moment même d'une revue, et on lut à haute voix, aux troupes assemblées, la dépêche annonçant qu'officiers et soldats, tout avoit été tué ou pris avec le général en chef. Des bulletins à la main furent aussitôt répandus dans les promenades, dans les administrations et aux spectacles. Une salve de soixante coups de canon confirma ce grand succès; on s'abordoit, on se questionnoit dans les rues : l'armée russe est détruite, disoit-on. Les esprits abattus se relevoient, et la sécurité renaissoit avec la confiance. Les courriers se succèdent : ils annoncent qu'on a défait Sacken à Montmirel, et que Blucher lui-même a été vaincu à Vauchamp.

Viennent ensuite les détails et les commentaires, élaborés par l'imposture, propagés par la crédulité : « La fortune a reconnu nos
» drapeaux; et l'ennemi présomptueux qui se

» partageoit déjà nos provinces; l'ennemi,
» qui marchoit sur notre capitale avec tant
» confiance, qui sembloit se repaître de notre
» humiliation, l'ennemi est vaincu, il est
» poursuivi, il fuit devant nos aigles : officiers,
» soldats, citoyens, tous font éclater leurs
» transports. Oui, les armées de Sacken et
» de Blucher sont détruites; l'artillerie et
» *tout le matériel* sont en notre pouvoir; plus
» de cent régimens, russes et prussiens, ont
» été anéantis dans trois combats; vingt mille
» prisonniers, cent quatre-vingt pièces de
» canon, deux généraux en chef, pris ou
» blessés mortellement, sont les trophées de
» ces journées immortelles : il n'est échappé
» que des débris; les bois, les villages, les
» campagnes, sont encombrés de cadavres
» russes et prussiens, de caissons, d'équi-
» pages, de voitures brisées. Peut-être ne se-
» roit-il pas même resté un seul soldat ennemi
» pour aller porter la nouvelle de ces défaites,
» si les habitans de Château-Thierry avoient pu
» brûler le pont de bateaux jeté par les Prus-
» siens sur la Marne. Mais les paysans font
» une guerre cruelle aux fuyards; les autorités
» reprennent leur vigueur; elles font couper
» les ponts et les chemins, et embarrassent

» la retraite de ces débris d'armées vaincues. » Tout s'anime au bruit de nos succès, et » tout Français s'associe à la gloire des armées » françaises. »

Malgré l'enflure et l'exagération de ces résumés, il n'en restoit pas moins incontestable que Napoléon, profitant du peu d'ensemble et du morcellement des alliés, s'étoit débarrassé, en quatre jours, d'une de leur armée réputée la plus active; il n'en étoit pas moins évident qu'il avoit soustrait sa capitale à des ennemis nombreux qui sembloient accourir avec des sentimens de haine et de vengeance. La joie qu'il en ressentit éclata en une sorte d'ivresse orgueilleuse : tant il étoit persuadé que sa destinée dépendoit de la conservation de Paris.

Ses bulletins officiels ne furent point en contradiction avec lui-même : « Forte de » quatre-vingt mille hommes, l'armée de » Silésie, dit-il, a été battue, dispersée, » anéantie en quatre jours, sans affaire géné- » rale, et sans occasionner aucune perte pro- » portionnée à de si grands résultats. »

Au délire que faisoient éclater les courtisans, on eût dit que l'ennemi étoit en fuite à deux cents lieues de la capitale, que la guerre

étoit finié : « Les alliés, disoient-ils, seront
» exterminés avant de gagner les bords du
» Rhin. L'expédition de la Marne, est une des
» plus étonnantes de la vie militaire de Napo-
» léon, par la profondeur du plan, la har-
» diesse de l'entreprise et l'utilité des résul-
» tats. »

On s'appuyoit sur des lettres de l'armée,
sur le témoignage d'officiers témoins des événemens. « Nous avons battu les Russes et
» les Prussiens, écrivoit-on du quartier géné-
» ral; nous allons maintenant combattre l'autre
» armée alliée : nous sommes tous pleins d'ar-
» deur et d'espérance. Le mouvement offensif
» que nous venons de terminer si glorieuse-
» ment, et dans lequel nous avons obtenu de
» plus grands avantages que dans deux batailles
» rangées, nous l'avons accompli avec des
» forces inférieures à celles de l'armée que
» nous avons vaincue en détail. Nos pertes sont
» si peu proportionnées aux siennes, que nous
» en sommes nous-mêmes étonnés. Mais l'en-
» nemi a été surpris, et plus sa sécurité étoit
» grande, plus sa défaite a été facile. »

Telle avoit été, en effet, la confiance des
corps russes et prussiens, que, supposant
l'armée française anéantie, ils avoient regardé

leur marche sur Paris comme une promenade militaire. Ils expliquoient leur défaite en assurant qu'ils avoient été surpris à Champaubert, et resserrés dans une gorge, sans avoir pu se déployer. « Napoléon, disoient-ils, a » fait marcher, par des chemins affreux, par » la saison la plus dure, avec une impitoyable » célérité, l'élite et même la masse de son » armée : quinze cents de ses soldats sont » morts de fatigue et de faim pendant ces six » jours de combats continuels et de marches » surprenantes. »

Ces particularités étoient vraies ; mais aussi que ne pouvoit pas entreprendre le vainqueur avec de pareils soldats, avec des hommes qui, pour vaincre, se soumettoient à tout supporter ?

L'allégresse de la multitude fut d'autant plus franche dans Paris, que Napoléon s'étoit attaché à peindre les alliés, surtout les Russes, comme des sauvages, des barbares qui ne connoissoient que la fureur du glaive, la dévastation et le pillage. « Point de vexations, de » cruautés, de crimes, que ces hordes n'eussent » déjà commis en France ; les paysans les » poursuivoient comme des bêtes fauves, et » les menoient garrottés dans nos camps. »

Ainsi tous les mobiles de l'opinion, tous les sentimens qui peuvent exciter les passions humaines étoient mis en jeu : de là, l'indignation, le courage, l'espoir et la confiance qui éclatoient tour à tour dans la capitale.

La religion n'avoit pas été oubliée. Un cardinal, devenu la honte de l'Eglise de France; un évêque, alors à la tête du clergé de Paris (1), avoit ordonné des prières publiques, pour demander à Dieu la prospérité des armes de Napoléon; et dans un mandement du 1er février, il s'étoit exprimé ainsi : « Dieu sera, » n'en doutez point, avec le grand capitaine, » qui fait solliciter aujourd'hui la protection » du ciel pour tout son peuple. C'est l'homme » de sa droite; son génie est l'âme de la France; » son épée en est le bouclier. O mon Dieu ! » daignez nous conserver le héros que vous » avez donné pour souverain à la France, et » dont nous bénissons l'autorité tutélaire, » comme le plus grand de vos propres bien- » faits. Couvrez-le de votre égide dans les » dangers de la guerre. »

Pour mieux réveiller l'enthousiasme national, et porter la conviction dans tous les es-

---

(1) Jean-Siffren Maury, actuellement détenu au château Saint-Ange.

prits, Napoléon résolut de donner aux Parisiens le spectacle d'une sorte de triomphe. Le 18 février, il fit entrer en plein jour, dans Paris, avec le général Alsufieff, quelques officiers de marque pris dans les derniers combats, et une colonne de six mille prisonniers. Le soleil éclairoit un des plus beaux jours d'hiver ; toute la population de Paris inondoit les boulevards, les faubourgs, les quais, les rues, les places publiques : chacun étoit dans la plus vive attente d'un spectacle si nouveau. Arrivent par les barrières de Pantin et de Charenton de longues colonnes de prisonniers russes et prussiens, et ici éclate dans tout son jour la générosité française. Le Parisien ne voit plus que des hommes malheureux dans cette foule d'ennemis désarmés ; il leur offre des secours de tout genre; et cet élan est d'autant plus digne d'éloge, qu'il est dirigé en faveur de soldats étrangers qui traînoient avec eux toutes les calamités de la guerre. Mais ils étoient alors captifs : argent, vivres, vêtemens, tout leur fut prodigué en dépit des agens de la police, qui, surpris de l'effet inattendu que produisoit sur le peuple un si touchant spectacle, s'exhaloient en déclamations et en insultes contre les vaincus. La masse des Parisiens conserva cette attitude noble et calme qui convient à une nation civilisée, dont le caractère n'a pas été entièrement perverti par le long triomphe du crime. Aussi cette journée faisoit-elle présager d'avance la réconciliation des grandes familles européennes.

D'autres colonnes de prisonniers se succédèrent, et éprouvèrent aussi les effets de la compassion du peuple. Ce mouvement continuel de guerre; ces troupes qui arrivoient et qui partoient sans cesse, et ce retour de la sécurité, bannie depuis plusieurs mois, donnoient à la capitale l'aspect le plus animé, le plus imposant.

Toutefois, au moment même des triomphes de Napoléon, le généralissime prince de Schwartzenberg s'avançoit le long de la Seine et de l'Yonne à la tête de la grande armée austro-russe. De nouvelles inquiétudes vinrent bientôt assiéger les Parisiens.

En partant le 9 février de Nogent pour manœuvrer sur la Marne contre l'armée de Silésie, Napoléon avoit laissé devant cette ville le corps du maréchal duc de Bellune, et à Provins, le septième corps sous le commandement du maréchal duc de Reggio, chargé de la défense des ponts de Bray et de Montereau.

Près de Melun et de Provins, se trouvoit un autre corps d'armée sous les ordres des généraux Pactol et Pajol.

Le mouvement offensif de la grande armée alliée venoit de commencer à la fois sur les deux routes de Sens et de Nogent. Dès le 30 janvier, les Austro-Russes avoient pris possession de Joigny; et l'hettman Platow, à la tête de six à sept mille cosaques, avoit poussé ses reconnoissances vers Sens. Cette ville, située avantageusement pour le commerce, dans une campagne fertile au confluent de la Vanne et de l'Yonne, étoit depuis long-temps un objet de haine pour Napoléon: jamais il n'avoit voulu s'y arrêter; il ne pouvoit pardonner aux habitans le soin religieux avec lequel ils conservèrent long-temps le magnifique mausolée élevé dans leur métropole à la mémoire du Dauphin et de la Dauphine, père et mère de LOUIS XVIII et de MONSIEUR; monument que la piété filiale vient de faire restaurer avec tant de zèle. Il savoit d'ailleurs que son gouvernement étoit en horreur à Sens, et qu'on n'avoit pu trouver, depuis un an, une seule personne qui voulût y exercer les fonctions de maire. C'en étoit assez pour vouer toute la ville au ravage et à la destruction. La défense en étoit confiée au général Alix, dévoué à Napoléon, et dont l'obstination ne pouvoit manquer d'y attirer toutes les calamités de la guerre. Ce général vouloit tenir jusqu'à la dernière extrémité avec sept à huit cents hommes de troupes de ligne. Quelle cruelle perspective pour les habitans! La ville est entourée d'un mur élevé et épais, de construction romaine, et d'un large fossé qui la met à l'abri d'un coup de main; mais elle ne peut soutenir un siége en règle. Le général Alix la fit barricader, et prescrivit des mesures violentes qui firent présager les plus grands désastres. En vain l'hettman Platow, avec un parti de douze à quinze cents cosaques, essayat-il de surprendre Sens, il fut repoussé le 2 février. Sens ne pouvant être pris que par de l'infanterie, et au moyen d'une attaque régulière, l'hettman Platow laissa aux environs quelques cosaques en observation, et se dirigea vers Courtenay, où le capitaine aux gardes russes, Berchmann, venoit de délivrer quatre cents officiers et quarante soldats espagnols prisonniers de guerre, qu'on alloit transférer à Bourges. L'hettman fit son entrée le 7 à Courtenay, et il expédia aussitôt à Montargis le général russe Seslavin, qui se rendit maître de cette ville. Tout le pays fut frappé de réquisitions; les cosaques se répandirent aussitôt dans le Gatinais, jusqu'aux portes d'Orléans, pour intercepter les communications et les secours que Napoléon recevoit du centre de l'empire et des pays au-delà de la Loire; ils y trouvèrent d'abondantes ressources qu'ils firent refluer vers la grande armée austro-russe.

La résistance de Sens contrarioit les alliés dont les troupes légères devoient tourner Paris par Fontainebleau, Melun, Corbeil et Villejuif. Le 10 février, le prince royal de Wurtemberg parut aux portes de Sens avec une partie du quatrième corps. Le soir même il fait attaquer les faubourgs par son infanterie légère, s'en rend maître, et somme le général Alix de se retirer. Ce général venoit de recevoir de l'artillerie et des renforts; il répond que la ville est en état de défense, et qu'il s'y maintiendra. Le lendemain tout le quatrième corps étant réuni, le prince royal essaie d'enfoncer les portes à coups de canon; il les trouve barricadées et murées. Il fait jeter alors dans la ville quelques obus, et le feu se manifeste aussitôt dans plusieurs quartiers. En vain les habitans implorent le général Alix pour qu'il cesse une défense qui entraîne leur ruine ; ce général persiste, et menace de faire fusiller quiconque proposeroit de se rendre : il brave les obus et les boulets. Le prince royal alloit renoncer au projet de prendre Sens de vive force, quand ses soldats découvrirent une poterne tenant au jardin du collége qui donne sur les boulevards. Le prince forme aussitôt son attaque sur ce point; de son côté le général Alix y porte la majeure partie de la garnison. Le huitième régiment wurtembergeois s'empare le premier de l'enceinte du collége ; là il trouve un adossement maçonné, et tout l'édifice rempli de troupes. Un feu roulant s'engage bientôt; les sapeurs font une espèce de brèche, et les Wurtembergeois se rendent maîtres de la cour intérieure. Là, de nouveaux obstacles les arrêtent; ils trouvent la communication avec la ville fermée par une porte de fer et par une grille, derrière lesquelles la garnison résiste avec acharnement, et fait éprouver de grandes pertes aux alliés : mais ceux-ci, recevant sans cesse des renforts, surmontent enfin tous les obstacles, prennent d'assaut le collége, et commencent à déboucher dans la ville. Quatre régimens y pénètrent la baïonnette en avant par quatre différens côtés, malgré les coups de fusil qui partent des maisons, que le général Alix a garnies de soldats. Bientôt ce général n'a que le temps de rallier les débris de sa troupe, et de se mettre à couvert de l'autre côté de l'Yonne, laissant au pouvoir des alliés la ville, un colonel, un chef d'état-major, plusieurs officiers et une centaine de soldats. Le pont étant miné, le prince royal n'osa troubler la retraite. C'est ainsi qu'après douze jours d'attaques successives, et quarante heures de bombardement, l'ancienne capitale des Senonnois tomba au pouvoir des coalisés. Son inutile et cruelle résistance lui attira plusieurs heures de pillage de la part d'une soldatesque furieuse d'avoir perdu tant de braves aux portes d'une ville dépourvue de fortifications régulières.

Au moment même de l'attaque de Sens, plusieurs divisions de la grande armée austro-russe s'étoient dirigées vers Nogent-sur-Seine, où étoit posté le corps d'armée du maréchal duc de Bellune. Le 9 février, le général Hardegg avoit attaqué l'arrière-garde entre Romilly et Saint-Hilaire, et l'avoit repoussée vers Nogent. Le lendemain le généralissime prince de Schwartzenberg vint reconnoître en personne la position, dans la vue d'y attirer l'attention des Français, tandis qu'il forceroit le passage de la Seine sur d'autres points. Arrivé près de Nogent, le généralissime fit attaquer de nouveau l'arrière-garde qui s'étoit postée entre Marnay et Saint-Aubin. Le général Hardegg déboucha par la route de Saint-Aubin, et l'avant-garde du comte de Wittgenstein par la route de Marnay. Les Français se replièrent aussitôt sur Nogent. Le château de la Chapelle, situé près de cette ville, fut attaqué, défendu et emporté le même jour.

Le comte de Wittgenstein se mit aussitôt en mouvement vers Pont-sur-Seine, le comte de Wrede marcha vers Bray avec le corps bavarois, et le général Bianchi, soutenu par le corps du général comte Giulay, se dirigea vers les ponts de Montereau, dont l'occupation étoit d'une si haute importance pour le succès du mouvement offensif. Les réserves de la grande armée s'avançoient aussi vers la rive gauche de la Seine.

L'approche d'une armée si imposante, au moment où Napoléon attaquoit l'armée de Silésie, vers la Marne, détermina le maréchal duc de Bellune à faire repasser la Seine aux divisions Duhesme et Gérard, pour se mettre à couvert sur la rive droite. Le maréchal laissa le général comte de Bourmont à Nogent avec douze cents hommes; ses instructions lui prescrivoient une défense opiniâtre. Ce général fait aussitôt barricader les rues, créneler les maisons, élever à la hâte des retranchemens et des palissades; il prend des mesures militaires capables d'arrêter les assaillans, mais qui ne peuvent manquer d'entraîner la ruine d'une ville industrieuse : tels étoient les ordres de Napoléon.

Le 11 février, à neuf heures du matin, le général comte de Hardegg forma les premières attaques, mais mollement, dans l'espoir que la ville se rendroit, et qu'on ne sacrifieroit point sans utilité une population nombreuse et commerçante. L'attaque venoit à peine de commencer, lorsque le comte de Bourmont, exposé au feu de la mousqueterie, fut frappé d'une balle au genou. Forcé de se retirer, il remit le commandement au colonel Voirol du 18ᵉ régiment d'infanterie de ligne. Cet officier se mit aussitôt en devoir d'opposer à l'ennemi la plus vigoureuse résistance, et il repoussa avec succès les premiers efforts des Autrichiens. Non-seulement sa troupe étoit à couvert derrière les ouvrages; mais encore la canonnade des assiégeans produisoit peu d'effet à cause de l'éloignement des batteries ; quand les colonnes autrichiennes s'avançoient, elles étoient aussitôt foudroyées par le feu des batteries françaises, placées avec discernement. La fusillade et la canonnade se faisoient entendre sans interruption ; et pendant cette terrible lutte, les femmes, les enfans, les vieillards restoient dans les caves. Une partie des habitans avoit pris les armes, et concouroit à la défense de la ville. Les premières attaques furent tellement meurtrières, que les Autrichiens y perdirent plus d'un millier de soldats, tandis que les assiégés n'eurent à regretter qu'environ trois cents hommes tués ou blessés. On faisoit feu des maisons, et l'on se battoit partout avec acharnement.

On eût dit que les maisons de Nogent étoient transformées en autant de citadelles. Les alliés renouvelèrent l'attaque le lendemain, et se décidèrent à jeter des obus dans la ville. En un instant Nogent est embrasé, et le tiers des maisons devient la proie des flammes : la ville entière est criblée de boulets et de mitrailles ; mais l'intention de Napoléon vient d'être accomplie avec une exactitude scrupuleuse : les ennemis ont été arrêtés pendant deux jours.

Cependant ils venoient de recevoir des renforts, et le général comte de Wrede étoit à la veille de s'emparer de Bray, tandis que Montereau se voyoit sérieusement menacé par le corps autrichien du général Bianchi. Ainsi Nogent alloit être à la fois tourné et forcé, quand le maréchal duc de Bellune ordonna de faire sauter le pont et de rallier les troupes, soit devant la forêt de Sourdun, soit à Provins et à Nangis, où son corps d'armée prenoit alors position. A peine la garnison de Nogent eut-elle le temps de mettre le feu à la mèche préparée pour brûler le pont : cent cinquante soldats russes et un colonel venoient de s'y précipiter, et étoient déjà au milieu quand il sauta avec un fracas épouvantable. Ainsi fut consommée, pour ainsi dire, la ruine de Nogent. Les alliés en prirent possession le 12 février au coucher du soleil. Une petite ville ouverte, dépourvue de fortifications régulières, et qui n'avoit alors d'autre importance que sa position topographique, venoit de leur coûter près de deux mille soldats. La garnison, qui l'avoit défendue avec tant de valeur, se replia en hâte sur Provins, résolue de tenir en avant de cette ville, dans la forêt de Sourdun; mais attaquée de front, cette position devoit tomber d'elle-même, des forces suffisantes ne couvrant pas les routes de Bray et de Montereau.

Située à vingt lieues de Paris, la ville de Montereau est bâtie au confluent de l'Yonne et de la Seine, dont les eaux viennent se confondre au milieu de la ville même. La partie qui se trouve sur la rive gauche de l'Yonne, et c'est la plus considérable, est jointe à la rive droite par un pont de pierre. Un autre pont, fameux par l'assassinat du duc de Bourgogne en 1419, unit également les deux rives de la Seine. Ces deux rivières, dont la navigation est très-active à Montereau, donnent à cette petite ville un aspect riant, et l'espérance de servir un jour d'entrepôt au commerce intérieur. Vers l'est et le midi, une plaine riche et fertile s'étend à une assez grande distance. Montereau, ainsi qu'une partie de la plaine, sont dominées par une chaîne de coteaux couverts de vignes, la plupart boisés et situés à une portée de fusil de la ville. Fidèle à son plan de résistance, ou plutôt de destruction, Buonaparte, à son arrivée à Nogent, avoit fait élever aussi des ouvrages devant Bray et devant Montereau; les ponts de l'Yonne et de la Seine étoient minés, et devoient sauter à l'approche de l'ennemi. On s'étoit hâté de créneler les maisons situées sur la rive gauche de la Seine; on avoit élevé des redoutes pour défendre la plaine voisine, en cherchant même à lier ces foibles ouvrages avec des batteries dressées sur les coteaux qui s'étendent derrière la ville : mais ces travaux, défendus par le corps d'armée du maréchal duc de Reggio, ne pouvoient arrêter long-temps des forces considérables.

Maître des deux rives de l'Yonne, le corps autrichien du général Bianchi déboucha sur Montereau, sans éprouver la moindre résistance, et s'empara de la ville. Le maréchal duc de Reggio avoit fait barricader les ponts, et s'étoit replié sur la petite rivière d'Yères, en arrière de Guignes. Rien ne pouvoit plus s'opposer au passage de la Seine par l'ennemi. Déjà le corps russe du comte de Wittgenstein l'avoit traversée près de Pont, tandis que le prince royal de Wurtemberg, après s'être rendu maître de Sens, dirigeoit ses forces vers Pont-sur-Yonne, d'où il marcha sur Bray, de concert avec le corps bavarois. Bray s'élève sur la rive gauche de la Seine; les maisons, sur la route de Nogent, étoient déjà crénelées et garnies de soldats : mais, à l'approche des alliés, et après quelques démonstrations de défense, les troupes françaises firent sauter une arche du pont, et se mirent en retraite. Le général comte de Wrede la rétablit aussitôt, et une partie de son corps d'armée passant sur la rive droite, dirigea son avant-garde vers Provins. Le général Bianchi occupoit Montereau ; ainsi les positions de la Seine qui couvroient Paris étoient forcées sur presque tous les points. Les alliés tournèrent la forêt de Sourdun, et le maréchal duc de Bellune se replia sur Nangis avec son corps d'armée et les restes de la garnison de Nogent.

Les monarques alliés avoient porté leur quartier-général de Pont-sur-Seine à Bray, et cent mille combattans pouvoient, en deux ou trois marches, arriver sous les murs de la capitale, sans qu'il y eût alors, pour les arrêter, d'autres forces que de foibles corps d'observation.

Mais, instruit des succès de Napoléon sur la Marne, le prince de Schwartzenberg crut devoir suspendre son mouvement offensif; et, pour arrêter les Français dans la poursuite de leurs avantages, il décida que les corps des généraux Wrede et Wittgenstein, et celui du prince royal de Wurtemberg marcheroient sur Provins et sur Villeneuve. L'armée entière se trouva en position, la droite à Méry, et la gauche à Montereau. Les corps postés à Provins et à Villeneuve étoient prêts à marcher en avant, derrière la ligne des opérations de Buonaparte vers la Marne, ou à portée de soutenir les mouvemens de la grande armée le long de la rive gauche de la Seine vers Fontainebleau. Le prince maréchal fit aussi occuper Sézanne par de la cavalerie légère, et Plancy, par un détachement du corps de réserve.

Tel étoit le plan que venoit d'arrêter le généralissime, quand un rapport du général Debitch, envoyé en communication avec l'armée de Silésie, lui fit connoître que les pertes de cette armée n'étoient point irréparables, et que Napoléon venoit de se désister de la poursuite du maréchal Blucher. Le généralissime reprit aussitôt son mouvement offensif. Les corps des généraux Wittgenstein et Wrede s'avancèrent par Nangis vers Melun, et le général Bianchi se porta en avant sur la route de Fontainebleau, qui, le 16, fut occupé par des hussards hongrois. Le prince royal de Wurtemberg marcha aussi sur Bray, et se mit en échelons jusqu'à Montereau. Un engagement assez vif eut lieu près de Donnemarie, entre le corps du comte de Wrede et celui du maréchal Oudinot, soutenu ensuite par le maréchal Victor : l'ennemi fit quelques prisonniers.

Déjà l'avant-garde russe, commandée par le général Rudler, avoit fait son entrée à Provins; elle venoit de se porter en avant sur Nangis, après avoir été remplacée par le corps d'armée du comte de Wittgenstein, fort d'environ quinze mille hommes. Des soldats russes, cosaques, baskirs et kalmouks, campèrent dans la ville : jamais les Tartares n'avoient été si près de Paris; c'étoit un grand sujet d'étonnement pour les habitans des plaines de la Brie, de voir des ennemis d'un aspect si singulier et si sauvage, faisant rôtir des bœufs et des moutons entiers au feu des arbres coupés sur la grande route, et en dévorer les restes à moitié crus et saignans. La présence de ces hordes indisciplinées, les réquisitions forcées dont les généraux alliés se voyoient contraints de frapper les bourgs et les villages pour assurer la subsistance des troupes, le pillage et les excès, suite inévitable de la résistance des villes et des bourgs, tout faisoit de la Brie, devenue le théâtre de la guerre, un séjour de désolation et de deuil. Les habitans des campagnes fuyoient vers Paris où l'alarme se répandoit de nouveau, et où commençoient d'ailleurs à se dissiper les illusions produites par les succès de la Marne. « Quoi ! disoit-on, une armée ennemie est » détruite, et il s'en présente aussitôt une » plus redoutable encore, et celle-ci est plus » près de la capitale où elle ne peut manquer » de faire son entrée du 19 au 20 février, » si Napoléon, par de nouveaux prodiges, ne » parvient à la repousser ! »

Le danger redevenoit pressant : on recommençoit à fuir vers la Normandie et la Bretagne : le gouvernement de Napoléon chanceloit encore ; la police sans force trembloit pour ses suppôts ; les conscrits abandonnoient leurs corps sans être poursuivis ; les courtisans reparoissoient abattus et silencieux ; la défense de Paris sembloit une dérision cruelle, et faisoit craindre généralement qu'elle ne servît de prétexte au sac de la ville. On opposoit aux mensonges des bulletins et des journaux cette objection sans réplique : « L'ennemi est encore à nos portes. »

Il étoit temps que Napoléon vînt couvrir sa capitale, et il ne falloit rien moins que son inconcevable activité pour qu'il pût arriver avant l'ennemi des bords de la Marne à ceux de l'Yères.

Des bruits vagues indiquoient déjà qu'il étoit en marche vers la Seine, pour aller combattre en personne la grande armée alliée.

Le 14 mars, jour du combat de Vauchamp, il avoit reçu les premières dépêches annonçant les nouveaux dangers de Paris. Le 15, à la pointe du jour, sa garde, faisant volteface, se dirigea vers Montmirail et jusqu'à Meaux sans s'arrêter, bravant les fatigues et les privations pendant une marche de quatorze lieues. L'armée entière suivit la garde, montrant la même ardeur, et encouragée par les mêmes succès, se croyant assurée de la victoire, car chaque soldat étoit persuadé qu'après avoir vaincu les Russes, il ne lui restoit plus à combattre que des Autrichiens.

Le 16, Napoléon porta son quartier-général de Meaux à Guignes, où s'étoient repliés les maréchaux ducs de Reggio et de Bellune avec leurs corps respectifs. On vit arriver presque aussitôt un renfort de troupes aguerries, à pied et à cheval, envoyées en poste de Bayonne;

tout ce qu'on avoit pu organiser de nouvelles levées dans les départemens de l'Ouest, rejoignoit également l'armée. Ainsi fut opérée la concentration de toutes les forces, en deux jours et en deux marches, de la Marne à la Seine, sur une ligne de vingt-cinq lieues. L'ennemi avoit poussé la veille ses avant-postes jusqu'à Yères; mais il s'étoit presque aussitôt retiré pour se mettre en position entre Guignes et Nangis. L'opinion générale dans le camp français présentoit l'armée autrichienne comme toute réunie, et on s'attendoit à une grande bataille pour le lendemain : cette idée flattoit l'ardeur et l'élan des troupes; tout présageoit un succès décisif. Le lendemain, 17, Napoléon se dirigea de Guignes sur Nangis. Là, étoient en position les trois divisions du corps russe du comte de Wittgenstein, dont les mouvemens avoient paru incertains depuis le passage de la Seine. A la tête de l'avant-garde, le général Pahlen occupoit Mormant avec une cavalerie nombreuse. De belles routes et de vastes plaines permettoient à la cavalerie de se déployer. Le général de division Gérard ouvrit l'attaque sur le village de Mormant, tandis que la cavalerie des généraux Milhaud et Kellermann tournoient le village par la gauche, et que de nombreuses batteries s'avançoient pour le foudroyer. Un bataillon du vingt-deuxième régiment d'infanterie de ligne y entre le premier au pas de charge. Le combat est à peine disputé : les carrés formés par la division russe sont ébranlés par l'artillerie, et enfoncés par la cavalerie; les vaincus prennent la fuite dans la direction de Montereau et de Provins, et sont poursuivis par les dragons pendant plusieurs lieues : quatorze pièces de canon et quatre mille prisonniers attestent bientôt la défaite des Russes et le succès des Français. Les troupes venues d'Espagne prirent une part glorieuse à ce combat; elles avoient amené de la péninsule des mulets et des chevaux; et, après l'action, ce fut un étrange spectacle de voir des mules d'Andalousie et des chevaux tartares étendus l'un près de l'autre dans les champs de la Brie.

Les colonnes victorieuses se portoient en avant, le maréchal duc de Reggio sur Provins; le maréchal duc de Tarente sur Donnemarie, et le maréchal duc de Bellune sur Villeneuve-le-Comte, où étoit en position le général de Wrede avec deux divisions bavaroises; elles furent attaquées et repoussées sur

Donnemarie et Bray, mais sans qu'on pût les entamer ni apporter d'obstacle à leur retraite. Napoléon, furieux de voir ainsi les Bavarois lui échapper, insulte publiquement à la bravoure de ses généraux. Il accuse le général Lehéritier de n'avoir pas chargé, *comme il le devoit*, à la tête des dragons; il traduit le général de brigade Montbrun devant un conseil d'enquête, pour s'être retiré à Essonne, au lieu de défendre Moret et la forêt de Fontainebleau. Par suite de ce mouvement, la ville de Fontainebleau tomba au pouvoir du général autrichien comte de Hardegg, qui mit le château sous sa sauve-garde. La ville de Nemours fut entourée par une nuée de cosaques, et se vit ainsi forcée, après une vive canonnade, d'ouvrir ses portes aux alliés. Napoléon s'irritoit contre les généraux qui abandonnoient une ville sans l'avoir défendue jusqu'à sa destruction. Ses maréchaux d'empire eux-mêmes n'étoient pas toujours exempts de reproches publics adressés avec un ton de mépris et de dénigrement.

L'un d'eux, le duc de Bellune, ne put arriver le 17 au soir devant Montereau pour s'emparer des ponts; il ne put même dépasser Salins, qui en est à deux lieues. Comment d'ailleurs eût-il commencé l'attaque au milieu de la nuit, avant l'arrivée de toutes les colonnes? « C'est une faute grave, s'écrie Napoléon; » l'occupation des ponts de Montereau auroit » fait gagner un jour, et permis de prendre » l'armée autrichienne en flagrant délit; » et cette phrase insultante, il la consigne dans son bulletin officiel, comme si la position de Montereau, qui couvroit la retraite des alliés, n'eût pas été défendue le 17 comme elle le fut le 18. Mais Napoléon eût voulu les anéantir d'un seul coup, et c'étoit là ce qu'il appeloit prendre l'armée autrichienne en *flagrant délit*.

Dans l'accès de sa colère, il ôte le commandement au maréchal duc de Bellune pour le donner au général Gérard; et, le même jour, en présence de l'armée, il outrage le général Guyot, l'un des généraux de division les plus distingués de sa garde : il le rend responsable de l'enlèvement d'un parc d'artillerie par les cosaques.

On ne pouvoit concevoir qu'un soldat parvenu se permît, dans des circonstances si critiques, d'humilier les plus braves officiers de son armée, ceux même dont les services et les talens lui étoient si nécessaires; mais depuis ses succès inattendus, Napoléon ne rêvoit plus que triomphes, que destruction, et son arrogance reparoissoit comme aux jours de sa plus haute fortune.

Toutes les dispositions étoient faites pour attaquer Montereau le lendemain. Le prince royal de Wurtemberg avoit pris position sur la hauteur qui commande la rive droite de la Seine près le château de Surville, à une lieue en avant de Montereau, avec le corps wurtembergeois et deux divisions autrichiennes du général Bianchi. Cette position, qui couvroit les ponts et la ville, protégeoit aussi la retraite; car le prince de Schwartzenberg avoit fait filer d'avance tous les bagages et toutes les troupes qui formoient les réserves, ne laissant devant Montereau qu'une vingtaine de mille hommes pour disputer le passage. Le 18, à la pointe du jour, le général Chateau, jeune officier plein de feu et d'intelligence, ouvre l'attaque avec cette impétuosité qui caractérise la valeur française; mais n'étant pas soutenu, il est repoussé avec perte. L'intrépide général se glisse avec les tirailleurs, dans l'espérance de tourner la position de l'ennemi, tandis que le général Gérard accouroit avec d'autres divisions pour renouveler l'attaque; il revient trois fois à la charge, et tombe frappé mortellement au milieu même du pont. Les alliés postés d'une manière formidable, étoient protégés par quarante bouches à feu. Le général Gérard soutient le combat toute la matinée : une attaque combinée et générale pouvoit seule emporter la position. Buonaparte arrive au galop par Nangis, à trois heures, avec son état-major, et ordonne de gravir le plateau. Le gros de l'armée française réuni au nombre de vingt-huit mille combattans et soixante pièces de canon, s'ébranle de toutes parts; en même temps le général Pajol, qui campoit dans le bois de Valence, sur la route de Melun, accourt avec des troupes fraîches, et fait une charge de cavalerie sur le flanc de la position des alliés; ils sont débordés et tournés à l'instant même. Vivement poussés par la cavalerie, et voyant la plupart de leurs canons démontés, ils se précipitent dans Montereau, où les habitans augmentent le danger de leur retraite en tirant sur eux par les fenêtres d'un des faubourgs.

Contenu par la mitraille de soixante pièces d'artillerie dont Napoléon lui-même commande le feu, l'ennemi n'a pas même le temps de faire sauter les ponts; et le vainqueur s'en empare contre toute espérance. Les chasseurs du 7ᵉ y débouchent les premiers la baïonnette en avant, et précipitent la fuite des vaincus dont la perte en tués, blessés et prisonniers s'élève de cinq à six mille hommes : beaucoup d'armes et quelques pièces de canon tombent aussi dans les mains des Français (1).

« Mon cœur est soulagé, s'écrie Napoléon, » je viens de sauver la capitale de mon em- » pire ! » Et il dépêche aussitôt à la poursuite des alliés sa cavalerie, sous le commandement du maréchal Macdonald ; mais le passage à travers la ville de Montereau étoit long et difficile ; le grand encombrement d'hommes et de chevaux retarda le mouvement de l'armée victorieuse sur la route de Bray : les alliés d'ailleurs s'étoient remis du premier moment d'ébranlement, et se replioient en si bon ordre qu'on ne put les entamer dans leur retraite.

Les têtes de colonnes de la grande armée venoient d'être battues et enfoncées, il est vrai, mais la masse n'étoit point en déroute. Les gardes, les réserves, la cavalerie n'avoient pas été engagées, et l'armée n'avoit rien perdu de

---

(1) Voyez les bulletins français et étrangers du mois de février 1814.

son matériel. Les plaines qui, de Montereau et de Bray conduisent à Troyes, étoient couvertes d'infanterie et d'une immense cavalerie qui protégeoit la concentration des différens corps en arrière de Nogent. L'empereur de Russie et le roi de Prusse étoient partis à la hâte de Bray, leur quartier-général, au premier avis que les ponts de Montereau venoient d'être forcés.

Ainsi, rien n'étoit décisif, et la victoire avoit même été disputée. L'effroyable canonnade dirigée contre les alliés, par Napoléon en personne, ayant ralenti un moment son feu, faute de poudre et de munitions, un regret troubloit la joie du vainqueur : peut-être que si les caissons eussent été mieux garnis, on auroit vu quelques milliers de cadavres de plus joncher les champs de Montereau. Le ressentiment de Napoléon se porte sur le général d'artillerie Digeon; et dès le lendemain, à huit heures, étant encore au château de Surville, il dicte à un de ses secrétaires une lettre ainsi conçue, adressée à cet officier : « Un général » d'artillerie qui n'a pas de poudre dans ses » caissons mérite la mort ; je vais vous livrer » à une commission militaire ; vous êtes in- » digne de ma confiance. » Il suspend toutefois le départ de cette lettre foudroyante, et mande le général Sorbier, qui commandoit en chef l'artillerie. Ce général est introduit : « Vous faites des réputations à la diable, lui » dit Napoléon irrité ; la poudre manquoit » hier dans les caissons, et votre général Digeon » mérite d'être fusillé ; je vais le casser, et le » traduire devant une commission militaire. » — « Sire, répond le général Sorbier, sans » s'émouvoir, le général Digeon est un officier » très-distingué ; je doute que l'imputation » qui lui est faite soit vraie, et il ne mérite » point de reproches : vous pouvez, Sire, lui » retirer votre confiance ; mais l'opinion de » l'armée lui restera. » Ce trait d'une noble fermeté frappa le despote, et il ordonna au secrétaire de déchirer la lettre (1).

Cependant, dès le 17 février, le maréchal duc de Reggio s'étoit porté de Nangis sur Provins, et, dans la soirée, les Austro-Russes, qui déjà battoient en retraite de ce côté, traversèrent Provins dans le plus grand désordre. La cavalerie, trop fatiguée, n'ayant pu les poursuivre, leur arrière-garde resta dans la

---

(1) Un maire des environs (M. S. de M.), témoin auriculaire de ce fait, en a communiqué lui-même les détails à l'auteur.

ville et dans les environs. La nuit fut désastreuse pour les malheureux habitans de Provins, en proie au pillage et exposés au choc de deux corps d'armée. Le lendemain paroît l'avant-garde française, qui, après avoir chassé l'arrière-garde ennemie, marche sur Nogent, et là se rend maîtresse du cours de la Seine. En même temps, les généraux Charpentier et Alix, débouchant de Melun, traversent la forêt de Fontainebleau, en chassent les cosaques et deux brigades autrichiennes. A la première nouvelle de ces revers, le général Hardegg, qui occupoit Fontainebleau, prend en toute hâte la route de Sens.

Ainsi, la grande armée alliée, qui avoit aussi menacé la capitale, étoit en pleine retraite, et paroissoit abandonner totalement l'offensive.

Le jour du combat de Montereau, quinze cents Austro-Russes forcèrent le poste de Châteauneuf, à deux lieues d'Orléans, sur la route de Lyon, et se présentèrent jusqu'aux faubourgs : ils furent contenus et repoussés par le général Chassereau, arrivé récemment de l'armée d'Espagne. La retraite subite de la grande armée dégagea aussi Orléans, tous les partis ennemis s'étant repliés aussitôt sur les routes de la Bourgogne et de la Champagne.

Mais ces divers combats sur les bords et en avant de la Seine, n'étoient, en résultat, que de vives escarmouches : les ennemis n'avoient pas livré une seule bataille générale avec toutes leurs forces réunies, pas même à Brienne. On s'étonnoit, dans le camp de Napoléon, qu'avec des forces supérieures les monarques alliés fissent aussi peu d'efforts et se laissassent rebuter par le moindre revers.

Jamais changement de scène ne fut ni plus rapide ni plus complet. Les courriers se succédoient sur la route de Paris; ils arrivoient aux Tuileries couverts de lauriers, pressés par la foule et au milieu des cris de victoire. Les bruits les plus exagérés précédoient d'ordinaire les communications officielles. Selon les courtisans, selon les échos de la police, la grande armée austro-russe étoit presque anéantie; les Autrichiens refusoient de se battre; ils jetoient leurs armes; leur défection étoit certaine. L'empereur de Russie et le roi de Prusse, qui s'étoient avancés jusqu'à Bray, n'avoient dû leur salut qu'à la vitesse de leurs chevaux; enfin, les débris de la grande armée alliée étoient en retraite dans le plus grand désordre; il étoit douteux que les fuyards pussent regagner les bords du Rhin : la guerre étoit finie. Les opérations rapides et hardies de Napoléon déjouoient tous les desseins de l'ennemi, et rappeloient à tous les esprits les glorieux souvenirs des mémorables campagnes d'Italie, d'Allemagne et de Prusse.

Napoléon avoit enfin retrouvé le secret de vaincre. C'étoit contre l'élite des troupes coalisées qu'il avoit combattu à Montmirail, à Vauchamp, à Montereau; canons, prisonniers, dix drapeaux restés en son pouvoir, tels étoient les gages de la valeur française.

Jamais, depuis l'ouverture de la campagne, les apparences de la victoire n'avoient paru dans un jour plus favorable : la cause de Napoléon paroissoit gagnée. On l'avoit vu placé entre le Marne et la Seine, se porter successivement, avec son activité caractéristique, à sa gauche et à sa droite, et parvenir ainsi, en multipliant le nombre par la vitesse, à faire reculer les deux armées, l'une jusqu'à Châlons, l'autre jusqu'à Troyes. La grande armée alliée n'avoit pas été plus heureuse que celle du feld-maréchal Blucher : Napoléon avoit culbuté ses différens corps, poussés en avant avec assez peu de précautions.

L'opinion publique suit presque toujours l'impulsion des armes et de la victoire : « Na-

» poléon a sauvé deux fois la capitale, disoient
» les Parisiens; il a sauvé nos femmes, nos
» fils, nos sœurs; rattachons-nous à un gou-
» vernement qui, tout oppresseur qu'il est,
» doit nous paroître à tous préférable à l'in-
» certitude, à l'anarchie, au pillage, au dé-
» membrement et à la honte, que les Français
» redoutent par-dessus tout. »

Cette opinion devenoit prédominante; les hostilités prenoient un caractère d'acharnement et de dévastation qui nuisoit à la cause des alliés; personne n'avoit été entraîné ni séduit par leur proclamation de Francfort, qui déclaroit la guerre à un être métaphysique, appelé *prépondérance*: aussi l'effet de cette déclaration étoit-il manqué. Au milieu de ces grandes vicissitudes, la France, malheureusement, n'apercevoit point encore l'arche de salut qui devoit la garantir du naufrage. « Quoi!
» s'écrioient les partisans de la dynastie légi-
» time, est-il décrété par la Providence qu'il
» faut encore des leçons et des châtimens aux
» souverains, à leurs peuples, à leurs armées,
» avant qu'ils en viennent aux principes éter-
» nels, au seul remède existant pour tant de
» maux, au seul moyen d'ordre, à la légiti-
» mité enfin, à la reconnoissance du chef de

» l'illustre, ancienne et royale maison de
» France! Alors seulement, alors la nation se
» prononcera; alors elle laissera sans appui
» celui qui doit expier, par sa chute, tous les
» désastres qu'il a lui seul attirés sur la France
» et sur l'Europe.

» Que les alliés y prennent garde, leur re-
» traite, l'évacuation de la France, la paix
» avec Napoléon, consolideroient à jamais son
» pouvoir, et amèneroient la restitution de trois
» cent soixante mille prisonniers français; et
» l'exercice terrible de la vengeance de l'em-
» pereur soldat sur Vienne, sur Berlin, sur
» Munich, sur toute l'Europe enfin. »

Telles étoient les appréhensions et les craintes de cette portion de Français, qui ne formoient de vœux que pour le bonheur de la patrie et pour la paix du Monde; qui, redoutant par-dessus tout la domination tyrannique de Napoléon, regardoient l'affermissement de son pouvoir comme le plus grand de tous les maux, et ne voyoient de salut que dans le retour du souverain légitime.

LIVRE IX.

Les alliés demandent en vain un armistice. — Napoléon rejette les préliminaires de paix. — Jonction de l'armée de Silésie avec la grande-armée alliée. — Marche de l'armée française vers Troyes. — Napoléon cherche à détacher l'Autriche de la ligue européenne. — Il attaque l'armée de Silésie à Méry-sur-Seine. — Incendie de Méry. — L'armée de Silésie se dirige vers la Marne, et l'armée française vers Troyes. — Diversion du maréchal Augereau. — Le général Bianchi et le prince Philippe de Hesse marchent au secours de l'armée autrichienne du sud. — Rentrée de Napoléon à Troyes. — Condamnation à mort du marquis de Widranges et de M. de Gouault. — Exécution de M. de Gouault. — Décret contre les partisans déclarés de la dynastie des Bourbons. — Entrée en France de S. A. R. Monsieur, comte d'Artois. — Enthousiasme des Francs-Comtois. — Arrivée de S. A. R. à Vesoul.

L'HÉSITATION, la division des forces, et le défaut de concert avoient fait perdre aux alliés presque tout le terrain conquis à Brienne; ils rétrogradoient plus rapidement encore qu'ils n'avoient avancé après leur victoire. La guerre leur parut alors tellement incertaine, elle leur laissa même entrevoir des chances si inquiétantes, qu'ils s'appuyèrent à leur tour sur les négociations de paix. A l'exemple de Napoléon, après sa défaite, ils s'avouèrent, pour ainsi dire, vaincus, en réclamant un armistice. Le général autrichien, comte de Paar, vint en faire la demande; il se présenta aux avant-postes français le lendemain du combat de Montereau, et allégua qu'une suspension d'armes faciliteroit l'issue des conférences. Le quartier-général étoit encore à Montereau; et, dans la soirée du même jour, M. de Rumigny, secrétaire du cabinet, arriva du congrès de Châtillon, apportant un projet de traité préliminaire. Ce projet, transmis à Napoléon par son ministre plénipotentiaire aux conférences, renfermoit toutes les bases jugées nécessaires pour le rétablissement de l'équilibre politique, bases que Napoléon lui-même avoit offertes peu de jours auparavant, quand il avoit cru sa domination compromise.

Quoique les mystères de cette fameuse négociation ne soient pas encore tous dévoilés (1), il paroît certain qu'on proposoit à Buonaparte la France plus grande encore qu'elle n'étoit sous ses Rois, et avec des dimensions que tant d'années de gloire et de prospérité lui avoient assurées. Toutefois les alliés insistoient pour la remise des forteresses d'Anvers, de Mayence et d'Alexandrie, bou-

---

(1) Les pièces du congrès de Prague et de Châtillon n'ont pas été publiées.

levards de l'Italie et de l'Allemagne. Mais ils trouvoient juste aussi que la France partageât avec l'Europe les bienfaits de sa liberté, de l'indépendance nationale et de la paix. Par un seul mot, Napoléon pouvoit mettre un terme aux souffrances de la nation française; il pouvoit lui rendre, avec la paix, ses colonies, son commerce, et le libre exercice de son industrie. Napoléon vouloit-il plus encore? les puissances s'offroient à discuter, dans un esprit de conciliation, ses vœux sur des objets de possession d'une mutuelle convenance qui dépasseroient les limites de la France avant la guerre. Les principes de la reconstruction politique de l'Europe étoient établis dans ce projet; les conditions les plus importantes se trouvoient réglées par les négociateurs, et les points laissés à la décision du gouvernement britannique, ne regardoient que les colonies françaises et les possessions étrangères acquises par la Grande-Bretagne, pendant la longue durée des hostilités.

On assuroit alors que le projet contenoit une clause d'une exécution plus épineuse et plus difficile que le traité lui-même : c'étoit l'occupation de Paris par les souverains alliés jusqu'à la signature de la paix définitive, dans un délai déterminé. Napoléon fut, dit-on, révolté d'une prétention si humiliante pour son orgueil. Mais n'avoit-il pas envahi les capitales de plusieurs souverains, après avoir inondé leurs Etats de ses troupes? N'avoit-il pas exigé que la plupart des Rois de l'Europe souscrivissent à des conditions honteuses, dictées dans leurs propres palais? Ici ce n'étoit donc qu'une juste représaille, qu'une garantie nécessaire.

Quoi qu'il en soit, Napoléon pouvoit conclure la paix sur des bases honorables. Mais telles étoient alors ses espérances présomptueuses, qu'enivré par les succès partiels qu'il venoit d'obtenir, il saisit, dit-on, avec colère le papier qui contenoit le projet de traité, et le déchira en s'écriant : « Je suis, à présent, » plus près de Vienne qu'ils ne le sont de » Paris. »

Le congrès n'étoit, en effet, qu'un ressort de plus ajouté à la tortueuse politique de Napoléon, qui, pendant toute sa durée, offrit des preuves nouvelles de sa duplicité incurable. Les instructions qu'il adressoit à son ministre varioient chaque jour, selon la chance des combats, ou le succès d'une manœuvre.

Ferme dans la résolution de ne pas céder,

mais voulant ne pas isoler sa détermination; croyant, d'ailleurs, trouver une entière docilité et un nouvel appui dans l'assentiment unanime de ses premiers dignitaires, Napoléon fit convoquer, à Paris, un conseil de régence extraordinaire et secret, qui fut appelé à délibérer sur les conditions réglées à Châtillon.

La grande majorité du conseil fut, dit-on, d'avis de les accepter; mais Napoléon, qui s'attendoit à toutes sortes de sacrifices de la part des Français, et qui se flattoit déjà d'avoir nationalisé la guerre, fut indigné de la foiblesse du conseil: avant de souscrire à une paix qui l'auroit fait décheoir, il résolut d'essayer avec l'Autriche une négociation séparée, et de tenter encore le sort des armes sur lesquelles il comptoit bien plus que sur les délibérations et sur les traités. La retraite de l'ennemi fortifioit de plus en plus son espoir de rejeter les alliés au-delà du Rhin; c'est ainsi que la fortune le trahit, en le caressant jusqu'au dernier jour de sa puissance.

Etonnés de la jactance des journalistes aux gages du dominateur de la France, et alarmés de l'attitude des paysans de la Brie et de la Champagne, les souverains alliés redoutoient une guerre nationale; ils n'avoient garde toutefois de chercher la compensation de leurs revers dans les hasards d'une grande bataille. Avec un tel ennemi, avec un adversaire qui se fortifioit au sein même des désastres, qui, par la rapidité de ses manœuvres, trompoit tous les calculs, c'eût été tout compromettre, et perdre peut-être, en une seule journée, le fruit d'une longue prudence. Les généraux confédérés jugèrent qu'il falloit s'attacher strictement aux règles de l'art, qu'on ne viole pas sans danger, et d'après lesquelles ils devoient établir, avant tout, une ligne de défense respectable, mettre hors d'insulte les derrières de l'armée, assurer le dépôt des vivres, et le couvrir par une force suffisante. C'étoit d'après ces maximes que le grand Frédéric recommandoit, dans ses écrits, d'éviter surtout *de pousser des pointes*. On y avoit dérogé, par les opérations excentriques de la Marne, après la bataille de Brienne.

Mais les avantages et les ressources des alliés étoient immenses. Chaque forteresse qui tomboit en-deçà ou au-delà du Rhin, augmentoit leur masse d'invasion. Déjà Dantzick, Torgau, Wittemberg et Gorcum avoient capitulé; ainsi la Vistule, l'Oder et l'Elbe leur servoient de triple ligne de réserve, d'où ils tiroient continuellement des renforts. Deux ou trois revers avoient ils pu suffire à entamer sérieusement des armées recrutées par l'empire russe et par l'Allemagne entière? Les pertes, d'ailleurs, étoient balancées. Mais l'esprit militaire avoit repris son ancienne énergie dans les camps de Napoléon : naturellement belliqueux, les soldats français ne redoutoient plus de se mesurer avec des forces supérieures ; ils éprouvoient le désir et le besoin de vaincre.

Ces grandes considérations ne pouvoient échapper aux généraux des deux partis. Toutefois il sembloit que la coalition ne pût atteindre le but qu'elle se proposoit, qu'en réunissant, en une seule masse, comme à Leipsic, toutes les armées de la ligue européenne. Le Rhin étoit franchi depuis près de deux mois ; on étoit même parvenu jusqu'au cœur de la France; et cette réunion si essentielle n'avoit pas encore été opérée, car à Brienne elle n'avoit été que partielle. Les souverains alliés n'y songèrent sérieusement qu'après les défaites de la Marne et de Montereau. Du 14 au 18 février, on avoit expédié à Châlons l'ordre formel d'opérer le plus promptement possible, aux environs de Troyes, la jonction de l'armée du maréchal Blucher avec la grande armée austro-russe.

Malgré les rudes combats qu'elle avoit soutenus, l'armée de Silésie, représentée si souvent comme tout-à-fait dispersée, et même anéantie, se trouvoit en quatre jours refaite, réorganisée, équipée et rassemblée. Les corps de Sacken, d'York et de Kleist marchoient tranquillement, dès le 18 février, au nombre de cinquante mille hommes, et dans le meilleur état, de Châlons vers Troyes, pour former la droite de la grande armée du prince de Schwartzenberg. Dans la nuit du 19 au 20, le maréchal Blucher bivouaqua au village de Sommesous; et, le lendemain, il fut renforcé près d'Arcis-sur-Aube, par neuf mille combattans du corps de Langeron, qui arrivoient de Vitry. L'armée continua sa marche vers Arcis, pour, de là, gagner Méry-sur-Seine, où devoit s'opérer la jonction; ses têtes de colonnes parurent à Arcis le 20 février.

En même temps, la grande armée se replioit sur Troyes, par Romilly et la Chapelle; toutes les routes étoient couvertes de nombreuses colonnes d'infanterie, de cavalerie et d'artillerie; sur tous les points de l'horizon des feux de bivouacs éclairoient au loin la campagne. Un froid vif favorisoit le mouvement rétrograde des alliés, en leur permettant d'évacuer leur artillerie et leurs bagages dans toutes les directions. De fortes reconnoissances de cavalerie couvroient la retraite.

L'armée française, en partant de Montereau, se dirigea sur Bray, traversa cette ville sans s'arrêter, et apprit que l'empereur Alexandre y avoit couché la veille. Sur toute la route, les habitans assuroient qu'une grande mésintelligence régnoit entre les troupes des diverses nations qui formoient la grande armée alliée. Les colonnes françaises longeoient la rive gauche de la Seine; et le même jour, elles firent halte à Nogent, où l'armée passa toute la journée du 21 février. L'avant-garde seule, commandée par le maréchal duc de Reggio, suivit l'ennemi qui, de Romilly, se dirigeoit vers Troyes. Le 22, l'armée partit de Nogent, et continua sa marche jusqu'au bourg de Châtres. Là, Napoléon, frappé de la retraite des ennemis, et de l'unanimité des rapports qui lui parvenoient, se persuada que la coalition, soit par l'effet des revers, soit par la différence des intérêts, alloit se dissoudre. Egaré par sa propre ignorance sur les vrais intérêts des nations, il crut pouvoir détacher l'Autriche de la ligue européenne, et il écrivit dans ce sens, une lettre à l'empereur François, dans laquelle il déclaroit formellement qu'il ne signeroit aucun traité sur les bases dictées par la coalition; il adressa en même temps une dépêche encore plus tranchante au généralissime prince de Schwartzenberg, où il déceloit, dit-on, l'espérance que lui inspiroit l'idée de rejeter les alliés au-delà du Rhin.

A peine eut-il expédié l'officier qui en étoit porteur, que ses généraux de l'avant-garde lui donnèrent l'avis qu'on remarquoit un rassemblement de forces considérables à Méry-sur-Seine. Napoléon prit aussitôt la résolution de s'y porter, soit pour reconnoître, soit pour attaquer l'ennemi. Le bourg de Méry, situé sur les deux rives de la Seine, mais plus encore sur la rive droite, à six lieues au nord-ouest de Troyes, venoit d'être occupé par le corps russe du comte de Wittgenstein, et l'armée entière du maréchal Blucher y arrivoit par la route de Châlons.

Dès lors fut opérée la jonction des deux armées. Ainsi, malgré les manœuvres de Napoléon, malgré le mauvais état des traverses qui joignent les deux routes, cette réunion se fit dans le plus grand ordre, rien n'ayant pu abattre la constance des soldats alliés.

Le comte de Wittgenstein avoit déjà reconnu que des forces considérables lui étoient opposées, entre Mesgrigny et Châtres; c'étoient le 7e et le 9e corps formant l'avant-garde, sous le commandement du maréchal duc de Reggio, indépendamment d'une division nombreuse de cavalerie. A l'arrivée de l'armée de Silésie, le comte de Wittgenstein se dirigea sur Chandrigny. A peine les postes laissés en avant de la ville sont-ils relevés par les Prussiens, que Napoléon, arrivant en personne, ordonne au général Boyer de commencer l'attaque. Le bataillon qui, placé sur la rive gauche, défendoit le pont, est culbuté aussitôt et poussé au-delà; il n'a pas même le temps de brûler le pont qui sépare la ville en deux. Le feu éclate aussitôt dans plusieurs endroits, soit à dessein, soit par accident, et le progrès subit des flammes force les assaillans de repasser la Seine. Le vent souffloit avec tant de violence, qu'il devenoit impossible d'arrêter l'incendie et d'exécuter le projet de défendre la ville. Le maréchal Blucher rappelle aussitôt de l'autre côté de la Seine les troupes qui accouroient pour soutenir ses avant-postes, et il fait mettre le feu au pont. Les Français se présentent en forces pour le garantir et pour s'en emparer : arrivent un bataillon russe et les tirailleurs prussiens, qui disputent le pont, et qui s'y maintiennent long-temps malgré une grêle de balles, malgré l'épaisseur de la fumée, malgré des planches et des madriers enflammés, qui, en tombant, blessent, fracassent et tuent plusieurs soldats. Tel est le progrès des flammes, que le maréchal Blucher ne peut faire soutenir le détachement qui défendoit le pont; trois bataillons français parviennent à effectuer le passage, le pont n'ayant été brûlé qu'à demi. Les tirailleurs s'approchent à cinq cents pas du feld-maréchal, qui, entouré de son état-major, reconnoissoit la position; ils tirent sur lui, blessent le colonel Valentini, frappent le maréchal d'une balle morte, qui lui fait à la jambe une légère contusion. Le général prussien oppose, aux trois bataillons français, quelques escadrons de cavalerie et un détachement d'artillerie à cheval. Il se prémunit aussitôt contre une attaque générale, plaçant toute son armée en bataille, sur deux lignes, dans une vaste plaine au-delà de la rivière, ayant sa cavalerie en réserve, prête à profiter de tout avantage que leur offriroient les Français, s'ils tentoient le passage avec des forces considérables. Mais Napoléon ne fait qu'étendre le gros de ses troupes le long de la rive gauche de la Seine, et commence un feu très-vif, en apparence, dans le dessein de protéger les trois bataillons qui s'étoient aventurés au-delà. N'étant pas réellement soutenus, ils sont attaqués de nouveau, repoussés dans la ville, et forcés de repasser précipitamment le pont presque détruit, retraite périlleuse, dans laquelle plusieurs soldats se noient; d'autres sont tués; d'autres, la plupart blessés, restent au pouvoir des Prussiens.

Les deux armées continuoient de tirailler d'une rive à l'autre, tandis que la malheureuse ville de Méry étoit la proie des flammes. Soixante mille ennemis plaçant une barrière de feu entr'eux et l'armée française, on vit l'incendie se propager avec une rapidité effrayante et chasser les habitans de leurs maisons qui s'écrouloient; on vit des soldats les repousser, et les forcer, pour ainsi dire, d'assister à l'embrasement de leurs propriétés. Au milieu de cette scène de désolation, des vieillards sont impitoyablement égorgés; des malades sont arrachés de leur lit, et vont expirer de faim, de misère et de froid à la lueur des flammes qui dévorent la ville. Tout périt en quelques heures, et les instrumens du travail et l'asile des citoyens. Méry n'est bientôt plus qu'un monceau de cendres ! Ses infortunés habitans, sans chaussures, sans vêtemens, sans ressources, n'auront plus d'autre refuge que les forêts, et montreront, presque aux portes de la capitale, le triste et humiliant tableau de la vie sauvage. Que dis-je ! la France sera délivrée, et ils n'obtiendront de leurs concitoyens que de foibles secours prélevés sur le luxe, la dissipation et les plaisirs des heureux habitans de Paris !

Au soleil couchant, les deux armées, séparées par la Seine, gardèrent leur position, et bivouaquèrent sur le même terrain, s'imputant réciproquement l'incendie de Méry. Tout sembloit annoncer qu'on étoit à la veille d'une bataille; mais Napoléon hésitoit de se hasarder au-delà de la Seine, contre l'armée combinée: il préféra pousser la masse de ses forces vers Troyes, tandis que, du côté des alliés, de nouvelles dispositions émanées du conseil des souverains, déterminoient brusquement une seconde séparation des deux armées de Blucher et de Schwartzenberg.

On en inféra d'abord que les généraux en chef de la coalition n'avoient pas trouvé, aux environs de Troyes, un champ de bataille qui leur convînt, supposition ridicule et inadmissible; il étoit plus vraisemblable qu'ils persistoient à ne point commettre aux hasards d'un seul choc les destinées du Monde.

Placer Napoléon entre deux armées actives, et assurer l'indépendance de l'armée de Silésie, tels furent les vrais motifs de cette nouvelle dislocation.

Il s'agissoit aussi, avant de frapper des coups décisifs, de rallier les renforts qui arrivoient du Nord et du Rhin, et de créer sur la Marne une diversion puissante, tandis qu'on s'opposeroit, vers le Sud, aux desseins du maréchal Augereau. Son armée, fortifiée par douze mille combattans et par une nombreuse artillerie, prenoit une attitude imposante. Le général Marchand venoit de rentrer à Chambéry; le général Meusnier occupoit de nouveau Mâcon; et le général Desaix poussoit ses colonnes sous les murs de Genève. Déjà Bourg et Nantua étoient repris, et le maréchal, avec le gros de son armée, alloit se mettre en mouvement pour se porter en Franche-Comté et en Suisse. Le général comte de Bubna se

reploit sur tous les points, devant des forces supérieures ; et sa position paroissoit critique. Napoléon, dans son bulletin daté de Montereau, s'étoit écrié : « Les Vosges, la Franche-
» Comté et l'Alsace n'oublieront pas ce qu'exige
» le nom français lors du mouvement rétro-
» grade des ennemis. Le maréchal duc de
» Castiglione, qui a réuni une armée d'élite,
» marche pour leur fermer la retraite. »

En effet, le plan de Napoléon consistoit à s'établir entre la grande armée et ses communications vers la frontière du Rhin, pour la forcer à une fuite précipitée et désastreuse. Il sembloit avoir le plus grand intérêt de se rapprocher du maréchal Augereau, et, par conséquent, de tirer vers le sud, entre la Suisse et l'Yonne. Comme à Leipsic, le maréchal Augereau sembloit venir encore au secours de Napoléon.

Inquiet sur les suites de cette manœuvre, l'empereur d'Autriche fit aisément consentir les souverains alliés à détacher sans délai, vers Lyon, le corps autrichien du général Bianchi, fort de quinze mille hommes. Les différens corps qui étoient en avant de Dijon alloient être placés, par cette mesure, sous les ordres du même général, ainsi que le premier corps de réserve commandé par le prince Philippe de Hesse, qui se trouvoit alors en avant de Bâle.

La réunion de ces forces étoit nécessaire pour établir et assurer la communication entre l'armée du sud et la grande armée austro-russe de l'est; mais cette dernière étoit affoiblie au moment même où Napoléon, marchant sur elle, sembloit disposé à lui livrer bataille.

On verra bientôt comment il en fut détourné par la diversion décisive du maréchal Blucher sur la Marne. Napoléon négligeant de passer la Seine à Méry, pour le combattre, se contenta de laisser devant lui, en observation, le corps du maréchal duc de Raguse, qui venoit de se porter à Sézanne, et il accomplit, avec la masse de ses forces, son mouvement sur Troyes. Il étoit impatient de rentrer dans l'ancienne capitale de la Champagne, espérant frapper l'opinion et nationaliser la guerre.

Le 23 février, il reçut, au bourg de Châtres, où étoit son quartier-général, le prince Wensel-Lichtenstein, porteur de la réponse du généralissime prince de Schwartzenberg, à la lettre qu'il lui avoit expédiée la veille. Le prince Wensel montra des intentions pacifiques, et témoigna, ainsi que l'avoit fait le comte de Paar, le plus grand désir de la conclusion d'un armistice, seul moyen d'arriver promptement à la paix.

Napoléon en infère que le découragement et la désunion règnent parmi les alliés; il n'accède à rien, et poursuit ses avantages. Le même jour presque tous les corps de son armée se dirigent sur Troyes; celui du maréchal duc de Reggio se porte à Mègrigny; celui du maréchal duc de Tarente à Pavillon, tandis que le corps du général Gérard marche par la route directe de Sens : il y rencontre l'arrière-garde du prince Maurice de Lichtenstein, et lui fait éprouver quelques pertes; mais les Autrichiens sont bientôt soutenus par le troisième corps aux ordres du général comte Giulay.

De grosses masses de cavalerie française se montroient en même temps sur les hauteurs de Pavillon. Elles furent d'abord contenues par la cavalerie des alliés, sous les ordres du baron de Frimont, qui repoussa le soir même une attaque entre les Grès et Troyes. La retraite des alliés s'opéroit avec le plus grand ordre; et l'œil le moins exercé apercevoit un mouvement de troupes, et non une fuite. Les habitans de Troyes virent les gardes russes et prussiennes fouler aux pieds les branchages de lauriers qui ornent d'ordinaire leurs casques, en maudissant une retraite entreprise sans qu'ils eussent combattu.

L'armée entière évacua la ville avec calme, laissant une arrière-garde de deux mille Bavarois et Autrichiens, chargée de retarder la marche de Napoléon.

Troyes vit bientôt paroître sous ses murs l'armée française qui l'investit et se déploya sur les hauteurs voisines. L'arrière-garde ennemie l'occupoit militairement. Ses avant-postes se replièrent dans les faubourgs après un choc de cavalerie sur la route de Sens, et quelques décharges de mousqueterie, rentrant bientôt dans l'enceinte de la ville, dont ils barricadèrent les portes. Les généraux alliés expédièrent à Napoléon un parlementaire chargé de demander qu'on laissât la nuit libre pour évacuer la ville, promettant que le lendemain à six heures les portes en seroient ouvertes. Les uns assurent qu'une suspension d'armes fut d'abord convenue ; d'autres soutiennent, avec plus de vraisemblance, que Napoléon rejeta une demande qui tendoit à épargner la ville. Bientôt, en effet, il fit ouvrir une horrible canonnade dirigée contre les faubourgs, et s'écria : « Nous allons voir ! » Jusques-là Troyes étoit restée calme, et avoit attendu son sort avec résignation; mais quand l'aspect des colonnes d'attaque et la canonnade annoncèrent aux habitans qu'ils étoient assiégés, l'inquiétude et l'effroi glacèrent tous les esprits; chacun courut se réfugier dans les caves et dans les lieux souterrains pour s'y mettre à l'abri. Les alliés, voyant Napoléon décidé à emporter la ville de vive force, dressèrent une batterie à la pointe du rempart de la Madeleine, et jetèrent des obus dans les faubourgs Saint-Martin et Saint-Savine; en moins d'une heure les flammes se propagèrent avec tant de furie, que les trains de l'armée française ne purent avancer assez près pour battre en brèche : quelques pièces seulement firent un grand détour, et parvinrent à s'approcher le long du canal de l'enceinte murée, d'où elles lancèrent des boulets et des obus sur la ville. A la chute du jour les troupes de Napoléon se logèrent dans les faubourgs qu'on leur abandonna; elles y furent contenues par la brigade du général Wolkmann, restée en arrière-garde dans l'enceinte même de Troyes, tandis que les divisions Giulay et

Lichtenstein se retiroient vers Bar-sur-Seine. Revenant à la charge pendant la nuit, les assiégeans essayèrent d'enfoncer une porte et d'enlever un endroit foible; mais ils furent repoussés. Au point du jour l'arrière-garde ennemie commença sa retraite, emmenant artillerie, caissons et bagages. Dans ce moment même reparut aux avant-postes français le prince Wensel, qui étoit retourné la veille auprès des souverains confédérés; il fut conduit à Napoléon, et le supplia de suspendre son entrée de quelques heures, afin d'épargner la ville; le général autrichien manifesta en même temps, de la part de l'empereur François, le plus vif désir d'un prompt rapprochement. Napoléon promit qu'il n'entreroit à Troyes qu'à midi. Mais à peine l'envoyé autrichien a-t-il repris la route de son quartier-général, qu'il pénètre par une porte que lui livrent les habitans, pousse ses troupes, s'empare de l'intérieur de la ville, et y est reçu avec enthousiasme. L'arrière-garde ennemie, en se retirant vers la porte Saint-Jacques, est assaillie par des coups de fusil partis des maisons du quartier bas. Une fusillade s'engage; la populace armée de couteaux, de haches et de fourches, tombe sur les derniers pelotons des alliés, et massacre plusieurs soldats bavarois dans les rues.

Sous ces sanglans auspices, le vainqueur fait son entrée dans Troyes à huit heures : ses yeux respiroient la vengeance. Il étoit encore à cheval lorsqu'apercevant un commissaire de police en costume, il lui adresse ces paroles menaçantes : « Il y a ici cinq personnes qui » ont pris la croix de Saint-Louis. — Votre » Majesté est mal informée, répond le com- ». missaire, il n'y en a que deux. — Quelles sont- » elles ? — Ce sont M. de Widranges et M. de » Gouault. — Quelle est leur moralité ? — » Sire, je n'en ai jamais entendu dire que du » bien. — Qu'on les arrête sur-le-champ. »

Une seule victime étoit restée sous la main de Napoléon : c'étoit l'infortuné de Gouault; il venoit de rejeter le conseil de ses amis, qui l'avoient conjuré de fuir. Rien n'avoit pu le décider à s'éloigner de sa femme; il l'adoroit; il lui devoit sa fortune; l'idée de s'en séparer lui sembloit plus cruelle que l'idée même de la mort. Ebranlé un moment à l'approche du danger, par les instances de ses amis et de son beau-père, vieillard octogénaire et infirme, il entend son épouse en proie à la douleur, aux convulsions, et les yeux inondés de larmes;

lui dire d'une voix presque éteinte : « Que deviendrai-je si vous me quittez? » Dès lors plus rien au monde ne peut le décider à s'en éloigner. Il se berce même de l'espoir que Napoléon, par politique, ne le recherchera point, pour ne pas faire connoître à la France et à l'Europe qu'il existe dans Troyes un parti qui s'est prononcé hautement en faveur de la dynastie légitime. Tel fut l'aveuglement d'un homme qui avoit eu le courage, en apprenant l'arrestation du duc d'Enghien, d'offrir sa tête pour sauver celle du prince. Les gendarmes se présentent bientôt, et il va lui-même au-devant d'eux. On le saisit; on le conduit à l'Hôtel-de-Ville devant une commission militaire qui procède à son jugement, ou plutôt à sa condamnation. Une heure s'étoit à peine écoulée qu'un officier survient, se fait ouvrir les portes, et demande si la sentence est prononcée. « Les juges vont aller aux voix, lui » dit-on. — Qu'on le fusille sur-le-champ, » répond l'officier, l'empereur l'ordonne. » M. de Gouault est condamné ; le deuil est général dans la ville. Le propriétaire de la maison qu'avoit choisie Buonaparte pour y établir son quartier-général, n'écoutant que l'impulsion d'une âme généreuse, ose solliciter

une audience : il l'obtient. « Sire, dit M. Du-
» chatel, un jour de triomphe doit être un
» jour de clémence ; je viens supplier Votre
» Majesté d'accorder à toute la ville de Troyes
» la grâce d'un de nos malheureux compa-
» triotes qui vient d'être condamné à mort.
» — Sortez, s'écrie Napoléon d'un air fa-
» rouche ; vous oubliez que vous êtes chez
» moi ! »

En même temps étoit mandé en sa présence
M. Bourgeois chez qui avoit logé l'empereur
de Russie. Napoléon, en le voyant, l'accable
d'invectives, et lui adresse les sarcasmes les
plus insultans contre sa femme qui s'étoit re-
tirée à Langres à l'approche de l'armée français. « Vous êtes bienheureux, ajoute-t-il,
» en le congédiant, de n'être ni noble ni émi-
» gré : je vous ferois fusiller sur l'heure,
» comme je viens d'en donner l'ordre pour
» Gouault. » L'intercession du maire n'avoit
pu fléchir Napoléon.

Il étoit onze heures, et l'infortuné Gouault
sortoit de l'Hôtel-de-Ville, escorté par des
gendarmes, portant attaché à son dos et à sa
poitrine, un écriteau en gros caractères, avec
ces mots : TRAITRE A LA PATRIE, qu'on li-
soit à la lueur des flambeaux. Le déchirant et

lugubre cortége se dirigeoit vers la place du Marché destiné aux exécutions criminelles : là on veut bander les yeux au condamné ; il s'y refuse, et dit d'une voix ferme qu'il saura mourir pour son roi. Lui-même donne aux grenadiers le signal de tirer, et c'est en criant : *Vive le Roi ! Vive Louis XVIII !* qu'il rend le dernier soupir. Son corps reste exposé un jour entier à la même place.

La stupeur et l'effroi régnoient sur toutes les figures ; la populace seule laissoit percer une hilarité féroce en revoyant et son bourreau et son maître. Le même jour il rendit un décret de proscription et de mort contre tout Français qui porteroit les signes ou les décorations de l'ancienne dynastie, et contre tous ceux qui, soit en qualité de militaires, ou à tout autre titre, accompagneroient les armées ennemies dans l'invasion du territoire.

Le même jugement qui avoit envoyé M. de Gouault à la mort, condamnoit aussi à la peine capitale et à la confiscation des biens le marquis de Widranges. Il étoit plus coupable encore aux yeux de Napoléon que la victime qu'il venoit d'immoler. C'étoit le marquis de Widranges qui, à l'approche des alliés, avoit conseillé d'arborer le drapeau blanc sur les tours de la ville de Troyes; il avoit fait imprimer à mille exemplaires une proclamation du Roi, et l'avoit distribuée publiquement. Personne n'ignoroit dans la province qu'il avoit demandé à l'empereur Alexandre le rétablissement des Bourbons. Mais sa mission auprès de Monsieur, comte d'Artois, l'avoit mis hors de toute atteinte.

Monsieur l'avoit accueilli, et au moment même où ses plus zélés partisans étoient proscrits, S. A. R. alloit apparoître comme attirée à leur secours, et guidée par une puissance supérieure aux hommes.

La Franche-Comté fit entendre ses acclamations, et donna le signal qui devoit bientôt se répéter aux Pyrénées et sur les bords de la Gironde.

Monsieur, frère du Roi, accompagné du comte François d'Escars, du comte de Wals, du comte de Trogolf, du comte Melchior de Polignac et du marquis de Widranges, quitta la Suisse le 19 février, et fit son entrée en France par Pontarlier, se dirigeant sur Vesoul. Malgré la défense de se déclarer, de porter la cocarde blanche sur toute la ligne occupée par les armées de la ligue européenne, les habitans de Pontarlier et des environs se prononcèrent ouvertement, et arborèrent les couleurs royales.

Une tendance irrésistible alloit ramener la France vers ce qui fut long-temps l'objet de ses regrets et de ses désirs, vers cet ordre sous lequel tant de générations de Français avoient vécu heureuses et paisibles, vers cette antique monarchie enfin dont la chute avoit rompu la chaîne sociale, et ébranlé la base commune sur laquelle reposoient tous les trônes légitimes.

Le premier jour de son entrée en France, M.gr le comte d'Artois fit trente-deux lieues dans les domaines de ses augustes ancêtres; partout, dans les bourgs, les villages, les campagnes, dans les villes; S. A. R. fut saluée par les acclamations des peuples ; par les cris de *Vive Louis XVIII! Vivent les Bourbons!* Aux approches de Vesoul, l'enthousiasme se manifesta avec une impétuosité dont rien ne put modérer l'essor. Les femmes, les enfans, les vieillards baisoient les mains et les habits du prince ; tous étoient frappés de son affabilité, de ses manières royales; des larmes d'attendrissement couloient de tous les yeux ; un sentiment de bonheur rayonnoit sur tous les visages. Les vieillards et les femmes

s'écrioient : « Nous mourrons contens, puisque
» nous avons le bonheur de nous retrouver
» avec nos anciens maîtres qui ont toujours été
» dans nos cœurs. »

Tous se précipitoient pour embrasser les genoux de MONSIEUR, et lui crioient, en répandant des torrens de larmes : « Nous ne vous
» apportons que nos cœurs, le monstre ne
» nous a laissé que cela. »

Quand S. A. R. approcha de Vesoul, la population sortit tout entière de la ville ; et, pour contempler à son aise l'auguste frère de son Roi, elle demanda instamment aux gentilshommes de sa suite, de supplier S. A. R. de faire l'entrée à pied. Les cris, les acclamations, les vœux, les larmes se confondoient, et faisoient de ce spectacle l'un des plus touchans que la France eût offert depuis ses longues infortunes.

L'un des rejetons du bon Henri IV, naguères proscrit, exilé, abandonné, reparoissoit dans cette France si heureuse sous le sceptre de sa famille ; il arrivoit seul, sans soldats, sans appui, inconnu aux Français : mais il étoit mûri par les vicissitudes, il exhaloit cette aimable bienveillance, cette fleur de chevalerie française, apanage des princes de sa maison. Aux premiers éclats de ces sentimens et à cette entrée seule, on reconnoissoit le prince légitime.

L'élan se seroit communiqué de proche en proche, si les vues des puissances coalisées n'avoient pas été si incertaines; les plus zélés royalistes devoient trembler de se déclarer. Le silence des alliés n'étoit-il pas la meilleure sauve-garde de Napoléon? Son ministre plénipotentiaire n'avoit-il pas été admis au congrès? Les négociations n'étoient-elles pas en activité? L'échange des courriers n'avoit-il pas lieu chaque jour? Le moindre événement pouvoit déterminer la paix avec le dominateur de la France; elle étoit même probable cette paix; et c'étoit sous de tels auspices que se présentoit le lieutenant-général du royaume pour revendiquer l'héritage de ses ancêtres; c'étoit au moment même où Napoléon, après avoir repoussé les armées alliées, et reprenant l'offensive, rentroit dans la ville de Troyes en vainqueur irrité; c'étoit au moment où il proscrivoit et faisoit mettre à mort les plus fidèles serviteurs du trône.

Ainsi tout sembloit encore repousser les droits de la légitimité; tout sembloit étouffer et comprimer dans les cœurs le sentiment qui seul pouvoit délivrer la France : il ne falloit donc plus rien attendre des hommes, mais tout espérer de cette puissance invisible, qui distribue les couronnes, et prend pitié des peuples, après que de grandes calamités leur ont fait expier de longs égaremens.

LIVRE X.

Retraite de la grande armée austro-russe.—Marche de l'armée de Silésie depuis l'Aube jusqu'à la Marne. — Napoléon reste stationnaire à Troyes : digression à ce sujet. — Conférences de Lusigny. — Le feld-maréchal Blucher menace Meaux, et passe la Marne à la Ferté-sous-Jouarre.— Marche des deux armées de Bulow et de Wenzingerode depuis la Belgique jusqu'à l'Aisne, pour se joindre à l'armée de Silésie. — La Belgique est soustraite à la domination de Napoléon. — La frontière du Nord est franchie. — Mort du général Rusca devant Soissons.—Sac de cette ville par les Russes.—Napoléon se remet en marche pour combattre l'armée de Silésie. — Expédition d'outre-Marne. — Reprise de Soissons par les alliés. — Combat de Craonne. — Description de Laon, occupé par l'armée de Blucher.—Combats de Laon.—Echec de l'armée française.—Napoléon se retire vers l'Aisne, et déclare la position de Laon inattaquable.

TANDIS que de si heureux présages éclatoient en Franche-Comté, la grande armée austro-russe évacuoit tout le pays entre la Seine et l'Yonne, et continuoit son mouvement rétrograde.

Les divisions françaises suivoient de près les corps ennemis. Le général Gérard, soutenu par le maréchal duc de Reggio, se portoit des ponts de la Guillotière à Lusigny, et passoit la Barce; le général Duhesme prenoit position à Moutieramey près Vandœuvres. En se dirigeant vers Bar-sur-Seine, le deuxième corps de cavalerie commandé par le comte de Valmy, atteignit entre Saint-Parre et Fouchère l'arrière-garde du général Giulay. Une partie fut enveloppée, et on fit quelques prisonniers; mais il fut impossible de pousser la poursuite au-delà, les hommes et les chevaux étant accablés de fatigue. L'armée alliée d'ailleurs précipitoit sa marche. Au lieu de suivre la route de Châtillon, comme on le crut d'abord, elle se dirigea par celles de la vallée de Landreville et d'Essoye sur Fontette, et de là, à travers les bois, vers la Ferté-sur-Aube. Un froid vif qui régnoit depuis dix jours, permit aux alliés de passer par des chemins où ils n'auroient jamais osé engager ni leur artillerie, ni leurs convois, si l'hiver eût été pluvieux.

L'empereur d'Autriche s'étoit rendu directement de Troyes à Bar-sur-Aube, où, le 24 février, le prince de Schwartzenberg avoit transféré son quartier-général. Le lendemain il le porta à Colombay. Les corps des généraux Wrede et Wittgenstein suivoient la même route ; celui du général comte Giulay se dirigeoit entre Châtillon et Bar-sur-Seine. Déjà les gardes russes arrivoient près de Langres, et le corps du prince Maurice de

Lichtenstein se portoit vers Dijon pour se joindre à l'armée autrichienne du sud. Ce mouvement de retraite sembloit imprimé à tous les corps de la grande armée ; et cependant des réserves arrivoient de Basle, et leurs têtes de colonnes touchoient à Vesoul.

Au moment même où le généralissime prince de Schwartzenberg attiroit sur lui toute l'attention de l'armée française, le feld-maréchal Blucher commençoit à exécuter le plan par lequel la guerre offensive alloit être renouvelée avec plus de vigueur.

S'apercevant, dès le 23 février, que Napoléon faisoit filer vers Troyes son artillerie, ses bagages et le gros de son armée, il lui déroba une marche, et de Méry, gagnant Draus-Saint-Basle, il jeta trois ponts de bateaux sur l'Aube le 24, près de Baudemont, et y fit passer toutes ses forces en peu d'heures, sans avoir été aperçu par aucune troupe française. L'armée de Silésie bivouaqua le lendemain à Anglure, se dirigeant vers la Brie par Sézanne, poussant sur Meaux ; le corps d'armée du duc de Raguse et celui du maréchal Mortier, l'un et l'autre en observation entre la Marne et la Seine.

Ce mouvement, qui alloit décider du sort

de la campagne, avoit le double but de partager les forces et l'attention de Napoléon, et de mettre l'armée de Silésie en communication avec des nouveaux corps d'armée qui arrivoient sur la Marne. Cependant Napoléon restoit stationnaire à Troyes, tandis que dès le 24 février il eût pu se porter rapidement sur la rive droite de la Seine, tourner la position de Méry, et serrer l'ennemi entre la Seine et l'Aube, en faisant occuper Arcis par une force considérable, afin que le maréchal Blucher ne pût y déboucher. Là il l'eût forcé de passer l'Aube à la vue de l'armée française, et de marcher par des chemins de traverse sur Sézanne, devenu son seul point de retraite; là enfin il eût pu obtenir sur lui quelque avantage décisif.

Cette faute méritoit d'être relevée dans l'examen d'une campagne si mémorable; et cependant l'indécision n'étoit point dans le caractère de Buonaparte. Prompt dans ses résolutions, et toujours actif dans ses mouvemens; mais placé entre deux armées en retraite, peut-être fut-il embarrassé sur le choix de la poursuite. Troyes l'attiroit. Peut-être aussi s'abusa-t-il lui-même sur les négociations qui sembloient alors prendre un tour plus pacifique. Ce fut pour les accélérer que le comte Flahaut, son aide-de-camp, se réunit à Lusigny au comte Ducca, aide-de-camp de l'empereur d'Autriche; au comte Schouwaloff, aide-de-camp de l'empereur de Russie, et au général Rauch, chef du corps du génie du roi de Prusse : les conférences avoient pour objet de traiter des conditions d'un armistice de quinze jours.

Ces apparences de paix peuvent seules expliquer l'inaction de Napoléon à Troyes, du 24 au 27 février, et la position singulière de son armée, qui formoit alors une pointe prolongée jusqu'à Bar-sur-Aube, tandis que l'ennemi pouvoit manœuvrer à son choix sur l'un ou l'autre de ses flancs.

Rentrés dans une ville occupée pendant trois semaines par les empereurs confédérés, les officiers les plus éclairés de l'armée française remarquoient, comme une singularité, qu'on ne pût y recueillir aucun renseignement positif sur les intentions des puissances à l'égard du gouvernement impérial. Selon quelques rapports vagues, les ennemis sembloient pencher pour la régence, dans le cas où le pouvoir de Napoléon viendroit à s'écrouler, soit par l'effet d'une révolution, soit par tel autre événement fortuit.

Mais l'opinion vulgaire de l'armée présentoit toujours les alliés comme en pleine déroute, n'ayant plus que des débris avec lesquels il leur seroit difficile de repasser le Rhin. On y étoit persuadé aussi que la Normandie, la Bretagne, Paris et les armées d'Espagne envoyoient deux cent mille hommes de renforts, et que toute la France étoit en armes.

A cette époque les vexations, les violences, le pillage, en un mot, tous ces fléaux qu'apporte avec elle, dans une guerre d'invasion, une armée composée de tant de peuples divers, marchant sans magasins, avoient exaspéré les habitans des campagnes, et rattaché l'opinion à Napoléon dans les départemens envahis. On ne voyoit plus en lui la cause première des malheurs de la France, mais le général qui seul pouvoit la délivrer de la vengeance des étrangers. Toujours impatient du joug, le Français ne pouvoit s'accoutumer à subir la loi après l'avoir donnée si long-temps. On ne se levoit point *en masse* dans la Champagne; mais dans plusieurs villages, au milieu des forêts, on attaquoit les détachemens, on tuoit les hommes isolés, on arrêtoit les caissons, et on délivroit les prisonniers de guerre. Quelques communes près de Châtillon, entr'autres la Chaume, furent cruellement punies de ces entreprises toujours funestes quand elles sont partielles, et ne sont pas soutenues par la force organisée. L'exaltation étoit entretenue par des bruits mensongers, par les rapports officiels qui exagéroient nos forces et les pertes de l'ennemi. Partout dans les campagnes on étoit persuadé qu'un élan de la capitale et des provinces avoit donné à Napoléon une armée innombrable; mais quand on vit l'armée alliée en retraite et non en déroute, plus forte et moins fatiguée que l'armée française qui la poursuivoit; quand on vit les vainqueurs douter eux-mêmes de la durée de leur succès, la confiance s'affoiblit, et on pressentit bientôt que le sort de la campagne n'étoit pas encore décidé.

A Troyes on put facilement juger que l'armée de Napoléon étoit à peu près de la même force qu'à l'époque de sa retraite vers Nogent; ses succès l'avoient affoiblie, et les renforts étoient presque nuls. Du reste il n'étoit guère possible de se former une idée précise de l'état réel de toutes les troupes en campagne. C'étoit un mystère que Napoléon seul pouvoit pénétrer; et à cet égard ses propres maréchaux restoient dans la plus complète ignorance.

Pour mieux envelopper de ténèbres l'effectif de ses armées, Napoléon laissoit subsister tous les anciens cadres, et il en résultoit un complet fictif de quatre cent mille hommes; plusieurs bataillons n'avoient que des officiers; d'autres offroient presque autant d'officiers que de soldats.

Ainsi Troyes ne vit marcher à la poursuite d'une armée de cent mille combattans, qu'une quarantaine de mille hommes dans la double direction de la Seine et de l'Aube. Le maréchal Macdonald prit la route de Bar-sur-Seine, et le maréchal Oudinot celle de Bar-sur-Aube; le maréchal Ney se posta à Arcis, et le duc de Padoue resta à Nogent. A la tête de l'avant-garde du maréchal Oudinot, le général Duhesme enleva Bar-sur-Aube au corps autrichien du général Giulay; cette ville fut occupée immédiatement par le maréchal Oudinot, par le général Gérard et par le deuxième corps de cavalerie.

Le corps d'armée du maréchal Macdonald défiloit sur la route de Bar-sur-Seine à Mussy-l'Evêque : sa cavalerie étoit belle et pleine d'ardeur; mais son infanterie, composée en partie de nouvelles levées, paroissoit exténuée de fatigue et de faim. Les traîneurs se jetoient dans les villages. Ce corps évalué à trente mille hommes en avoit à peine quinze mille. Après avoir établi un instant son quartier-général à Mussy-l'Evêque, le maréchal Macdonald marcha sur Essoye et sur Fontette, ne laissant que des avant-postes sur la route de Châtillon, où le congrès continuoit ses séances. Cette ville, depuis l'ouverture des négociations, étoit comme une île heureuse au milieu des pays ravagés par la guerre. On y portoit l'abondance de toutes parts, et une foule de personnes des environs et même de Troyes s'y étoient réfugiées. Les ministres plénipotentiaires se donnoient alternativement des festins, et passoient, dit-on, plus de temps à table qu'en conférence.

L'armée française ne suivoit la grande armée alliée qu'avec précaution, et Buonaparte s'apercevant enfin que le mouvement de flanc opéré par le maréchal Blucher, étoit concerté avec la retraite apparente du prince de Schwartzenberg, suspendit aussitôt la marche de ses colonnes.

En effet, tandis que la cavalerie du maréchal Macdonald poussoit vers Châtillon et Clairvaux, le maréchal Blucher marchoit sur Sézanne avec toute son armée réunie, à la poursuite du duc de Raguse. Ce général se mit aussitôt en retraite vers la Ferté-Gaucher et Rebais, dans la continuelle appréhension d'être accablé par des forces supérieures; mais il parvint à se retirer en bon ordre et presque sans perte, le général Korff, avec mille chevaux, n'ayant pas exécuté avec assez de promptitude l'ordre qu'il avoit reçu de tourner le corps français. Blucher le suivit, et apprit, à Rebais, que le maréchal Mortier, avec la jeune garde, étoit parti de Château-Thierry, où il observoit la rive droite de la Marne, pour se joindre en hâte au maréchal duc de Raguse, à la Ferté-sous-Jouarre.

Les troupes des deux maréchaux s'élevoient à seize ou vingt mille hommes. C'étoit une opération délicate que le passage de la Marne en leur présence, tandis que Buonaparte, instruit de la direction de l'armée de Silésie, détacheroit probablement un corps sur ses derrières. Mais Blucher, sans hésiter, fait les dispositions suivantes : il ordonne aux généraux Sacken et Langeron de se diriger sur Coulommiers et Chailly, et de poursuivre ensuite leur marche sur Meaux ; il ordonne en même temps aux généraux Kleist et York de se diriger de Rebais sur la Ferté-sous-Jouarre Le général Korff, avec une réserve de trois mille chevaux, formoit l'arrière-garde. La démonstration vers Meaux remplit l'attente du feldmaréchal. Les deux maréchaux français réunis à la Ferté-sous-Jouarre, abandonnent précipitamment cette ville, et se portent au secours de Meaux, laissant ainsi la facilité aux ennemis de jeter des ponts sur la Marne, en avant de la Ferté. Une centaine de chasseurs prussiens passent immédiatement sur des petites embarcations, et s'emparent de la ville, passage qui eût été effectué à Meaux ou à Tréport. L'armée de Silésie étoit également préparée à franchir la rivière sur l'un ou l'autre point.

Deux ponts de bateaux furent aussitôt jetés à la Ferté-sous-Jouarre; mais il fallut deux jours pour les établir, et les corps des maréchaux Marmont et Mortier eurent le temps de se concentrer à Meaux.

Cependant l'armée de Silésie, maîtresse des deux rives de la Marne, se trouvoit en état d'opérer sa jonction avec les forces qui arrivoient du Nord par Laon, Reims et Châlons.

C'étoient les deux corps d'armée des généraux Wenzingerode et Bulow, dont nous allons tracer la marche hardie depuis la Belgique jusqu'à la Marne.

Il falloit sans doute que la France gémît sous une domination désastreuse, pour que ses frontières du nord, hérissées de places fortes et jusqu'alors inexpugnables, se trouvassent tout à coup dégarnies et ouvertes, pour ainsi dire, à des corps ennemis, qui de là pénétrèrent sans obstacle jusqu'au cœur de l'empire.

Aucune force, en effet, ne leur disputa le passage; mais pourtant il fallut percer à travers une ceinture de forteresses et braver une population belliqueuse, qui pouvoit s'armer et faire tourner cette entreprise à la confusion des alliés.

Le plan de cette subite invasion consistoit, pour le corps d'armée de Bulow, à négliger toutes les places de la Flandre, et à franchir les anciennes frontières de France, par Avesne et Vervins. Quant au général russe Wenzingerode, après avoir dépassé Juliers, Vanloo et Mastricht, il devoit négliger aussi les places des Ardennes, telles que Montmédi, Charlemont, Givet, Philippeville, Rocroy et Mézières, pour arriver également, par sa droite, sur Avesne, et, par sa gauche, sur Rethel; mais cette marche audacieuse, il falloit l'effectuer au cœur de l'hiver, par des chemins jugés impraticables; il falloit tourner des forteresses qui, n'étant pas observées, pouvoient communiquer entr'elles; il falloit éviter les garnisons françaises qui se mettoient en mouvement pour inquiéter les colonnes d'invasion.

Rien cependant ne put retarder la marche des deux généraux confédérés.

Arrivé à Namur le 24 janvier, le lieutenant-général baron de Wenzingerode séjourne dans cette ville, pour réunir et diriger ses colonnes. Le 5 février, il publie une proclamation, promettant respect aux personnes et aux propriétés; il se met ensuite en route de Namur sur Avesne. Bientôt le général Czernicheff, qui commande son avant-garde, s'empare de Dinant, et jette inutilement quelques obus à Philippeville.

En même temps le général comte Woronsow, après avoir passé le Rhin à Cologne, prend aussi la direction de Namur, et de là marche sur Rethel, et se trouve bientôt en contact avec le général Strogonoff qui le suit. Presque toute cette frontière étoit disposée en faveur des alliés.

Ainsi, les colonnes de Wenzingerode et de Woronzow, après avoir traversé la Belgique, alloient pénétrer sans obstacle jusqu'à Laon et à Reims. Une sécheresse prolongée, en rendant tous les débouchés praticables, leur permit de franchir la frontière des Ardennes, en évitant toutes les places fortes. Dépourvue de tout, la ville d'Avesne seule se rendit.

Le lieutenant-général Wenzingerode y trouve quelques pièces de canon de bronze et des munitions; il y établit son quartier-général, au commencement de février, et annonce hautement qu'il se rend à Laon, pour, de là, marcher sur Paris. En même temps ses colonnes de gauche s'emparent des routes de Vervins et de Mézières; elles pénètrent jusqu'à Rethel, et se dirigent sur Reims. Cette ville ouvre ses portes à un détachement de cosaques. Toute l'avant-garde russe y arrive. Maître de Reims, le général Czernicheff se dirige, avec quatre à cinq mille hommes de troupes légères, sur Soissons, et envoie sommer cette ville de se rendre.

Située dans un vallon riant et fertile sur la rivière d'Aisne, à huit lieues de Laon et à treize lieues de Reims, Soissons, l'une des plus anciennes villes de France, mais déchue aujourd'hui, contient à peine huit mille âmes. Elle est séparée inégalement par la rivière, et c'est le quartier le moins considérable qui se trouve sur la rive droite. Un mur solide l'entoure, et la met à l'abri d'une surprise; mais son fossé en pente douce du côté de la plaine, est partout accessible, et il n'y a point de contrescarpe. Cependant Napoléon avoit jugé sa position importante à cause de son pont sur l'Aisne, qui forme comme le débouché de presque toutes les grandes routes du Nord sur Paris; ce boulevard forcé, rien ne pouvoit plus s'opposer à la jonction des troupes venant du Nord avec l'armée de Silésie manœuvrant sur la Marne.

Soissons, d'abord désigné comme point de réunion de vingt mille gardes nationaux, n'avoit encore reçu dans ses murs, au commencement de février, que cinq à six mille soldats, qui partoient successivement pour se rendre au camp de Melun. Il n'y restoit plus, quand l'ennemi se présenta, qu'environ deux mille cinq cents hommes, levés en Normandie et armés à la hâte avec des fusils presque hors d'état de servir. La ville renfermoit, en outre, deux cents soldats italiens et quatre-vingts gendarmes, qui s'y étoient retirés des pays envahis. Napoléon venoit de confier ces troupes et la défense de la ville au général

Rusca, Piémontais et médecin d'origine, entré dans la carrière des armes par enthousiasme révolutionnaire. C'étoit un officier intrépide et ardent, voué aux intérêts de Napoléon depuis ses premières campagnes en Italie. Plein de confiance dans la fortune de son maître, il repoussoit l'idée qu'une troupe étrangère pût se présenter en force devant Soissons; il supposoit tout au plus qu'un parti de cosaques se hasarderoit dans les plaines voisines. Ses dispositions de défense se bornèrent donc à mettre la ville en état d'arrêter un corps de cavalerie.

Instruit de l'approche des Russes, le général Rusca fait rentrer dans Soissons les bacs et les bateaux à quelques lieues à la ronde : là se bornent ses précautions pour la défensive ; il ne cherche pas seulement à mettre ses soldats à couvert du feu d'un ennemi agresseur ; il n'ouvre pas même un fossé sur le rempart ; en un mot, il ne fait aucunes dispositions militaires pour défendre le pont sur l'Aisne.

Le 13 février, au point du jour, cinq cents cosaques paroissent tout à coup dans la plaine ; on bat aussitôt la générale ; on met des canons en batterie, et on commence le feu. Rusca ordonne une sortie et repousse les cosaques à une lieue, de la ville : mais ils reparoissent soutenus par deux bataillons d'infanterie russe. Une vive fusillade s'engage dans les vignes, sur la route de Laon, jusqu'à trois heures après midi : alors Czernicheff force la garnison de rentrer dans la place. Il envoie un parlementaire, et somme la ville de se rendre ; mais Rusca, échauffé par ses instructions et par son zèle, rejette toutes les sommations, et jure de se défendre jusqu'à la mort. Le feu du canon de la place recommence aussitôt, et l'avant-garde, n'ayant que deux pièces de petit calibre, ne peut y répondre.

Abusé par une confiance aveugle, Rusca ne fait aucuns préparatifs réels de défense. Le lendemain le général russe Wenzingerode marche lui-même avec son corps d'armée pour attaquer Soissons. A neuf heures du matin, on voit descendre des hauteurs environ douze mille hommes d'infanterie et vingt pièces de canon ou obusiers. Quelques maisons situées à cinquante pas de la porte de Laon, permettent à Wenzingerode d'établir, à l'abri du feu de la place, douze pièces de canon en batterie. Une autre batterie, également couverte dans sa marche par l'ancienne abbaye de Saint-Médard, vient s'élever de l'autre côté de la porte de Laon, et domine le feu de la place; deux autres pièces, placées sur le prolongement d'une grande partie du rempart, en ligne droite, le balaie avec des biscaïens. Là, pas un massif pour empêcher l'enfilade du feu ennemi; pas une sentinelle sur toute l'étendue de cette ligne. En restant ferme à son poste à la porte attaquée, Rusca pense avoir rempli tous ses devoirs. Le feu des Russes redouble, et bientôt un biscaïen frappe mortellement ce général; il ne survit qu'une heure à sa blessure. Ainsi découvert, il n'eût même pas pu échapper à la mousqueterie des Russes, qui, établis dans les maisons situées à cinquante pas de la porte de Laon, tuèrent presque tous les canonniers à leurs pièces. La mort de Rusca abattit le courage de la garnison. Cependant la ville n'étoit attaquée que du côté du Nord, et les ennemis ne pouvant passer l'Aisne, les deux portes de Paris et de Reims restoient libres et ouvertes. Vers le point d'attaque, les Russes hésitoient de s'approcher des remparts qui étoient dégarnis. A la fin ils avancèrent : il étoit alors midi; on pouvoit les voir. Pas un seul coup de fusil n'est tiré contre eux; ils appliquent une seule échelle, escaladent le rempart, et prennent à dos l'infanterie postée à la porte de Laon. A l'instant même tout se met en fuite : les uns se réfugient dans les maisons; les autres courent chercher un abri de l'autre côté de l'Aisne. Soissons pris d'assaut, rempli d'épouvante, est livré, pendant trois heures, au pillage et à la fureur du soldat. On se bat dans les rues : les cosaques, quelques bataillons russes traversent la ville, à la poursuite des gardes nationaux qui fuyoient. Les uns, ne trouvant plus d'asile assuré dans l'enceinte de la ville, se jettent au bas des remparts; d'autres se précipitent vers les portes encore libres, pour chercher un refuge dans les campagnes. Les Russes, ne faisant aucun quartier, tirent indistinctement sur tout ce qui a pris la fuite, et achèvent, à coups de baïonnettes, ceux qu'ils peuvent atteindre. Les généraux de brigade Berruyer et Daulon-Verdun gagnent la route de Compiègne, échappant avec quarante gendarmes à cheval; mais sur cette route même quinze cents gardes nationaux sont enveloppés, et mettent bas les armes. Le général Longchamp, trois colonels et toute l'artillerie, tombent au pouvoir des Russes.

Wenzingerode arrête enfin le pillage, et ramène la sécurité dans la ville. Le lendemain il donne une proclamation, portant que, pour le bonheur de la France autant que pour la tranquillité de l'Europe, il est nécessaire de limiter la puissance de Napoléon, et il annonce que le corps russe sous ses ordres n'est que l'avant-garde de l'armée combinée du Nord, commandée par le prince royal de Suède.

Le 15 février, les généraux russes rendirent les honneurs funèbres au général Rusca. Instruits, dans la soirée du même jour, de la défaite des corps de Sacken et d'York, ils ouvrirent les prisons de la ville ; et, après avoir mis tous les prisonniers en liberté, ils firent leur retraite par la route de Reims, emmenant avec eux leurs prisonniers de guerre, le sous-préfet (1), et une quarantaine d'habitans pris au hasard, moins comme otages, que pour leur servir de guides. Ils accélérèrent leur retraite, par le chemin de traverse, sur la rive droite de l'Aisne, voulant mettre cette rivière entre eux et les vainqueurs de Montmirel.

Le maréchal duc de Trévise réoccupa Soissons le 19 février, et en réorganisa la défense ; mais cet échec obscurcit les succès de Napoléon sur la Marne, et, dans sa colère, il fit

---

(1) M. de Vismes.

traduire les généraux qui devoient remplacer Rusca, devant un conseil d'enquête; car, dit-il, *Soissons ne devoit pas être pris.*

Telle fut la marche du corps d'armée de Wenzingerode sur l'Aisne et vers la Marne. Celle du général Bulow, dans la même direction, fut plus rapide encore.

Après avoir, de concert avec la division anglaise de sir Thomas Graham, commencé les approches d'Anvers, il venoit de prendre position près de cette forteresse importante. La première attaque fut fixée au 2 février par les deux généraux; mais les précautions prises par les Français pour conserver leurs flottes, avoient mis la ville et les vaisseaux de guerre à l'abri. La garnison, d'ailleurs, étoit pleine de courage, et les ouvrages dans le meilleur état. Le nouveau gouverneur, le général Carnot, arrivé le 2 février au matin, prend immédiatement le gouvernement d'Anvers. L'ennemi assaillit presque aussitôt les ouvrages extérieurs avec toutes ses forces réunies; mais la résistance est encore plus vigoureuse. Les alliés sont repoussés sur tous les points, après avoir fait de grandes pertes en tués et en blessés. La flotte reste intacte malgré le bombardement, à l'exception du vaisseau *le César*, qui est un peu endommagé. Le même jour, le général Bulow reçoit l'ordre formel de marcher vers le Midi, suivi du corps prussien qu'il commande, afin d'agir de concert avec la grande armée confédérée. Le siége d'Anvers est aussitôt converti en blocus, formé par la division anglaise et par dix mille Saxons.

Le 3 février, le général Bulow, aux termes de ses instructions, se dirige sur Malines, où il fait son entrée le 5. Son avant-garde pénètre bientôt à Vilvorde, tandis qu'une autre colonne marche d'Oudenarde à Gand. Les troupes françaises ayant évacué Bruxelles le 2 février, les cosaques y font leur entrée le même jour. Les habitans de Malines, de Bruxelles, et de presque toutes les villes du Brabant, reçoivent les alliés avec de grandes démonstrations de joie. Une députation de Gand va présenter les clefs de la ville au général Bulow. Les alliés se répandent de plus en plus dans la Belgique, tandis que la Flandre française, agitée par des troubles intérieurs, est parcourue en tous sens par trois ou quatre mille conscrits réfractaires ; ils se rendent maîtres du pays, entre Lille, Armentières et Bailleul, et coupent toute communication avec Dunkerque.

Ainsi, toute la Belgique étoit soustraite à

la domination de Napoléon, à l'exception d'Anvers. Le prince de Saxe-Weimar, commandant en chef l'armée combinée du Nord, portoit son quartier-général à Bruxelles.

Cependant le général Bulow, poussant ses avant-postes dans la direction de Mons, marchoit par le Hainaut en Picardie, pour se mettre en communication avec le corps russe de Wenzingerode, qui pénétroit par le Laonnais, le Soissonnais et la Champagne.

Bientôt toutes les barrières du Nord sont franchies. Le 14 février, le général Bulow fait son entrée à Avesne; puis il occupe Laon; et de là il détache une de ses divisions pour s'emparer de la Fère dont la possession assuroit son flanc droit, et le rendoit maître du cours de l'Oise; il trouve à la Fère des magasins considérables et un dépôt d'artillerie. Le 26, il fait sa jonction avec le général russe Wenzingerode. Dès le jour suivant, tous deux de concert se portent vers Soissons, pour se réunir au feld-maréchal Blucher, alors avec son armée entière, sur les deux rives de la Marne, entre Château-Thierry et Meaux. Déjà même un détachement de troupes légères, commandé par Tettenborn, et appartenant au corps de Wenzingerode, avoit passé la Marne, et s'étoit porté à Fère-Champenoise, à dix lieues seulement de l'Aube.

Vitry, Châlons, Epernay, la Ferté-sous-Jouarre, sont au pouvoir du feld-maréchal, dont l'armée occupe ainsi quarante lieues du cours de la Marne, depuis sa source jusqu'à Meaux. Les avant-postes français ayant abandonné le côté de la rivière opposé à Tréport, le général Sacken y porte son quartier-général, tandis que de fortes reconnoissances de cavalerie, poussées sur les derrières de l'armée, dans toutes les directions, la mettent à couvert de toute surprise. L'avant-garde russe du corps de Sacken étoit déjà dans les faubourgs de Meaux, sur la rive gauche, au pont placé à la sortie de la ville, sur la route de Nangis, pont que les généraux français, dans leur retraite, avoient fait couper.

Etabli sur l'Ourcq, le maréchal Blucher envoyoit ses coureurs jusqu'au pont de Lagny, et faisoit encore trembler la capitale. Ce système d'une guerre active, opiniâtre, qui, se renouvelant sans cesse, ne laissoit aucun relâche à Napoléon, et varioit souvent les chances de la fortune, étoit non-seulement conforme au caractère du général prussien, mais encore aux vues de son gouvernement. La Prusse, en effet, n'auroit souscrit qu'à regret à un traité quelconque avec Napoléon; et, par des entreprises militaires indépendantes de celles de la grande armée, et surtout plus tranchantes, elle s'efforçoit de contrarier ou de déranger les négociations de Châtillon : elle y parvenoit par des opérations tellement rapides, qu'elles changeoient ou modifioient presque tous les jours les prétentions ou les dispositions des cabinets et de leurs plénipotentiaires : telles étoient les vues secrètes de la Prusse.

Ainsi, pour la troisième fois, Paris se trouvoit sérieusement menacé. On y voyoit rentrer en foule des blessés et des fuyards ; une inquiétude sourde agitoit de nouveau les esprits, et les courtisans les plus endurcis n'affectoient déjà plus qu'une apparente sécurité.

Instruit du retour du danger, par l'arrivée subite de plusieurs courriers expédiés de Meaux et de Paris, Napoléon prit, le 27 février, la résolution de quitter Troyes, et de se porter rapidement sur les derrières de l'armée de Blucher, afin de renouveler, s'il étoit possible, les manœuvres de Champaubert et de Montmirel. De nouveaux succès étoient d'autant plus réclamés, que les conférences de Lusigny venoient d'échouer pour une suspension d'armes. On n'avoit pu s'entendre sur la ligne de démarcation. Telle étoit la confiance de Napoléon et de ses favoris dans l'issue de la guerre, que l'aide-de-camp Flahaut dit au général autrichien Ducca, dans une des conférences : « Encore une défaite comme celle de » Montereau, et je parie, général, que vous » êtes rejeté au-delà du Rhin. »

Tous les efforts tendoient à obtenir ce résultat. Ainsi, en se reportant avec célérité sur la Marne, Napoléon avoit en vue de dégager de nouveau sa capitale, et surtout de s'opposer à la jonction des corps de Bulow et de Wenzingerode, au gros de l'armée de Silésie, qui, par cette addition de forces, pouvoit s'élever bientôt à cent mille combattans, et ne plus trouver d'obstacles à ses entreprises.

En partant de Troyes, avec sa garde, le 27 février, Napoléon expédia au maréchal Macdonald, en avant de Bar-sur-Seine, le comte Arthur de Labourdonnaye, colonel aide-de-camp, porteur d'un ordre qui mettoit à la disposition du maréchal les corps d'armée du duc de Reggio et du général Gérard. Avec ces troupes réunies aux siennes, il devoit contenir la grande armée austro-russe, tandis que Napoléon attaqueroit de nouveau l'armée de Silésie ; on recommandoit surtout au maréchal de dérober au prince de Schwartzenberg la connoissance du mouvement de Napoléon ; et, à cet effet, on imagina de faire crier sur toute la ligne française : *Vive l'Empereur!* comme s'il eût été présent.

Sans doute la commission de contenir cent mille combattans avec moins de trente mille hommes, étoit aussi difficile qu'honorable ; mais Napoléon la confioit au maréchal Macdonald, qui réunit à l'intrépidité et au sang-froid le rare talent de commander aux soldats, et de s'en faire aimer.

La même impétuosité, qui avoit signalé la première expédition de Buonaparte sur la Marne, l'accompagna dans le début de celle-ci ; mais quelle différence dans les résultats! Ici, Napoléon alloit accélérer lui-même sa ruine.

Le 27 mars, il partit de Troyes avec sa garde, et coucha le même jour au petit village d'Herbise, à deux lieues au-delà d'Arcis-sur-Aube. Le lendemain 28 il se dirigea sur Sézanne par Fère-Champenoise. En route la cavalerie légère de sa garde avoit escarmouché contre les troupes légères de Tettenborn, restées en arrière pour observer les mouvemens de l'armée française. Attaqué par quatre mille hommes de la garde impériale, Tettenborn s'étoit retiré de Fère-Champenoise à Vertus. Le même jour 28, Napoléon établit son quartier-général au château d'Esternay, situé entre la Ferté-Gaucher et Sézanne; ces deux marches forcées le portèrent de nouveau sur les derrières de l'armée de Silésie; mais elle avoit sur lui trois marches, et d'ailleurs il ignoroit encore si les maréchaux Trévise et Marmont avoient pu résister et préserver Paris.

L'armée française partit le 1er mars d'Esternay à cinq heures du matin, et poursuivit sa route par la Ferté-Gaucher, où Napoléon s'arrêta quelques heures, espérant y recueillir des informations sur les mouvemens et sur la force de l'ennemi. Tous les rapports annonçoient qu'il étoit maître de la Marne, et que Soissons et Meaux étoient sérieusement menacés.

Napoléon se porte aussitôt par la traverse sur Rebais et sur Jouarre, où il arrive le soir même; il marche, ou plutôt il court sur les traces de Blucher par un temps pluvieux et par d'affreux chemins.

Ce mouvement rapide comprometttoit de

nouveau les corps d'armée des généraux Sacken
et York, qui s'étoient approchés de Meaux
par la rive gauche de la Marne; mais cette
fois étant plus sur leur garde, et instruits de
la marche de l'armée française, ils passèrent
en hâte sur l'autre rive, se dirigeant de la
Ferté-sous-Jouarre à Lisy-sur-Ourcq, petite
ville à trois lieues au nord de Meaux. Ce
territoire, toujours inondé et fangeux, eût
englouti hommes et chevaux, sans une gelée
subite qui sauva les alliés. Ainsi, près de trente
mille hommes envahissent subitement, par la
hauteur, les communes de Lisy, Crouy et
Gandelu. Les habitans, épouvantés par le
nombre toujours croissant des ennemis, et
par les bruits de dévastation et de massacre
semés à dessein, abandonnent leurs maisons,
leurs propriétés, cherchant la plupart leur
salut dans la fuite. Un grand nombre se ré-
fugie dans des carrières environnantes, espérant se dérober ainsi à la poursuite et au pillage des cosaques qui déjà inondoient les campagnes. L'invasion avoit commencé vers neuf
heures du soir; la nuit très-obscure et une
pluie abondante mêlée de grêle, multiplioient
les difficultés et les souffrances sous les pas
des malheureux fugitifs. Plus de cinq cents

d'entr'eux, de tout sexe et de tout âge, venoient de s'entasser dans une carrière souterraine. Là, forcés de se dépouiller de leurs vêtemens transpercés par la pluie, la plupart furent bientôt livrés aux tourmens de la faim et des plus terribles angoisses. Qu'on se figure, dans cet asile de désolation, des femmes enceintes, sans aucun secours de l'art, et dont la frayeur hâtoit le terme de l'enfantement, restées ainsi en proie à la misère, à la douleur et au désespoir ! Bientôt le bruit du canon, de la mousqueterie, des cris de mort se font entendre, et ajoutent encore à l'horreur d'une pareille situation. A l'impossibilité de séjourner plus long-temps au sein d'une atmosphère méphitique, venoit se joindre la crainte d'être sacrifié par l'ennemi; crainte moins terrible peut-être que celle de mourir étouffé ou d'inanition. Il falloit toutefois abandonner le souterrain ou périr; et les malheureux réfugiés prennent, avec leur famille, la résolution extrême de se mettre à la merci des premières gardes avancées. Quelle est leur surprise et leur joie ! loin d'être à la discrétion des envahisseurs, ils se trouvent au milieu de l'armée française, poursuivant l'ennemi en retraite dans la direction du nord.

Déjà le corps prussien du général Kleist, qui s'étoit dirigé sur Meaux par la route de Soissons, avoit été abordé, le 28 février, par le maréchal duc de Trévise, au village de Gué à Trême, sur la petite rivière de Teroenne, et repoussé, l'épée dans les reins, pendant plusieurs lieues.

En même temps, les corps des généraux York et Sacken, après avoir passé la Marne, avoient tenté le passage de l'Ourcq; à la suite de plusieurs combats d'avant-garde, livrés, à Crouy et à Lisy, contre le corps du maréchal Marmont. Etonnés de la résistance qu'on leur opposoit, les deux généraux alliés alloient se réunir pour forcer le passage, quand le maréchal Blucher, établi depuis trois jours au château de Beurneville, près la Ferté-Milon, sur l'avis certain de l'arrivée de Buonaparte avec une armée expéditionnaire, renonce tout à coup à l'offensive, et prend la résolution de se joindre aux généraux Bulow et Wenzingerode sous les murs même de Soissons. C'étoit après avoir chassé de Troyes la grande armée alliée que Buonaparte, selon le même avis, accouroit avec l'élite de ses troupes, afin de manœuvrer de nouveau sur les derrières de l'armée combinée.

A l'instant même le mouvement de retraite du feld maréchal fut prononcé ; tout fila par la Ferté-Milon et par Oulchy-le-Château, à travers les terres, pour gagner la grande route de Laon, du côté de Neuilly-Saint-Front. L'avant-garde formée par le corps de Kleist, devint l'arrière-garde, et couvrant la marche de l'armée, reçut, toute la journée du 2 mars, le choc des têtes de colonnes qui suivoient avec chaleur les Prussiens. A Neuilly-Saint-Front l'engagement fut meurtrier pour les deux partis ; les ducs de Raguse et de Trévise, stimulés par l'arrivée de l'armée, poussoient vivement l'arrière-garde ennemie dans la direction de Soissons.

Déjà cette ville étoit armée. En l'occupant de nouveau, à la fin de février, le duc de Trévise, frappé des derniers succès de Napoléon, avoit dit publiquement à l'Hôtel-de-Ville : « Ce n'est plus à Châtillon, mais sur » le Rhin, que nous dicterons les conditions » de la paix. » L'arrivée d'un bataillon de la Vistule, fort de sept cent cinquante hommes, de vingt pièces d'artillerie et de cent vingt canonniers, venoit de relever la confiance des habitans, et de compléter la défense de Soissons, confiée au général de brigade Moreau (1). Napoléon voyoit dans cette ville une barrière capable d'arrêter ou de suspendre la marche des ennemis qu'il poursuivoit, et qu'il brûloit d'atteindre.

Le 2 mars, il arrive à la Ferté-sous-Jouarre, et ordonne de réparer les ponts que l'ennemi avoit coupés. Son avant-garde passe la Marne le lendemain, et va le même jour à Rocourt. Mais il ne pouvoit plus joindre l'armée combinée que sur les bords de l'Aisne. Contrarié dans son projet, sans renoncer toutefois à combattre Blucher, il détache les ducs de Raguse et de Trévise, devant Soissons, avec leurs corps respectifs; envoie un autre détachement pour occuper Reims, et fait lui-même, avec le reste de l'armée, un détour par Fismes, afin de passer l'Aisne à Béry-au-Bac.

En deux marches, il porte, le 4 mars, son quartier-général à Fismes, sur la route de Reims; là il se croit à la veille de réaliser de nouveau sa manœuvre favorite, sa combinaison familière, c'est-à-dire, de tourner l'ennemi pour décider en une journée du sort de la guerre.

---

(1) Ce général n'est point parent du célèbre Moreau.

Son arrivée à Fismes plaçoit le gros de l'armée française sur le flanc de l'armée combinée, qui, par là, se trouvoit réellement compromise : car Soissons, étant armé de plusieurs bouches à feu et défendu par sept cents Polonais, pouvoit fermer tout accès à l'ennemi. Dans l'impossibilité de passer l'Aisne sur ce point, Blucher se seroit peut-être trouvé forcé de combattre avec désavantage, ayant la ville devant lui, à dos les corps des ducs de Raguse et de Trévise, et sur son flanc droit les forces de Napoléon, qui précipitoit sa marche pour le déborder; mais Napoléon fut trompé dans son attente. Les généraux Bulow et Wenzingerode s'étant rencontrés devant Soissons, le 2 mars, firent des dispositions menaçantes, décidés à emporter la ville d'assaut; elle étoit cernée par vingt-cinq à trente mille hommes. On se canonna d'abord; mais à quatre heures du soir, deux bataillons prussiens, débouchant par le faubourg de Reims, formèrent la première attaque. Un feu vif de mousqueterie, parti des remparts, jeta de l'incertitude dans leurs mouvemens. Le colonel Kosinsky tente aussitôt une sortie, et, quoique blessé dans l'action, il reconduit les Prussiens jusqu'à l'extrémité du faubourg.

La nuit approchoit, mais on apercevoit distinctement toutes les batteries ennemies et tous les bataillons munis d'échelles, s'avançant en bon ordre pour donner l'assaut. A cette vue, l'effroi et la stupeur s'emparent des malheureux habitans. Le commandant de la place, ne pouvant apprécier l'état général de la guerre, ne considéra que la situation particulière d'une ville sans fortifications, et attaquée de nouveau par une armée qui en avoit déjà fait la conquête, après avoir franchi toutes les barrières du Nord. Entraîné par ces considérations, il reçut un parlementaire, entama une négociation avec le général Bulow, et consentit à rendre Soissons, moyennant une capitulation honorable qui laissoit la garnison libre de se retirer sur Villers-Coterets, avec son artillerie et ses bagages.

Une convention si heureuse pour les alliés, eut, dans ces graves circonstances, les résultats les plus décisifs. Napoléon alloit marcher de Fismes sur Béry-au-Bac, pour tourner l'armée de Blucher, quand il apprit que Soissons venoit d'ouvrir ses portes. La fureur qui le transporta ne put même s'apaiser, après une victoire, et il l'exhala dans son bulletin officiel. « L'armée ennemie, dit-il, se croyoit perdue

» quand elle apprit que le pont de Soissons
» lui appartenoit, et n'avoit même pas été
» coupé. Par une lâcheté qu'on ne sauroit dé-
» finir, le général qui commandoit à Soissons
» a abandonné la place en vertu d'une capitu-
» lation soi-disant honorable; il est traduit,
» ainsi que les membres du conseil de défense,
» à une commission d'enquête. » Selon Napoléon, ces officiers paroissoient d'autant plus
coupables, que, pendant toute la journée du
2 et du 3 mars, on avoit entendu de la ville,
la canonnade de l'armée française, qui se
rapprochoit de l'Aisne.

C'étoit une fausseté insigne. Si Soissons n'eût
pas ouvert ses portes, la position de Blucher
se seroit trouvée incertaine, mais non pas désespérée. Son armée, pourvue de pontons,
auroit passé l'Aisne au-dessous même de Soissons. Quant au commandant, il ignoroit les
événemens du dehors. La place qui lui étoit
confiée n'avoit que mille hommes de garnison
pour la défense de remparts peu élevés, de
deux mille quatre cents toises de développemens. Elle étoit d'ailleurs attaquée par trente
mille hommes, munis d'échelles, suivis et
pressés par toute l'armée combinée; or, il est
évident que si Soissons ne s'étoit pas rendu,

l'ennemi l'auroit emporté d'assaut, la nuit même, deux jours avant que Napoléon pût arriver à son secours.

Quoi qu'il en soit, la reddition de Soissons rouvroit au maréchal Blucher le passage de l'Aisne ; et, dès le 3 mars, il y avoit effectué sa jonction avec les corps de Bulow et de Wenzingerode ; et, traversant librement le pont intact, toute l'armée avoit pris position sur un vaste plateau, à deux lieues en arrière de la ville, sa droite appuyée près du village de Laffaux, et sa gauche près de Craonne.

Cependant, après avoir suivi et harcelé l'armée combinée dans sa marche, les corps des maréchaux Marmont et Mortier, renforcés par une nombreuse cavalerie, tentèrent, le 5 mars, de reprendre Soissons. La ville étoit défendue par cinq à six mille hommes d'infanterie russe du corps de Langeron, sous les ordres du général Rudzwich, force alors suffisante, quoique Soissons ne fût entourée que d'un mur rompu et d'un fossé accessible sur plusieurs points.

A six heures du matin, les troupes françaises forment leur attaque, et s'emparent d'abord de la plus grande partie des faubourgs ; ensuite, de fortes colonnes marchent sur la ville même, des deux côtés opposés ; elles sont repoussées dans deux sorties successives. Un feu de mousqueterie s'engage dans le faubourg de Reims, pendant lequel les Russes pillent un grand nombre de maisons. Les obus des Français portent en même temps la flamme au sein même de la ville. Restés en possession de la plus grande partie des faubourgs, les Français enlèvent les toits des maisons ; et, de là, font un feu continuel sur les troupes russes qui garnissent les remparts. La nuit seule mit un terme à ce combat meurtrier, qui coûta aux Russes plus de mille hommes tués ou blessés, et aux assaillans, une perte égale. Quelques maisons seulement séparoient les deux partis. Les Russes s'attendoient pour le lendemain, à de nouvelles attaques. Mais Soissons n'étoit pas l'objet de l'expédition et des efforts de Buonaparte. Quoique la reddition de cette ville eût fait avorter la partie la plus essentielle de son plan, il n'en persista pas moins dans la résolution de manœuvrer sur le flanc de l'armée ennemie, après l'avoir tournée, à plusieurs lieues sur la droite de Soissons. Il rallie en conséquence les corps séparés des ducs de Raguse et de Trévise, qui, le 6 mars au matin, abandonnent l'attaque de la ville pour remonter l'Aisne sur leur droite. L'armée alliée néglige aussitôt la route directe de Laon, appuie sur sa gauche pour s'opposer aux progrès des Français, et couvrir Laon dans cette direction.

La veille, Napoléon s'étoit porté de Fismes sur Béry-au-Bac; là, après avoir fait emporter le pont de vive force par la cavalerie du général Nansouty, avant que l'ennemi eût pu le détruire, il avoit effectué le passage de l'Aisne avec son armée. La division de cavalerie russe, destinée à couvrir le pont, fut poussée pendant plusieurs lieues sur la route de Laon, avec une extrême vivacité; elle perdit deux canons; et plusieurs cavaliers furent faits prisonniers, parmi lesquels se trouvoit le colonel prince Gagarin. En même temps, de fortes colonnes filoient sur la route de Reims, vers Corbeny et Laon.

Tout annonçoit une bataille générale, entre cette ville et l'Aisne, dans le triangle dont la route de Soissons à Reims forme la base, et Laon le sommet.

Ce fut alors que le maréchal Blucher conçut une manœuvre qui, sans compromettre la totalité de ses forces, devoit avoir le résultat le plus décisif. Il établit son armée en échelons, sur le plateau qui s'étend de Craonne à l'Ange-Gardien (1), pour garder ce débouché et la route de Reims à Laon; puis, formant avec presque toute sa cavalerie un détachement de dix mille chevaux, sous les ordres du général Wenzingerode, il le dirige, par les routes de Chevrigny et Presle, à l'entrée de la plaine, derrière Bouconville, vers la route de Corbeny à Laon, pour, de là, se jeter sur la ligne de communication de l'armée française. Cette manœuvre hardie tendoit à tourner Napoléon au moment même où il auroit commencé l'attaque de la position de Craonne. Les corps prussiens des généraux Kleist et York étoient destinés à protéger et à suivre le mouvement de la cavalerie, et celui du général Sacken devoit soutenir l'infanterie de Wenzingerode. Le général Bulow, avec vingt mille hommes, se tenoit en réserve, prêt à occuper la position de Laon, qui assuroit, en cas de revers, une retraite à l'armée.

Telles furent les dispositions du feld-maréchal devant son redoutable adversaire.

Cependant, ce jour même, 6 mars, Napoléon s'étoit porté sur Corbeny, et avoit trouvé,

---

(1) Poste aux chevaux et ferme entre Soissons et Laon.

à peu de distance de ce bourg, l'infanterie russe en position sur les hauteurs en avant de Craonne. De forts détachemens de tirailleurs, soutenus par de l'artillerie, et couverts par les bois de Corbeny, s'en approchèrent et furent d'abord repoussés; mais deux bataillons de la garde ayant tourné la droite de la position, tandis que le maréchal Ney attaquoit la ferme d'Urtubise, les Russes se replièrent, et prirent, dans la nuit même, une position encore plus forte sur les hauteurs en arrière des villages de Saint-Martin et de Craonne. Le 7, au point du jour, Napoléon la fit reconnoître : elle parut formidable. La droite et la gauche de l'ennemi étoient appuyées sur deux ravins, et un troisième ravin couvroit son front, de sorte qu'on n'y pouvoit arriver que par un défilé étroit qui joignoit la position au plateau de Craonne; mais rien ne put amortir l'élan de Napoléon, et il s'occupa immédiatement des dispositions d'attaque.

De son côté, le maréchal Blucher, voyant que l'armée française s'étoit désistée de sa marche en ligne droite sur Laon, ordonna aux généraux Kleist et York d'effectuer leur mouvement dans la direction de Presle et de Leuilly, pour soutenir les dix mille hommes de cavalerie du général Wenzingerode, et opérer l'attaque sur le flanc droit de l'armée si elle avançoit sur le point occupé par l'infanterie en arrière de Craonne. Le général Sacken, placé en seconde ligne, avoit ordre, s'il étoit pressé par une force supérieure, de se replier vers Laon, et de rallier à lui la garnison de Soissons.

Blucher se hâta de joindre, à cheval, son immense détachement de cavalerie, pour tourner l'armée française, voulant diriger lui-même cette manœuvre décisive. Mais des difficultés inattendues, telles que l'escarpement des lieux, s'opposant au progrès de ce mouvement nocturne, la cavalerie ne se trouva avancée, le lendemain, que jusqu'à Presle, sans pouvoir atteindre le flanc de l'armée de Napoléon, que les cosaques seuls inquiétèrent. Arrêtée également par des difficultés locales, l'infanterie du général Kleist avoit pris une autre direction, de sorte qu'il devint impossible au feld-maréchal d'entreprendre avec succès son opération offensive.

Il étoit onze heures du matin, et déjà Napoléon commençoit l'attaque avec toutes ses forces estimées à cinquante mille hommes, dirigeant tous ses efforts vers le point même où l'infanterie du général Wenzingerode étoit en position. En l'absence de ce général, le comte Strogonoff commandoit en chef, et le comte Woronzow étoit à la tête de l'infanterie. Les Russes furent exposés au choc le plus impétueux. Tandis que le maréchal Ney se portoit sur la droite pour déborder la position de Craonne, le maréchal Victor, avec deux divisions de la jeune garde, se dirigeoit sur l'abbaye de Vauclair, pour, de là, passer le défilé.

L'abbaye est bientôt en feu; l'ennemi en est chassé; et le maréchal Victor franchissant le ravin défendu par cinquante pièces de canon, se réforme aussitôt sur la hauteur. Au même instant, il est frappé d'une balle. Un grand nombre de ses soldats étoit déjà tombé sous le feu des Russes; mais ses colonnes étoient suivies par les trains d'une artillerie nombreuse commandée par le général Drouot qui franchit aussi le défilé ; de fortes masses de cavalerie s'y portent pour appuyer l'attaque. Une effroyable canonnade s'engage dans le vallon et sur les hauteurs. Les Russes opposent aux Français, sur tous les points, une vive et ferme résistance. Dès le commencement de l'action, le général comte Strogonoff voit tomber son fils à ses côtés, frappé à mort ; trois autres généraux russes sont blessés grièvement ; et le général Woronzow a cinq officiers de son état-major tués ou blessés.

Déjà le maréchal Ney avoit passé le ravin de gauche, et débouchoit sur la droite de l'ennemi, tandis que les généraux Grouchy et Laferrière, à la tête de la cavalerie, franchissoient le défilé au milieu d'une grêle de boulets et de balles : tous deux furent blessés dans cette attaque, et remplacés par d'autres généraux. Le général Nansouty plus heureux, passa sans autant de perte, avec deux autres divisions de cavalerie, le ravin sur la droite des Russes. Le feu des batteries françaises porta la mort dans leurs rangs, et démonta quatorze pièces de canon. Se voyant tournés et pressés de toutes parts, ils songent à la retraite. En vain Napoléon qui, pendant la bataille, avoit redoublé d'activité, veut-il compléter la victoire par une charge générale de sa cavalerie ; les troupes russes, se reformant aussitôt, effectuent, sous la direction du général Sacken, leur retraite vers Laon, avec un ordre et un sang-froid admirables. Pendant la nuit et le lendemain matin, elles font leur jonction avec le gros de l'armée combinée. Pas un seul canon, pas une seule voiture ne restent en arrière ; les prisonniers vont à peine à soixante, quoique le nombre des tués ou blessés s'élèvent à près de trois mille. La perte des Français est à peu près égale, ayant été exposés pendant plus d'une heure au feu de la mousqueterie et de l'artillerie russe, servie avec autant de célérité que de précision.

Ainsi le combat de Craonne, combat sanglant, mais partiel, se seroit transformé en bataille décisive, si la cavalerie du feld maréchal Blucher eût pu manœuvrer selon le plan de ce général. La journée au contraire fut sans résultat, la possession du champ de bataille, resté à l'armée française, ayant été le seul prix comme la seule marque de la victoire. Napoléon en frémit ; et on assure qu'il s'écria, après l'action : « Je vois bien que cette guerre » est un abîme ; mais je ne m'y engloutirai » que le dernier. »

Il falloit ou abandonner la poursuite des Russes, ou se porter sur Laon, position excellente, où il étoit probable que se concentroient toutes les forces de l'armée combinée. Napoléon connoissoit peu ce terrain difficile que l'ennemi avoit eu le temps d'étudier ; mais décidé à marcher en avant, il porta le soir même son quartier-général à Bray. L'armée, se prolongeant sur la gauche, s'étendit entre les routes de Reims et de Soissons. Cette journée fut pénible, soit par les pertes, soit par les privations de l'armée, soit par le froid excessif qui rendit ses fatigues plus dures encore. La route de Paris étoit couverte de voitures qui transportoient les blessés vers la capitale.

L'armée partit de Bray le 8 mars, et se dirigea avec célérité sur l'Ange-Gardien, entre Soissons et Laon. Napoléon s'y arrêta quelques heures, et là il parut incertain sur la route qu'il tiendroit; il n'apprit que dans la journée l'évacuation totale de Soissons par les Russes, et leur concentration à Laon. Le soir même il se détermina à se porter vers cette ville, et à transférer son quartier-général à Chavignon, qui en est à quatre lieues.

Il n'avoit recueilli jusqu'alors que des notions incomplètes sur les accidens et les difficultés du terrain. Tout à coup sa mémoire lui rappelle que M. Bussy de Belly, son ancien camarade à Brienne et au corps royal d'artillerie, habite une maison de campagne près de Laon. Il l'a négligé jusqu'alors; d'ailleurs,

M. de Belly a préféré aux honneurs et aux richesses sa modeste retraite et une mère qu'il chérit. Mais Napoléon a besoin de son ancien condisciple : il le mande ; les ordonnances partent, et M. de Belly est bientôt en présence de son camarade de collége, devenu empereur. Il répond avec justesse à ses questions brusques sur la topographie du département de l'Aisne, et sur la position de Laon : « Je » vous fais aide-de-camp, » lui dit Napoléon, satisfait. N'osant refuser, M. de Belly garde le silence. « Je vous fais colonel. » Il baisse les yeux. « Je vous fais mon aide-de-camp. » — « Sire, répond-il alors, je suis trop honoré » d'une telle faveur...... » En vain allègue-t-il, avec tous les ménagemens que commande la volonté d'un maître, sa tendresse pour sa mere, et le besoin pour son cœur de lui prodiguer les secours que son grand âge réclame. « Il faut quitter votre retraite, lui dit » Napoléon d'un ton impérieux : je vous » donne trente mille francs de traitement, » vingt mille francs de gratification, et cinq » cents louis pour vos équipages; allez, faites » vos dispositions. » Voilà ce qu'il appeloit *acheter un homme.*

Loin de le rebuter, les difficultés même de

la position de Laon le décident à en former l'attaque. Déjà le maréchal Ney s'étoit porté, avec l'avant-garde, jusqu'au village d'Etouville, à une lieue de la position de Chivi, que le général Woronzow occupoit avec sept à huit bataillons russes. Elle étoit d'autant plus difficile à aborder, que la route, pendant une lieue, est flanquée de marais impraticables. La nuit même, Napoléon fait tourner la position par deux bataillons de la vieille garde, qui s'y portent par Challevois. A deux heures du matin, ils attaquent l'ennemi à la baïonnette. Réveillés aux cris de *Vive l'Empereur!* les Russes n'ont que le temps de se replier en hâte sur Laon pour se réunir aux autres corps de l'armée combinée.

Cette ville ancienne, située à trente-trois lieues au nord de Paris, couvre la plus grande partie d'un plateau élevé, dont les bords escarpés dominent une vaste plaine entrecoupée par des villages et par de petits bois. Le reste du plateau est couronné de plusieurs moulins à vent, et d'un vieux château qui a servi de résidence à quelques-uns de nos rois.

Livrée depuis près d'un mois aux différens corps de l'armée combinée, Laon, chef-lieu du département de l'Aisne, étoit accablé de charges et de réquisitions ; les prisonniers de guerre y affluoient ; ses hôpitaux étoient encombrés de blessés, de malades et de mourans. Abandonnée par son préfet et par les autorités administratives, la ville n'étoit plus protégée que par le maire et ses adjoints, nuit et jour en permanence. Toutes ses ressources étant épuisées, on faisoit de fréquens appels à la commisération publique, afin d'alimenter les prisonniers, et de pourvoir aux besoins des hôpitaux et des indigens; mais les réquisitions et les secours ne suffisoient plus, et la ville n'avoit plus pour perspective que le pillage qu'elle redoutoit chaque nuit. Privée de toute communication avec l'intérieur, ignorant le sort du reste de la France, placée au milieu de la guerre, elle entendoit chaque jour gronder le canon à des distances plus ou moins éloignées, soit du côté de Reims, soit du côté de Soissons. Cette dernière ville prise, abandonnée et reprise, livroit Laon au reflux des troupes en retraite.

Cependant le bruit sourd que Napoléon arrivoit en forces, commençoit à y circuler. L'armée française chassoit devant elle, disoit-on, les ennemis sur tous les points. Le canon s'étoit fait entendre toute la journée, le 8 mars, dans le prolongement de la vallée de l'Aisne. C'étoit en effet Napoléon qui marchoit de Chavignon sur Laon avec le gros de son armée. A une lieue de la ville la plaine est rétrécie et bornée du sud à l'ouest par une double chaîne de hautes collines, coupée seulement par un vallon marécageux qui sert de lit à la petite rivière de Lette.

Les Français ne pouvoient arriver à Laon du côté de Soissons que par cette espèce de défilé, route escarpée de trois lieues d'étendue, bordée de marais fangeux; terrain très-défavorable pour une attaque.

On entendoit gronder plus vivement le canon dans ces mêmes hauteurs parallèles qui bordent l'horizon dans la direction de l'Aisne; on commençoit même à distinguer les feux de mousqueterie. Les troupes combinées qui se replioient sur Laon, étoient à l'instant même réparties sur toute la ligne de défense. De nombreux bivouacs s'établissoient au pied de la montagne; de nouveaux corps d'infanterie et de cavalerie arrivoient successivement par le chemin de Marle, et alloient prendre poste sur la ligne très-étendue au nord de la plaine et de la ville. Ses différens mamelons étoient armés d'une nombreuse artillerie ; on en avoit également braqué sur les plateaux d'Ardon et de Saint-Vincent. Le jour commençoit à tomber, et le bruit du canon s'approchoit de plus en plus. Du haut des remparts on apercevoit distinctement la lumière des coups de fusil de l'armée combinée en retraite : c'étoit une scintillation continuelle, une chaîne de feu qui, au milieu des ténèbres, couronnoit les sommités boisées; transformoit les arbres en autant de tubes électriques d'où partoient des étincelles qui sembloient se reproduire sur tous les points. Ce spectacle donné pour ainsi dire dans les airs, étoit à la fois magique et épouvantable, la plaine étant couverte de plusieurs lignes d'infanterie et de cavalerie dont la multiplicité des feux alloit se prolonger à l'infini dans l'horizon ; c'étoit également un présage aussi imposant que terrible pour le lendemain.

Au point du jour, le 9 mars, l'armée française occupoit déjà devant la ville même le terrain, entre Semilly, sur la route de Soissons et Aippes près Athies, au-delà de la route de Reims. L'armée combinée dont le flanc droit étoit assuré par l'occupation de La Fère, se trouvoit postée dans la plaine au-dessous de Laon, faisant face vers Soissons, et décrivant derrière le plateau une ligne demi-circulaire. Sa cavalerie étoit en réserve; son aile gauche, composée de corps prussiens, s'étendoit jusqu'au village d'Athies, et l'aile droite, formée de corps russes, s'appuyoit aux collines entre Thiers et Laneuville. Le corps du général Bulow, placé au centre, occupoit la ville. Un brouillard épais enveloppoit tout le plateau, et couvroit la plaine. Vers le centre et sur la gauche, Napoléon faisoit déjà avancer toutes ses colonnes d'attaque, et à la faveur du brouillard qui cachoit ses mouvemens, il s'emparoit des villages de Semilly et d'Ardon, situés sous la ville même, dont ils peuvent être considérés comme les faubourgs. Déjà l'on entendoit les coups de fusil et le canon retentissant qui redoubloit de vivacité. Les habitans se portoient en foule sur les remparts et sur les promenades qui dominent la plaine, où aboutissent les routes de Soissons et de Reims. Le brouillard commençant alors à se dissiper, ils voient le feu de la mousqueterie qui se renouvelle et s'engage; ils voient les tirailleurs de l'armée française s'approcher du plateau; ils entendent les cris *en avant! en avant!* Ils aperçoivent les villages qui couvrent la plaine, livrés déjà aux horreurs de la guerre, et les habitans des campagnes en fuite, rentrant en foule dans la ville. Un ordre du jour émané du gouverneur prussien, enjoint à tous les habitans de rentrer dans leurs maisons; et défense sévère leur est faite de circuler dans la ville.

La mousqueterie se soutenoit sans interruption : elle atteignoit les murailles. Le brouillard étant tout-à-fait dissipé, le maréchal Blucher aperçut des hauteurs les Français en force derrière les villages d'Ardon, de Semilly, et de Leuilly, ayant en réserve de fortes colonnes d'infanterie et de cavalerie sur la chaussée vers Soissons, et une forte artillerie près de Semilly, dont le canon des alliés ne pouvoit ralentir le feu. Il ordonne aussitôt à la cavalerie combinée d'arrière-garde d'avancer et de tourner le flanc gauche de l'armée française; il établit en réserve les corps russes de Sacken et de Langeron, et il fait avancer tous les trains d'artillerie. Vers les hauteurs de Saint-Vincent se portent tous les efforts des Français, leur feu roulant redouble ; plusieurs fois ils tentent de donner l'assaut pour enlever les hauteurs ; ils sont toujours repoussés malgré l'arrivée de Napoléon, qui cherche à les animer par sa présence. Un mamelon, garni de plusieurs batteries russes, devient surtout l'objet de différentes attaques répétées; toutes sont infructueuses.

Le général comte Worenzow se détachant de l'aile droite, marche avec son infanterie, et porte en avant deux bataillons de chasseurs qui repoussent les avant-postes français du village de Semilly, tenant ainsi en échec l'aile gauche de Napoléon jusqu'à l'arrivée de la cavalerie alliée.

Jugeant inattaquable de front la position de Laon, il venoit de commander lui-même le mouvement rétrograde de son armée, et, posté au village d'Urcelle, il passa une partie de la journée à voir défiler ses troupes en retraite sur Chavignon. Mais c'étoit une feinte, soit qu'il voulût attirer l'ennemi dans la plaine, soit qu'il méditât une tentative plus sérieuse.

Ses généraux étoient persuadés que s'il renonçoit à l'attaque de front, il essaieroit au moins de tourner Laon, en portant les troupes de son aile droite sur l'extrême gauche de l'ennemi, pour lui couper la route de Vervins et la retraite du Nord.

En effet, le maréchal duc de Raguse, après s'être dirigé le 8 à Corbeny, marchoit sur la chaussée de Reims à Laon, avec une avant-garde de seize bataillons d'infanterie, soutenue par de la cavalerie et de l'artillerie légère, pour déborder l'armée combinée par la route de Marle. A son approche les Prussiens abandonnent le village de Veslud. Bientôt le duc de Raguse aborde les postes avancés du corps d'armée du général York, formant l'aile gauche de l'ennemi; et faisant jouer une formidable artillerie de quarante bouches à feu, il continue son mouvement, plein de confiance dans un succès complet. Sa colonne d'attaque marche au pas de charge sur le village d'Athies, que défendoit le prince Guillaume de Prusse. Selon les relations des alliés, le prince Guillaume rencontra les Français à moitié chemin, et les repoussa. Napoléon, dans son bulletin, obscur et vague, dit le contraire. Les mémoires de l'officier éclairé, qui m'a servi plus d'une fois de guide (1), affirment que la position d'Athies fut réellement enlevée et occupée par le maréchal duc de Raguse. Ce fait est d'ailleurs constaté dans un autre mémoire communiqué par un officier d'état-major prussien, d'où il résulte que le général York, forcé de se replier derrière Athies,

---

(1) Journal militaire inédit du colonel comte Arth. de L...

brûla ce village pour assurer sa retraite. Instruit de l'échec de son aile gauche, le feld-maréchal Blucher la renforça aussitôt par vingt-quatre escadrons, et par quelques batteries à cheval du corps de Wenzingerode.

Vers quatre heures du soir le duc de Raguse, menacé par des forces supérieures, abandonne les hauteurs du village d'Athies, qui étoit alors la proie des flammes, et suit le mouvement rétrograde de l'armée dans la direction de Corbeny.

La chute du jour avoit permis à quelques habitans de la ville de Laon de se glisser sur les remparts qui n'étoient plus l'objet des attaques des Français, dont la retraite paroissoit déterminée sur tous les points. Mais on se battoit encore au milieu des ténèbres. A la lueur des flammes qui enveloppoient le village d'Athies, on distinguoit les tirailleurs des deux armées; on eût dit ces divinités infernales qui se disputent l'empire des ombres et de la mort.

Cependant, à peine le corps d'armée du duc de Raguse, dont le général York suivoit les traces vers Corbeny, eut-il établi son bivouac à quelques lieues d'Athies, qu'un gros corps de cavalerie russe et prussienne fit contre ses troupes la manœuvre qui n'avoit pu réussir à Craonne. Vers onze heures du soir, les cosaques surprennent, par un *houra* général, le parc d'artillerie de réserve, et jettent le désordre et l'épouvante dans toute l'aile droite.

En vain le duc de Raguse se porte au secours du parc; les cosaques venoient déjà d'enlever une trentaine de pièces de canon. En même temps le prince Guillaume de Prusse, de concert avec les généraux Horn et Ziethen, et suivi par les divisions des corps d'York et de Kleist, reprend l'offensive; il manœuvre sur le flanc et sur les derrières des corps français. Les Prussiens, auxquels il est défendu de tirer, ne se servent que de la baïonnette, et enlèvent d'autres batteries après le premier feu.

Effrayés de cette surprise nocturne, les conscrits se dispersent, se réfugient dans les bois, et ne se rallient la plupart que les jours suivans. Quarante-six canons, cinquante chariots et près de deux mille prisonniers des corps du maréchal Marmont et du duc de Padoue restèrent au pouvoir des Prussiens. Cet échec inattendu déconcerta entièrement les projets de Napoléon. Mais toutes les dispositions étoient réglées pour une attaque générale le 10 au matin; les ordres venoient d'être expédiés du quartier-général de Chavignon, pour tourner le plateau de Laon par la droite, et par la gauche, en même temps qu'on l'attaqueroit de front.

Rien n'étoit plus hasardé qu'une pareille tentative, si elle n'étoit pas d'une exécution impossible. La moitié de l'armée pouvoit périr en essayant de gravir le plateau; et, en cas de revers, elle n'auroit eu pour retraite qu'un défilé de trois lieues d'étendue, entouré de marécages.

Malgré tant d'obstacles et de périls, Napoléon sembloit ne pouvoir se désister de son projet d'attaque, jugeant sans doute que l'effet moral d'une retraite équivaudroit à une bataille perdue. Plein de cette idée, le 10 au matin, il fait encore marcher son armée sous les murs de Laon. Le général Charpentier, avec une division de la jeune garde, enlève le village de Clacy sur la gauche de la position d'attaque : un bois près de ce village est pris et repris plusieurs fois, et reste long-temps au pouvoir des troupes françaises. L'infanterie russe du général Woronzow y étoit engagée. Au centre et à la gauche, les Français se maintinrent long-temps avec une intrépidité toujours égale. Environ une heure avant le coucher du soleil, Napoléon, en proie aux réflexions les plus tristes, essaya de pousser en avant un corps de tirailleurs, soutenu par deux bataillons d'infanterie; le reste du centre et de l'aile gauche restant en réserve. Le village de Semilly fut attaqué de nouveau; mais deux bataillons prussiens du corps du général Bulow s'étant jetés sur la route, soutenus par des feux croisés sur chaque flanc, forcèrent les tirailleurs français de se retirer en désordre et avec perte.

Telle fut la dernière tentative de Napoléon sur Laon : déconcerté par la surprise et l'échec qu'avoit éprouvés la veille son aile droite poursuivie sur la route de Reims par les corps ennemis d'York, de Kleist et de Sacken; convaincu de l'impossibilité de débusquer une armée imposante, d'une position si formidable, il réprima cette fois son obstination, et prit sur lui d'ordonner la retraite, mais ce fut en frémissant. L'armée française se replia sans être inquiétée, il est vrai, autrement que par quelques escadrons ennemis qui la suivirent jusqu'à Chavignon; mais les pertes de la veille l'avoient affoiblie et découragée.

Du haut des remparts de Laon, la vue

plongeoit sur la plaine, qui, pendant toute la journée, avoit servi de champ de bataille, et qui offroit des traces funestes de la guerre. Des flammes s'élevoient sur presque tous les points de l'horizon ; c'étoit des villages, des fermes, des meules de grains qui brûloient de toutes parts, et dont les lueurs, confondues avec des milliers de feux de bivouac, sembloient menacer tout le pays d'un embrasement universel. Le faubourg de Vaux étoit en feu ; celui de Saint-Marcel brûloit sur plusieurs points. On entendoit le pétillement des flammes qui dévoroient les fermes voisines, se mêlant au fracas des trains d'artillerie et des bagages en retraite (1).

Le lendemain Laon eut la certitude que Napoléon étoit en retraite : elle fut proclamée et annoncée dans toute la ville par les alliés, dont la musique faisoit entendre l'air : *Vive Henri IV !*

Napoléon revint coucher à Chavignon, et employa presque toute la nuit à faire défiler les troupes en retraite. De la position de Laon

---

(1) La plupart des couleurs locales de ce récit ont été tirées de quelques notes particulières communiquées à l'auteur par M. le comte de Signier, témoin oculaire des événemens.

les généraux alliés apercevoient encore les feux de bivouacs de l'armée française sur une ligne très-étendue. Telle fut la *bataille de Laon*, ainsi nommée par les ennemis, parce qu'ils obtinrent devant cette ville des résultats aussi importans qu'à la suite d'une victoire complète.

Après deux jours d'attaques successives, les efforts de Napoléon étoient venus se briser devant le boulevart que cette belle position avoit procuré aux alliés (1).

Ainsi cette armée de Blucher, anéantie, selon Napoléon, à Champaubert, à Montmirel et à Vauchamp, qui, disoit-il, l'eût été encore, si elle n'eût échappé à la Ferté-sous-Jouarre et à Soissons; cette armée qu'il avoit battue à Craonne, et jetée en désordre sur Laon; qui, pendant quarante jours, avoit été particulièrement l'objet de ses inquiétudes et de ses attaques; qui, toujours en marche ou au combat, s'étoit constamment agrandie; cette armée voyoit enfin Buonaparte en retraite devant elle, sans toutefois que la valeur française se fût démentie un seul instant. De l'aveu même du général ennemi, nulle troupe ne se

---

(1) Voyez les bulletins français et étrangers.

montra jamais plus belliqueuse. Dans cette rapide expédition d'outre-Marne, l'armée affronta tous les périls, brava toutes les fatigues, éprouva tous les genres de privations et de souffrances; mais elle fut sacrifiée à l'orgueil de son chef, qui, ne pouvant rallier que trente-cinq à quarante mille combattans, prétendoit enlever une position réputée inattaquable et défendue par plus de soixante mille hommes; position qu'il avoit méconnue après avoir négligé de l'occuper et de la défendre. Non content d'exposer ses soldats à tous les hasards, il les laissoit expirer de fatigue et de besoin. Ici le témoignage des généraux alliés doit encore être invoqué; ils ont vu des prisonniers, faits dans les dernières attaques, tomber morts de faim et d'épuisement au bout de deux heures.

Ainsi cet homme, qui devoit tout à la valeur de ses armées, et qui ne pouvoit se soutenir que par elles, au lieu d'en être le père, en étoit devenu le fléau.

LIVRE XI.

Reddition de Saint-Quentin.—Incursion du baron de Geismer en Picardie.—Echec des Anglais devant Berg-op-Zoom.— Diversion du général comte Maison vers la frontière du Nord. — La grande armée alliée reprend l'offensive. — Second combat de Bar-sur-Aube. — Rentrée des alliés à Troyes. — Les maréchaux Macdonald, Victor et Oudinot repassent la Seine. — Occupation de Sens par le prince royal de Wurtemberg. — Marche de l'hettman Platow sur Arcis et sur Sézanne. — Nouveau traité d'alliance signé le 1er mars entre les puissances de la ligue européenne. — Reprise de Reims par Napoléon. — Mort du général Saint-Priest. — Dernières conférences de Châtillon. — Projet de pacification. — Contre-projet de Buonaparte. — Rupture du congrès. —Vues des puissances confédérées. — Napoléon proclame une guerre d'extermination, et veut armer la population en sa faveur. — Son décret contre les maires. — Proclamation des généraux alliés contre la guerre d'extermination.

L'ARMÉE française, réunie à Soissons le 12 mars, manœuvra sur l'Aisne, suivie seulement par le corps russe de Venzingerode, mais éprouvant encore quelques pertes dans ses équipages, ses trains, ses chevaux et ses traîneurs. Loin de pousser vigoureusement son adversaire en retraite, le maréchal Blucher sépara de nouveau la masse de ses forces, et occupa, pendant quelques jours, une ligne qui s'étendoit de Chauny à Corbeny et à Craonne. Le corps d'armée du général Sacken resta seul près de Laon, et bivouaqua autour de cette ville.

En vain Napoléon voulut-il pallier le grave échec qu'il venoit d'y essuyer; en vain s'efforça-t-il de représenter Blucher défait à Craonne, arrêté à Laon, sans aucun plan déterminé, et n'ayant cherché qu'à répandre l'effroi par un *houra* général sur Paris : rien n'avoit pu échapper à l'attention publique, la vérité étoit connue, l'événement divulgué, et la retraite de Laon détruisoit déjà l'effet moral des victoires précédentes.

La ville de Saint-Quentin, qui d'abord avoit montré l'intention de résister, ouvrit alors ses portes. La Picardie même fut envahie par un corps de partisans, qui reconnoissoit pour chef le baron de Geismer. Cet officier, détaché de la Belgique par le duc de Saxe-Weimar, à la tête de huit cents hussards et cosaques, avoit déjà pénétré, par Hazebrouck, jusqu'à Doullens, à travers les places de la Flandre et de l'Artois. Là, il s'empare momentanément de la citadelle de Doullens, mais sans pouvoir la garder. Il se dirige aussitôt, par Albert et par Roye, jusqu'à Noyon et Chauny, pénétrant ensuite à Montdidier, au centre de la Picardie, où il se maintient jusqu'à la fin de la campagne.

C'est ainsi que l'échec de Laon sembla laisser tout le nord de la France au pouvoir de l'ennemi, et cependant aucune des principales forteresses de la Flandre, de la Belgique, et même de la Hollande, n'avoit ouvert ses portes. La résistance des garnisons françaises étoit partout glorieuses, mêlée même de succès. A Berg-op-Zoom, par exemple, dix-huit cents conscrits et huit cents canonniers de la marine d'Anvers, arrachèrent, pour ainsi dire, la ville aux Anglais, qui s'en emparoient par surprise. C'étoit dans la nuit du 8 au 9 mars. Quatre mille soldats anglais d'élite, faisant partie du corps d'armée du général Graham, venoient de prendre les ouvrages d'assaut. Deux colonnes s'établissoient sur les remparts, lorsque la garnison, docile à la voix du gouverneur Bisanet, non-seulement repousse, mais cerne encore les assaillans. Le 1ᵉʳ régiment anglais, qui se trouvoit sous un feu croisé, met bas les armes; le général Cooke lui-même, qui dirigeoit l'attaque, se rend avec une partie de ses troupes. Dans ce beau fait d'armes le gouverneur Bisanet s'honora d'autant plus, qu'il prodigua aux prisonniers anglais des marques de bonté et d'humanité; il s'empressa de signer une convention généreuse, qui assuroit toute sorte de secours aux malades et aux blessés.

En même temps le général comte Maison, officier actif et expérimenté, qui avoit abandonné le Brabant, pour couvrir l'ancienne frontière, réunissoit dix à douze mille hommes à Lille, et tentoit dans la Belgique des diversions répétées, afin d'inquiéter l'ennemi et de diviser ses forces. Le 5 mars, il pénétra jusqu'aux portes d'Oudenarde, mais sans pouvoir s'en emparer. De nouveaux ennemis se succédoient chaque jour dans la Belgique. Le duc de Saxe-Weimar occupoit Bruxelles avec les Saxons, et pouvoit être soutenu par les Hanovriens et les Suédois, commandés par Bernadotte, qui venoit enfin d'arriver sur les bords de la Meuse. Les Anglais et les Hollandais bloquoient étroitement Anvers, que le gouverneur Carnot paroissoit résolu de défendre jusqu'à la dernière extrémité.

Tel étoit dans le Nord l'état de la guerre, quand Napoléon repassa l'Aisne pour rétrograder en Champagne. Déjà la grande armée austro-russe reprenoit l'offensive ; elle avoit remporté aussi des avantages signalés dans le court intervalle de l'expédition au-delà de la Marne ; et ces avantages, les réticences de Napoléon ne purent les dérober à la connoissance des Parisiens, dont la curiosité est toujours aiguillonnée en raison du silence que le gouvernement s'impose.

Dès le 27 février, le prince de Schwartzenberg., averti que les manœuvres de Blucher avoient décidé Napoléon à diviser ses forces et à se porter de nouveau sur la Marne, résolut d'attaquer les corps du maréchal Oudinot et du général Gérard, alors en ligne devant la ville de Bar-sur-Aube, que les deux partis se disputoient depuis deux jours.

Dominé par des hauteurs boisées qui commandent la route de Troyes, Bar-sur-Aube est situé dans un vallon pierreux qu'arrose la rivière dont cette ville porte le nom. Le général comte de Wrede y étoit rentré le 26 ; le même jour les Français s'en étoient emparés derechef : les faubourgs seuls, au-delà de l'Aube, restoient au pouvoir des Bavarois. Au moment du départ de Napoléon, le maréchal Oudinot, soutenu par deux divisions de cavalerie, et par plusieurs régimens venus d'Espagne, reçut l'ordre positif d'emporter les hauteurs de Bar.

Il s'agissoit de prévenir le mouvement offensif du prince de Schwartzenberg, en délogeant les alliés de leur position de l'Aube, dont la défense étoit confiée aux cinquième et sixième corps d'armée sous les ordres des généraux Wrede et Wittgenstein. Le maréchal Oudinot et le général Gérard réunis débouchent de la ville avec dix-huit à vingt mille hommes, et montrent une assurance telle qu'on les auroit dits soutenus par une autre armée d'égale force; ils font d'abord filer une forte colonne sur les hauteurs d'Arsonval et dans les bois de Levigny, pour envelopper le corps du général comte de Wrede, en position derrière Bar-sur-Aube. A peine débouchent-ils sur les hauteurs au-delà de la rivière, qu'ils se voient bientôt eux-mêmes attaqués. Le prince généralissime venoit d'appeler au secours des Bavarois le corps russe du comte de Wittgenstein, rassemblé devant Colombey, en lui donnant l'ordre formel de repousser les colonnes qui se portoient sur Levigny. Mais rien ne peut arrêter les assaillans qui s'avancent avec intrépidité;

bravant le feu à mitraille, culbutant les Russes, les forçant de se replier sur les réserves confiées au prince Gortschakoff, et restant maîtres enfin des bois et de la hauteur. Tous les efforts des Français tendent alors à gagner le sommet de la côte de Vernonfait, devenu le centre et le pivot de la position de l'ennemi. Les colonnes d'attaque marchent pour s'en emparer, tandis que leur cavalerie charge l'aile droite des alliés. Cependant, vers midi, les colonnes russes s'étant fortifiées sur le centre par l'arrivée de la totalité de leurs corps, se forment, se déploient, et font jouer leur artillerie formidable contre les assaillans. Le prince généralissime saisit cet instant décisif pour ordonner une attaque générale sur tous les points que venoient d'enlever les Français.

Tandis que la cavalerie du général Pahlen, soutenue par la division du prince Eugène de Wurtemberg, s'efforce de les prendre à dos par les hauteurs d'Arentières et de Levigny, les réserves d'infanterie russes et une division des cuirassiers les chargent et les repoussent des premières sommités. La lutte n'étant pas égale, il fallut toute la persévérance des troupes françaises pour la rendre quelque temps indécise. Ebranlés par des attaques successives, foudroyés par l'artillerie, les conscrits lâchent le pied, et jettent le désordre dans toutes les colonnes : vainement les généraux cherchent à les rallier pour les ramener au combat ; en vain la cavalerie du général Milhaud charge trois fois pour soutenir l'infanterie. Les bataillons venus d'Espagne déploient l'ardeur la plus belliqueuse ; mais ils sont écrasés. L'artillerie russe avoit pris position, et tiroit à mitraille. Elle rejeta la cavalerie en désordre ; des régimens entiers de dragons, le quatrième et le seizième notamment, furent presque anéantis, en chargeant à plusieurs reprises sur les batteries avec un courage avoué et admiré par leurs adversaires.

Cependant de fortes masses se maintenoient encore sur les hauteurs d'Arsonval ; mais le général Wolkman, par deux attaques de flanc, enleva cette position de concert avec le colonel bavarois de Hertling. Le général comte de Wrede donna aussitôt l'assaut à Bar-sur-Aube : là le combat fut sanglant et disputé ; on se fusilla pendant plusieurs heures dans les rues, et, par une espèce de phénomène, la ville échappa à l'incendie malgré les boulets et les obus que l'ennemi ne cessoit d'y lancer. Dépourvus d'artillerie, et prêts à être tournés, les Français l'évacuèrent. Les colonnes en retraite, forcées d'abandonner les défilés, furent chargées par la cavalerie du général Pahlen, à leur passage sur le pont de Daulancourt ; elles se replièrent en désordre sur Vandœuvres, et de là sur Troyes, laissant le champ de bataille couvert de morts et de blessés, abandonnant à l'ennemi deux canons et huit cents prisonniers, parmi lesquels se trouvoit le colonel Moncey, frère du maréchal. Le soldat indigné se plaignoit hautement d'avoir été sacrifié dans une entreprise téméraire, et mené au combat, exténué de fatigue et de faim.

Toutefois il fallut aux alliés la supériorité du nombre, et toute leur constance pour triompher de l'impétuosité française. La victoire fut tellement disputée, que dans la chaleur de l'action, le généralissime prince de Schwartzenberg et le général comte Wittgenstein furent légèrement blessés l'un et l'autre, revenant à la charge à la tête de leurs colonnes.

Telle fut la seconde journée de Bar-sur-Aube, dont l'armée française n'auroit pas eu à déplorer le résultat, si Napoléon n'avoit sacrifié réellement cette partie de ses forces, pour masquer son mouvement sur la Marne.

Le prince de Schwartzenberg passa l'Aube le 28 février, poursuivit les Français au-delà, et le même jour il établit ses avant-postes de cavalerie près de Magny et à Val-Suzenai.

Cette défaite eut le double inconvénient d'exposer de nouveau la ville de Troyes, et de laisser à découvert le corps d'armée du maréchal Macdonald, qui avoit déjà pénétré jusques sur les bords de l'Aube. A la réception de la dépêche qui lui conféroit le commandement des forces opposées à la grande armée austro-russe, il n'avoit déjà plus aucun moyen de prévenir le mal ou de le réparer. La prise de Bar favorisoit les mouvemens de l'ennemi sur tous les points de la Seine et de l'Aube, encore occupés par les troupes françaises. Le maréchal Macdonald étoit en position sur les hauteurs de la Ferté-sur-Aube, qui sont inattaquables de front; mais dès le 28 février le général comte Giulay opérant sa jonction avec le quatrième corps sous les ordres du prince royal de Wurtemberg, reprit l'offensive. Tandis que le prince s'emparoit de Clairvaux, le général comte Giulay ouvroit une fausse attaque de front sur la Ferté, s'efforçant, à la tête de plusieurs brigades, soutenu par la cavalerie austro-russe, de tourner l'aile droite des Français.

Un grand détour sur un terrain difficile retarda la marche des colonnes d'attaque; toutefois à midi la brigade du général Czolich s'empara d'assaut, et à l'arme blanche, du pont de Silvarouvre, que le maréchal Macdonald avoit fait barricader. Tout obstacle étant surmonté, la colonne entière, ainsi que la cavalerie, défila sous le feu des tirailleurs. A peine les alliés eurent-ils gagné la rive opposée de l'Aube, qu'ils enlevèrent les positions que les Français s'efforçoient de défendre, tant par des feux de file que par le feu à mitraille.

Au moment même où le général comte Giulay tournoit les hauteurs de la Ferté, l'artillerie du général Fresnel inquiétoit le front de la position française; ce général, forçant le pont de la ville qu'il trouva rompu, mais qu'il rétablit aussitôt, fit passer ses troupes, et se vit en mesure de soutenir l'attaque combinée du comte Giulay.

Dans ce moment décisif, le général Macdonald, instruit de la malheureuse issue du combat de Bar-sur-Aube, faisoit toutes ses dispositions pour opérer en bon ordre sa retraite vers Bar-sur-Seine. Pressé de tous côtés par des ennemis supérieurs en nombre, il se replia précipitamment à travers les bois de Villars sur Fontette et Saint-Usage, où il prit une forte position, étant poursuivi sans relâche par la cavalerie ennemie, qui lui fit quelques prisonniers.

Le lendemain 1er mars, le maréchal Macdonald fit halte à Bar-sur-Seine, où son aile gauche fut attaquée le 2 par le prince royal de Wurtemberg. Une division française voulut défendre le passage de l'Ourse : mais attaquée vivement, elle se retira en bon ordre dans la ville, sous la protection de l'artillerie. Le maréchal fit occuper les hauteurs voisines, et de là défendit l'entrée de Bar jusqu'à ce que sa retraite fût prononcée. Son arrière-garde tint ferme à toutes les issues ; mais l'ennemi arrivoit en force, et fit passer par Polizot une colonne qui gagna les hauteurs pour tourner la ville : la supériorité de son feu rejetant tous les postes dans l'enceinte même, une batterie bientôt braquée contre la porte principale, la perça de plusieurs boulets. Cent volontaires ennemis s'élancent aussitôt l'épée à la main, le reste de la colonne d'attaque suit, et la ville est prise ; mais déjà l'arrière-garde française se reploit en sûreté et en bon ordre sur Troyes.

Un autre mouvement offensif étoit combiné en même temps sur la route de Tonnerre et de Montbard. Un corps de cosaques et de hussards, commandés par le général Seslawin, se portoit par Ricey sur Tonnerre, et la division du prince Maurice de Lichtenstein prenoit la même direction par Montbard, poussant devant elle le corps des partisans du général Alix qui avoit pénétré jusques-là. Cette division ennemie resta jusqu'à la fin de la campagne sur cette même route, formant un corps intermédiaire entre la grande armée alliée et l'armée de Lyon, avançant ou reculant selon les chances de la guerre.

Maître de Bar-sur-Seine, le prince royal de Wurtemberg, suivit le maréchal Macdonald sur la route de Troyes jusqu'aux Maisons-Blanches. Déjà les corps français du maréchal Oudinot et du général Gérard étoient réunis et en position le long de la Barce sur la rive gauche, pour défendre les ponts de la Guillotière. Le prince de Schwartzenberg, voulant surmonter les difficultés d'une attaque de front, ordonna au corps russe du comte de Wittgenstein de se porter sur Piney pour tourner la gauche des Français, appuyée aux villages de Laubrecelle et de Tonelière, en marchant dans la direction de Saint-Parre, afin de menacer ainsi leurs communications avec Troyes. Le général comte de Wrede devoit attendre l'effet du mouvement de Wittgenstein, pour attaquer les ponts de la Guillotière, en se portant sur le front de la ligne de défense, tandis que le prince royal attaqueroit aux Maisons-Blanches, sur la route de la Bourgogne, la position du maréchal duc de Tarente.

Le détour que le comte de Wittgenstein fut forcé de décrire dans sa marche, ne lui permit d'arriver sur le flanc de l'armée française qu'à trois heures après midi le 3 mars. Son mouvement ne put échapper aux maréchaux; mais ils se bercèrent de l'espoir de couvrir Troyes en prenant position entre la ville et Laubrecelle. Ce village devint aussitôt le point décisif; on le garnit de troupes, et le reste de l'armée se forma sur-le-champ en bataille entre Laubrecelle et Tonelière.

Bientôt le prince Eugène de Wurtemberg commence l'attaque avec les divisions russes d'avant-garde, en se portant le long des hauteurs vers Laubrecelle, chassant devant lui les avant-postes, et à la fin enlevant le village d'assaut à la baïonnette, sous la protection d'un feu bien dirigé, mais non sans une vive résistance et un grand carnage. Le comte de Wittgenstein faisoit soutenir ce mouvement par toute l'artillerie de son corps; et déjà le comte Pahlen, avec la cavalerie, menaçoit sur la droite les derrières de la ligne des Français : dès ce moment ils furent rompus, et leur retraite se fit dans le plus grand désordre.

En même temps le prince de Schwartzenberg ordonnoit à cinq bataillons bavarois de passer la Barce près de Courteran, de s'établir dans un bois qui borde cette rivière, et de se mettre en communication avec les colonnes russes d'attaque. Ce mouvement fut aussitôt exécuté ; le général comte de Wrede assaillit alors de vive force les ponts de la Guillotière, où les Français tournés ne pouvoient plus se maintenir, et il s'empara de toute la position. Menacé de tous côtés, le maréchal Oudinot se replie aussitôt avec son corps d'armée par la grande route de Troyes ; mais déjà la cavalerie du comte de Wittgenstein avoit dépassé les colonnes, et les chargeoit dans leur retraite. Les fuyards se jettent pêle-mêle dans la ville de Troyes. Un autre détachement de cavalerie russe, tournant la grande route, tombe sur un convoi d'artillerie, et s'en empare. Dix pièces de canon, cinquante-quatre officiers et trois mille prisonniers, parmi lesquels se trouvoient près de sept cents hommes de vieille cavalerie, tels furent, selon les relations exagérées de l'ennemi, les résultats de cette journée, suite du malheureux combat de Bar-sur-Aube. Toutefois l'arrière-garde tint ferme au village de Saint-Parre et aux Tertres; l'armée ralliée, mais découragée et abattue, fila pendant la nuit à travers la ville de Troyes, prenant la route de Nogent-sur-Seine.

L'arrière-garde seule prit position derrière un bras de la Seine, à la Vacherie, résolue de tenir, de sacrifier, au besoin, un faubourg de Troyes pour arrêter l'ennemi, et pour laisser aux colonnes en retraite le temps de s'éloigner.

Les troupes alliées, harassées de fatigue, ne purent former leurs colonnes d'attaque avant huit heures du matin, le lendemain 4 mars. Dès qu'elles furent en mouvement, le général comte de Wittgenstein commença les approches de Troyes; il s'avança jusques au pont qui est en avant du faubourg Saint-Jacques, et de là il fit lancer des boulets et des obus dont plusieurs tombèrent sur la ville. Mais l'arrière-garde française, disputant le terrain derrière les bras de la Seine à la Vacherie et à Foissy, opposa un feu meurtrier de mousqueterie et de mitraille.

Toutefois les colonnes d'attaque se déployèrent dans le plus grand ordre, pendant que l'artillerie russe faisoit taire le feu des Français, trop foibles pour résister à toute l'armée ennemie. Le comte de Wittgenstein ayant sommé la ville de se rendre, le maréchal Macdonald céda aux sollicitations des habitans, et envoya un parlementaire chargé de porter la promesse verbale d'évacuer Troyes dans huit heures. Les généraux alliés refusèrent un si long délai, et le feu de l'artillerie redoubla.

Bientôt un second parlementaire vint promettre que l'évacuation seroit complétée en une demi-heure. Ce délai expiré, les alliés pénètrent dans la ville; mais ils trouvent tous les passages, toutes les issues barricadées. La marche des troupes étant retardée par cet obstacle, le prince de Schwartzenberg rallie toute sa cavalerie légère, lui fait tourner les murs de Troyes, et la met à la poursuite des colonnes en retraite.

Les cosaques et les hussards bavarois, conduits par le prince en personne, rencontrent l'arrière-garde française dans la plaine de Malmaison, couvrant la route de Trainel et de Nogent; ils font contre elle plusieurs charges qui précipitent sa marche. Avant l'entrée de la nuit, les hauteurs des Grès sont au pouvoir de l'ennemi. Cependant l'obscurité augmentée par un épais brouillard, arrête la poursuite, et les Français font halte au-delà des Grès, mais sans vivres, et dans un dénûment déplorable.

La cavalerie légère leur avoit fait quelques prisonniers, dans cette marche rapide; mais rien n'avoit été négligé par les maréchaux, pour assurer la retraite et pour en adoucir l'amertume : aussi le soldat n'imputoit qu'à Napoléon sa défaite et sa détresse.

Le cinquième corps ennemi occupa la ville de Troyes, et le sixième s'établit en avant de Trainel, sur la route de Nogent. Le même jour 4 mars, le prince royal de Wurtemberg prit position à la Maison-Blanche, qu'avoit évacuée le maréchal Macdonald, en opérant sa retraite vers la Seine.

Sur près de quatre mille hommes blessés dans les combats précédens, neuf cents, hors d'état d'être transportés plus loin, venoient d'être abandonnés à Troyes.

Les Wurtembergeois cantonnèrent le lendemain entre cette ville et Villeneuve-l'Archevêque, et la cavalerie fila sur la route de Sens, où le prince royal rentra le 6 mars; mais Sens étoit presque désert.

Le quartier-général du prince de Schwartzenberg fut établi de nouveau à Troyes.

Cette ville, lors de sa première occupation par les alliés, étoit devenue le point de réunion et de passage de leurs principales forces, et avoit eu à supporter des charges énormes; mais au moins les généraux ennemis avoient-ils maintenu l'ordre dans son sein, et fait respecter les propriétés particulières. Il n'en fut pas de même cette fois. Irrités de ce qu'une partie des habitans s'étoit armée contre eux pendant leur retraite, ils frappent la ville d'une contribution de guerre, ils prennent des otages, et tolèrent même, pendant trois jours, le pillage de plusieurs maisons, surtout dans le quartier bas. Les personnes les plus considérées et les plus riches avoient suivi les Français, et s'étoient réfugiées dans la capitale.

Les cinquième et sixième corps des alliés s'étant mis en marche pour Nogent, les maréchaux Oudinot et Macdonald, à leur approche, abandonnèrent la partie de la ville située sur la rive gauche de la Seine, après avoir brûlé le pont de bateaux qu'on y avoit établi; Bray et Montereau furent armés, les deux maréchaux étant résolus de défendre le passage sur tous les points.

La grande armée austro-russe ne fit aucune démonstration sérieuse pour emporter les positions; elle sembloit se contenter d'occuper de nouveau tout le pays situé entre l'Yonne, la Seine, l'Aube et la Marne.

Tandis que le prince royal de Wurtemberg occupoit Sens; le général Seslawin s'emparoit de la ville de Tonnerre; dès lors les généraux Vaux et Alix, qui avoient réuni deux mille fantassins, deux escadrons de cavalerie et huit pièces de canon, se replièrent en toute hâte sur la ville d'Auxerre.

D'un autre côté l'hettman Platow venoit de s'emparer d'Arcis-sur-Aube, défendu par de l'infanterie; il y avoit fait prisonnier le commandant de la garnison; et sans s'arrêter, il s'étoit dirigé sur Sézanne, où se trouvoit un détachement de la vieille-garde. Le général

Kaisarow ayant fait jeter quelques obus dans la ville, le détachement, cerné et sans secours, se rendit prisonnier de guerre. L'hettman fit marcher aussitôt cinq cents cosaques dans la direction de Montmirel, balayant ainsi le terrain, entre la Marne, la Seine et l'Yonne, par de fortes colonnes de cavalerie légère, entretenant la communication entre la grande armée confédérée, l'armée de Blucher et celle du Rhône, et observant tous les mouvemens de l'armée française.

Ainsi fut perdu, en quinze jours, tout le fruit des avantages brillans qu'avoit remportés Napoléon sur les deux armées combinées; ainsi fut perdu rapidement tout le terrain qu'il avoit reconquis jusqu'à Troyes et au-delà. Ces résultats confondoient toutes les impostures. La guerre paroissoit désormais interminable. Les courtisans voyoient tous leurs rêves anéantis, et n'osoient plus proclamer ni la défection de l'Autriche, ni la fuite honteuse des alliés au-delà du Rhin; ils étoient effrayés de nouveau, et n'avoient plus d'autre espérance que dans la conclusion d'un traité de paix: mais cette dernière lueur, si nécessaire au repos des adhérens de Napoléon, leur fut bientôt ravie.

La marche des négociations avoit été suspendue ou accélérée selon la nature des événemens militaires. Les résultats seuls des hostilités pouvoient influer sur les déterminations du dominateur de la France. Au contraire, les puissances confédérées avouoient des principes fixes; les revers mêmes sembloient ne pouvoir les faire départir des bases générales qu'elles avoient adoptées. Toute leur attention se portoit alors sur le défaut de sûreté qu'offriroit une paix conclue avec Napoléon. A la vérité lord Castlereagh, qui représentoit les intérêts de la Grande-Bretagne au congrès, avoit reçu des instructions éventuelles, qui l'autorisoient à varier sa marche selon les événemens. Mais la question de la paix à l'égard de Napoléon, restoit toujours la même, comme vis-à-vis d'un homme en possession absolue, et non disputée, du gouvernement de la France. Un sentiment général s'élevoit pourtant contre toute idée de traiter avec lui, et il prenoit souvent le caractère d'une passion exaltée; mais des hommes d'Etat envisageoient la question d'une manière plus froide. Ils ne pouvoient se dissimuler qu'au moment même où les armées alliées pénétroient jusque dans le cœur de la France, les principales forteresses de l'Europe occidentale étoient encore au pouvoir de Napoléon : il étoit maître de Turin, d'Alexandrie et de Milan au Midi; de Mayence et de Luxembourg, sur les frontières d'Allemagne; d'Anvers, de Berg-op-Zoom, de Wittemberg, de Hambourg et de Torgau, etc. On ne pouvoit s'empêcher de réfléchir qu'une grande bataille perdue par les alliés l'auroit rendu l'arbitre de presque tout l'Ouest de l'Europe. Non-seulement un revers eut contraint les ennemis d'abandonner la France, mais encore de recevoir la paix des mains de Napoléon, aux conditions qu'il lui auroit plu de dicter. Ainsi, une paix, quelque peu sûre qu'elle fût, leur sembloit préférable si l'on parvenoit ainsi à lui ôter des mains les forteresses qu'il tenoit encore au-delà des limites assignées à son empire. Telles étoient les vues du congrès. Mais Napoléon étoit loin de consentir à la cession des places fortes qui avoient servi de boulevard à sa puissance; et d'où il pourroit encore s'élancer sur les différens pays que venoit de lui dérober l'invasion. Tout étoit livré au hasard et au sort des armes dans les intérêts de sa cause, et on le trouvoit toujours disposé à abuser du moindre avantage. A peine eut-il obtenu, presque sous les murs de Paris, les succès qui enflèrent tant ses espérances, que son plénipotentiaire au congrès changea de langage; bientôt même les conférences prirent un autre caractère. Napoléon avoit reçu avec dédain le projet de traité préliminaire des cours alliées; il venoit d'écrire à l'empereur d'Autriche une lettre impudente qui indigna ce monarque. Ramené trop tard ou sentiment de la réflexion, il sentit que les victoires de la Marne et de la Seine n'étoient rien moins que décisives, et qu'il falloit encore temporiser. Son plénipotentiaire demeura sans instructions; et quinze jours se passèrent sans aucune réponse ni communication officielle. En vain plusieurs envoyés de l'empereur d'Autriche s'étoient présentés à son quartier-général, pour le supplier d'accéder enfin au vœu d'une paix invoquée pour le repos du Monde. Inutilement son ministre au congrès, prenant lui-même la plume, lui représente que voilà des conditions, et qu'il l'autorise donc à répondre; que sans cesse on voit l'état de la guerre varier; qu'il peut s'aggraver à chaque instant, et que déjà les Bourbons apparoissent derrière le rideau transparent de la politique. Mais rien ne sembloit capable de vaincre l'obstination de Napoléon; son arrière-pensée le portoit à ne point traiter avec des ennemis qui occupoient le territoire de la France.

Etre encore humilié par des clauses honteuses après l'avoir été par la force des armes, lui paroissoit incompatible avec la source et le genre de sa puissance. Les souverains alliés, voulant pénétrer ses vues et connoître ses intentions, laissèrent à son plénipotentiaire au congrès, la latitude de présenter un contre-projet de paix, à condition toutefois, qu'il répondroit à l'esprit et à la substance des conditions déjà proposées. Il falloit un délai : le terme du 10 mars fut fixé d'un commun accord.

C'étoit à la suite de cinq combats malheureux, que les cours alliées avoient rédigé et remis au congrès leur projet de pacification; aussi avoient-elles jugé nécessaire de resserrer en même temps les nœuds qui les unissoient, et de redoubler d'efforts pour triompher de l'ennemi du repos des nations. Elles prirent alors l'engagement formel d'amener six cents mille hommes sur le champ de bataille. Ce nouveau traité d'alliance entre les empereurs de Russie et d'Autriche; entre les rois de Prusse et d'Angleterre, fut signé le 1er mars, à Chaumont en Bassigny, où s'étoient portés les souverains et leurs ministres, après leur retraite de Troyes.

Les hautes puissances contractantes s'engageoient solennellement, l'une envers l'autre, dans le cas où Napoléon refuseroit d'accéder aux conditions proposées, de consacrer tous les moyens de leurs Etats respectifs à la poursuite vigoureuse de la guerre, et de les employer dans un parfait concert, afin de se procurer, à elles-mêmes et à l'Europe, une paix générale, sous la protection de laquelle les droits et la liberté de leurs nations fussent établis et assurés. Par ce même traité, l'Autriche, la Russie, l'Angleterre et la Prusse, s'engageoient à tenir constamment en campagne chacune *cent cinquante mille hommes* au complet (non compris les garnisons), pour être employés activement contre l'ennemi commun.

La Grande-Bretagne, voulant contribuer de la manière la plus prompte et la plus décisive à remplir ce grand objet, prenoit l'engagement formel de fournir un subside de cinq millions sterling (environ cent vingt millions de francs), pour être répartis d'une manière égale entre les trois autres puissances.

Si des événemens imprévus, si la situation du théâtre de la guerre, présentoient des difficultés pour l'envoi des secours stipulés en forces anglaises dans le délai convenu, ou pour leur maintien sur le pied de guerre, S. M. Britannique se réservoit le droit de fournir à la puissance requérante, son contingent effectif en troupes étrangères à sa solde, ou de lui payer annuellement un subside additionnel, au taux de vingt livres sterling par homme pour l'infanterie, et de trente livres sterling pour la cavalerie.

Enfin, ce même traité stipuloit une ligue de vingt ans, pendant la durée de laquelle les puissances contractantes s'engageoient réciproquement à se porter au secours les unes des autres; elles étendoient cette dernière disposition aux puissances qui pourroient entrer successivement dans la ligue.

Etoit-ce là l'ouvrage de souverains désunis et sans aucun plan, tels que les organes de Napoléon, et Napoléon lui-même, ne cessoient de représenter les monarques de la ligue européenne? Cet accord de vues et d'intérêts entre les grandes puissances ne tendoit pas sans doute à ralentir les opérations militaires. Aussi, du 1er au 10 mars, les armées alliées avoient-elles repris l'offensive sur toute l'étendue de leur ligne, depuis Lyon jusqu'à Laon.

On ne croit pas que Napoléon ait eu connoissance de ce traité avant la rupture du congrès de Châtillon. Ce fut le 7, deux jours avant son infructueuse attaque de Laon, et immédiatement après la bataille de Craonne, qu'il fit partir le courrier, porteur de son *ultimatum.*

Il sembloit que la fortune se fît un jeu de perpétuer ses illusions : car, au moment même où ses prétentions alloient révolter le congrès, elle lui ménageoit à Reims ses dernières faveurs.

Napoléon ne pouvoit pardonner à cette ville d'*avoir eu la foiblesse*, selon ses propres expressions, *d'ouvrir ses portes à cent cinquante cosaques, et, pendant huit jours, de les avoir complimentés et bien traités.* « Nos annales, » avoit-il ajouté, conserveront le souvenir des » populations qui ont manqué à ce qu'elles » devoient à elles-mêmes et à l'honneur. » On pouvoit juger, par ces paroles, qu'il n'attendoit que le moment de la vengeance.

A peine étoit-il arrivé à Fismes, au-delà de la Marne, qu'il avoit détaché sur Reims une colonne d'attaque, commandée par le général Corbineau, son aide-de-camp, et par le général de cavalerie Laferrière. Ces deux officiers surprirent Reims à quatre heures du matin, le 6 mars, en tournant un corps ennemi de quatre bataillons qui couvroit la ville, et qui resta prisonnier de guerre.

A cette nouvelle, le général Saint-Priest, aide-de-camp général de l'empereur Alexandre, et commandant en chef le huitième corps russe, se décide à marcher en avant et à reprendre Reims. Après avoir passé la Marne à Vitry, ce général s'étoit porté à Châlons-sur-Marne, où il étoit en position depuis plusieurs jours, ayant une avant-garde à Sillery, sur la route de Reims. Son corps, formé de huit régimens, ou seize bataillons, n'étoit que de six mille hommes; mais il venoit d'être joint par le général Jago, commandant la dernière colonne de la réserve prussienne. L'addition de cette réserve, formée de seize bataillons ou sept mille hommes, employés successivement au siége de Torgau et de Wittemberg, élevoit les forces du général Saint-Priest à quinze mille combattans, cavalerie et artillerie comprises.

Le 12 mars, à cinq heures du matin, divisant son corps en plusieurs colonnes, il se présente aux différentes portes de Reims, et fait sur celle de Laon sa principale attaque. En peu de minutes, elle est forcée. Le général Corbineau, ne pouvant opposer une résistance efficace avec des troupes si inférieures en nombre, se met à la tête de la cavalerie, fait une trouée, et parvient, avec cent hommes seulement, à gagner Châlons-sur-Vesle : le reste de sa troupe est détruit ou fait prisonnier. Dix canons, deux mille cinq cents hommes, le général Lacoste, le colonel Reynier, et beaucoup d'officiers, tombent au pouvoir de l'ennemi, dont la perte est très-légère, son attaque ayant été poussée avec une vivacité extrême.

Napoléon est informé le soir même, que le général Saint-Priest vient de reprendre Reims d'assaut, et que la plus grande partie de la garnison et de l'artillerie a été prise. Il prend aussitôt la résolution de marcher sur cette ville ; et, le 13 mars, à six heures du matin, il met toute son armée en mouvement. Il ne laisse à Soissons que le corps du maréchal duc de Trévise. Le maréchal Marmont avoit déjà reçu l'ordre, après l'échec de Laon, de se porter sur Reims, et il s'étoit mis en marche de Fismes, faisant ainsi l'avant-garde de l'armée. Un aide-de-camp vint le prévenir que l'empereur vouloit qu'on n'engageât pas d'action avant l'arrivée de l'armée entière ; mais la cavalerie avoit déjà rencontré, au village de Rosnay, deux bataillons prussiens qui, se voyant enveloppés, mirent bas les armes à la première sommation : déjà même le général Sébastiani, avec deux divisions de cavalerie, étoit en mouvement sur la grande route, soutenu par l'artillerie.

Au premier avis que les Français s'avancent en force, les troupes combinées sortent à l'instant de Reims, et prennent position sur un terrain élevé à un demi-quart de lieue en avant de la ville, du côté de la chaussée qui conduit à Soissons, couronnant les collines, et résolues d'opposer à cette brusque attaque la plus vigoureuse résistance. De forts détachemens de cavalerie, artillerie et infanterie, se portent en avant. Bientôt on voit venir les Français en fortes masses, et avec une artillerie nombreuse. Arrivée à un quart de lieue de la position des alliés, leur cavalerie se range en deux lignes. Les avant-gardes des deux armées sont immédiatement engagées ; et, pendant plusieurs heures, la plaine, entre les deux positions, est le théâtre d'escarmouches et de canonnades continuelles. Toutefois la cavalerie ne fait pas d'autre mouvement que de s'étendre sur les deux flancs de sa ligne ; elle sembloit ne plus attendre pour charger, que l'infanterie, qui n'avoit point encore paru.

Vers quatre heures du soir, arrive Napoléon, avec le gros de l'armée ; il s'établit aussitôt sur la hauteur dite du Moulin-à-Vent, et ordonne les dispositions pour une attaque générale. Un sourire cruel s'échappa de ses lèvres, en plongeant ses regards sur la ville ; et ce fut alors qu'il dit, en se frottant les mains : « Dans une heure, les dames de Reims auront » grand'peur ! »

Les colonnes de cavalerie s'ébranlent aussitôt avec les trains d'artillerie, et une attaque vigoureuse commence sur deux bataillons russes qui s'étoient portés en avant. Leur feu est si bien dirigé, et leur fermeté est telle, qu'après avoir repoussé la première charge, les Russes se replient sans perte sur leur position. Alors Napoléon fait avancer tous les trains d'artillerie, escortés par des troupes fraîches. Cinquante bouches à feu ouvrent une effroyable canonnade, et les Russes sont exposés long-temps au feu mertrier d'une artillerie supérieure à la leur ; ils voient se développer devant eux des forces redoutables, et restent fermes sur le terrain ; mais déjà les colonnes d'attaque marchoient de front, tandis qu'on réparoit le pont de Saint-Brice pour tourner la ville. Une forte colonne de cavalerie se porte immédiatement sur la droite. Le général comte de Saint-Priest, qui soutient ce combat inégal sur les points les plus exposés, au milieu des boulets et de la mitraille, fait face au danger avec ses bataillons d'élite, donnant un brillant exemple à ses troupes. Dans ce moment décisif il est renversé de son cheval, et blessé à mort par un boulet : on l'emporte aussitôt du champ de bataille. Cet événement jette la consternation et le désordre parmi les siens. Napoléon, apercevant du trouble et de l'indécision, redouble d'efforts. Le général Defrance, à la tête des gardes d'honneur, fait entre Reims et l'ennemi une charge impétueuse contre la brigade de cavalerie russe du général Emmanuel, qui soutenoit l'infanterie sur la gauche. En vain ces troupes opposent une vigoureuse résistance : elles sont accablées par une nombreuse cavalerie. Le général polonais Krasinski tournoit aussi l'ennemi et la ville par la route de Béry-au-Bac. Pressés en même temps sur le centre et sur la droite, les Russes, craignant d'être coupés de leurs communications, se retirent en désordre dans Reims, pour gagner précipitamment les routes de Laon et de Châlons.

Une semblable retraite devant une cavalerie

si supérieure, ne put s'effectuer sans perte; sept canons prussiens, un canon russe, et un grand nombre de soldats, tombèrent au pouvoir des Français sur la route de Béry-au-Bac. Le reste des fuyards parvint à gagner Neuchâtel; mais l'entrée de Reims étoit toujours défendue par un détachement d'infanterie. A cinq heures du soir l'ennemi faisoit encore des mouvemens pour s'y maintenir. Les troupes françaises reçoivent l'ordre de marcher pour les débusquer. Quelques escadrons des gardes-d'honneur culbutent d'abord un gros de cavalerie, et continuent la charge; mais, resserrés dans les rues d'un faubourg, ils ne peuvent agir que partiellement. N'écoutant que son intrépidité, le colonel-major comte de Belmont, avec une centaine d'hommes, fond sur l'infanterie russe qui gardoit encore une contenance fière et menaçante. Tout à coup plusieurs pelotons embusqués derrière un rempart de voitures et de tonneaux entassés dans une rue étroite, se montrent et font une décharge de mousqueterie, qui renverse autour de leur brave colonel-major une grande partie de ceux qui marchoient sous ses ordres; lui-même, en avant et loin des rangs, est frappé à mort d'une balle. La porte disputée étant barricadée : la résistance et la mousqueterie se prolongèrent jusqu'à neuf heures du soir.

Impatient de compléter la victoire, Napoléon fit proposer enfin une capitulation au petit nombre de soldats ennemis qui prétendoient encore défendre Reims : ils se retirèrent aussitôt ; et, à trois heures du matin, le vainqueur y fit son entrée. C'étoit son dernier triomphe. Cette journée brillante ne lui avoit coûté que peu de sang, et lui rendoit la possession d'une ville importante ; elle offroit pour résultats la prise de plusieurs pièces de canon, beaucoup de voitures d'artillerie et de bagages, et deux à trois mille prisonniers faits sur la route et dans la ville même. Toutefois la grande majorité des bataillons russes et prussiens rejoignit le feld-maréchal Blucher aux environs de Laon.

Il n'étoit pas surprenant sans doute qu'une armée de braves eût vaincu quinze mille ennemis surpris et entourés ; mais on devoit s'étonner qu'après avoir essuyé à Laon un fâcheux échec, cette armée n'eût pas été suivie d'assez près par l'armée combinée, plus nombreuse, et dont la présence seule auroit épargné aux Russes la défaite de Reims.

Napoléon l'exalta dans sa relation officielle.

C'étoit une compensation des revers de Laon, mais qui fut sans aucune influence sur la suite des opérations; car l'armée française, obligée de faire face de tous les côtés, n'obtenoit que des succès dont elle ne pouvoit recueillir le fruit. Ainsi le plus grand exploit dont Napoléon put se glorifier alors, étoit d'avoir repris une ville de France à trente-trois lieues de Paris ! N'avoit-il pas recouvré de même Soissons, Troyes, Nogent, Sens, Arcis et Bar-sur-Aube? Mais à peine quittoit-il une de ces villes, qu'elle retomboit au pouvoir d'un ennemi persévérant et nombreux. On voyoit se rétrécir graduellement le théâtre des hostilités. Si Napoléon parvenoit à surmonter un danger, il s'en présentoit un autre plus difficile à vaincre. Cette guerre terrible rappeloit en quelque sorte la fable de l'hydre aux têtes renaissantes. Mais le moindre succès enfloit encore l'orgueil de Napoléon, et la reprise de Reims lui offrit l'occasion de faire une sorte d'appel impie à cette justice éternelle, qu'il insultoit si souvent; et dont il étoit lui-même à la veille d'éprouver toute la puissance. Par un nouvel essai de charlatanisme, son bulletin daté de Reims annonça que le coup de canon qui venoit de frapper le général Saint-Priest étoit parti de la même batterie qui avoit tué devant Dresde l'infortuné Moreau. Ainsi le canon devenoit la providence de Buonaparte pour châtier les Français ennemis de sa cause.

Reims fut pendant trois jours le centre de ses opérations ; trois corps d'armée s'établirent sur les trois grandes routes qui aboutissent à cette ville, afin de la préserver de toute surprise, ainsi que l'armée elle-même. Le maréchal duc de Raguse prit position à Béry-au-Bac, sur la route de Laon, tandis que le maréchal Ney marchoit vers Châlons-sur-Marne. Soissons resta occupé par le maréchal duc de Trévise ; mais les communications n'étoient pas tout-à-fait libres entre cette dernière ville et Reims. Napoléon séjourna le 14, le 15 et le 16 mars à Reims, dans l'attente du résultat des conférences de Châtillon, dont le délai venoit d'être prorogé de peu de jours. Les bruits de paix s'étoient renouvelés et accrédités à l'armée, tellement qu'on ne doutoit plus aux états-majors, que le traité ne fût signé ; on se flattoit même d'en recevoir, d'un instant à l'autre, la confirmation par la voie de Paris.

C'étoit le 10 mars que le plénipotentiaire de Napoléon avoit dû produire au congrès l'*ulti-*

matum ou contre-projet de son maître ; mais soit qu'il attendît toujours le gain d'une bataille, soit qu'il ne cessât d'invoquer l'intervention particulière de l'Autriche, soit enfin qu'il n'eût pas encore reçu l'*ultimatum*, ce qui n'est guère présumable, il ne produisit, le délai expiré, que des pièces dont la discussion, loin de rapprocher du but, ne faisoient que prolonger de stériles négociations. A sa demande pourtant un nouveau délai fut accordé jusqu'au 15 mars. Ce court intervalle, M. de Caulincourt le passa dans le continuel espoir d'un succès qui plaçât son maître dans une situation plus favorable ; mais la marche de l'armée française sur Laon, et les inutiles tentatives de Napoléon pour emporter cette position formidable, avoient eu les plus fâcheux résultats, non-seulement pour le moral des troupes françaises, mais encore pour le cours des négociations.

Le cabinet autrichien n'attendoit, dit-on, que l'événement de Laon pour se décider à la paix ; et il l'auroit conclue peut-être, si, le lendemain de la journée de Craonne, Napoléon, en portant son armée sur Soissons, y eût attendu l'effet de ses dernières propositions. Mais les revers éprouvés à Laon détruisirent, aux yeux des alliés, les avantages du combat de Craonne, et commencèrent même à les éclairer sur le peu de forces réelles de l'armée française, forces qu'ils n'avoient pas bien connues jusqu'alors.

On assure que l'empereur d'Autriche, frappé de cette inutile expédition et de la position difficile de son gendre, lui dépêcha de nouveau le prince Wenzel Lichtenstein, croyant le moment venu de l'amener enfin à la paix ; on ajoute que le prince Wenzel rencontra Napoléon à Béry-au-Bac, et qu'introduit en sa présence, il le supplia, au nom de l'empereur, son maître, de donner les mains à un arrangement praticable, attendu qu'un refus obstiné forceroit l'empereur François de le laisser à la merci des puissances alliées, qui, pour éviter une guerre nationale, rappelleroient en France les princes de la maison de Bourbon. A ces mots Napoléon garda un instant le silence, mais dans un état d'irritabilité sensible ; puis il s'écria, dit-on : « Je ne crains
» pas ce vain épouvantail !..... Peut-être me
» forcerez-vous à une paix désavantageuse ;
» mais il seroit plus de l'intérêt de l'Autriche
» de me l'accorder telle que je la veux; car,
» s'il en étoit autrement, je serois forcé, dans

» dix-huit mois, de repasser le Rhin. » Là finit la conférence. Selon la même version, l'empereur d'Autriche, indigné de voir s'évanouir ainsi tout espoir de paix par l'inflexibilité de son gendre, s'écria : « Eh bien, il » cessera de régner ! »

Je n'affirmerai pas ces particularités; mais j'ai dû les recueillir, parce qu'elles paroissent vraisemblables, et qu'elles ont acquis d'ailleurs une certaine consistance dans l'opinion publique.

Quoi qu'il en soit, le 15 mars enfin, le plénipotentiaire français produisit au congrès le contre-projet de son maître. Qu'on juge des prétentions qu'élevoit Napoléon dans une pareille crise !

Il demandoit, assure-t-on, la ligne du Rhin: Anvers, Flessingue, Nimègue, et une partie de la ligne du Waal; il demandoit l'Italie supérieure, y compris Venise, pour son fils adoptif Eugène Beauharnais; il n'exigeoit pas que la Hollande fût rendue, mais il vouloit que l'indépendance de ce pays fût purement nominale. Outre ces prétentions, il réclamoit des indemnités en faveur de différens membres de sa famille : savoir, pour Joseph Napoléon, en compensation de la perte des royaumes de

Naples et d'Espagne, et pour Jérôme Napoléon, en dédommagement du royaume de Westphalie; il en falloit aussi pour Napoléon Louis, créé grand-duc de Berg; et enfin pour les droits d'Eugène Beauharnais, au grand-duché de Francfort.

Cet *ultimatum* révolta les plénipotentiaires et les ministres des alliés. « Ainsi, dirent-ils;
» les malheurs de la France n'ont pu changer
» les vues de son chef; revenant lui-même
» sur ce qu'il a proposé après la défaite de
» Brienne, il exige que des peuples étrangers
» à l'esprit français, des peuples que des
» siècles de domination ne pourroient fondre
» dans la nation française, continuent à en
» faire partie; il veut que la France conserve
» des dimensions inconciliables avec l'établis-
» sement d'un système d'équilibre et hors de
» toute proportion avec les grands corps po-
» litiques de l'Europe; il veut garder les po-
» sitions et les points offensifs, au moyen
» desquels il a, pour le malheur de l'Europe
» et de la France, amené la chute de tant de
» trônes, et opéré tant de bouleversemens.
» Quoi! des membres de cette famille insu-
» laire, le fléau, le désespoir du continent,
» resteroient encore placés sur des trônes

» étrangers ? Quoi ! le gouvernement de Na-
» poléon qui, depuis tant d'années, n'a
» pas moins cherché à régner sur l'Eu-
» rope par la discorde que par la force des
» armes, resteroit encore l'arbitre du sort
» des puissances de l'Europe ? Non : à moins
» que l'Europe ne se soumette à être boule-
» versée à jamais, ces conditions humiliantes
» doivent être rejetées. Ce n'est point ici une
» guerre ordinaire; il ne s'agit pas seulement
» de la possession de telle ou telle portion
» de territoire, de tel ou tel droit particulier;
» les alliés défendent la cause européenne. Il
» est temps que les nations reprennent leur
» énergie; que les peuples accablés, épuisés,
» renoncent à une alliance, ou plutôt à une
» soumission destructive de la civilisation. La
» politique des Etats peut flotter quelque
» temps au gré des passions humaines; mais
» ces écarts ne sont que momentanés, et tôt
» ou tard tout doit reprendre la route tracée
» par l'expérience et par la sagesse. Ne souf-
» frons donc pas qu'un despote orgueilleux
» morcèle les Etats, les distribue selon ses
» caprices, les anéantisse enfin les uns après
» les autres, en les assujétissant à sa domina-
» nation arbitraire. Rétablissons le droit des

» gens européen, et un équilibre politique,
» qui puisse assurer le repos du monde civilisé.
» Tel sera le grand avantage du système connu
» sous le nom de balance ou de contre-poids,
» système incompatible avec la prépondérance
» de Napoléon. Pourroit-il exister jamais,
» avec ce dominateur, aucune paix durable,
» aucune paix morale fondée sur la bonne foi?
» En supposant même qu'il sortît de ce rêve
» d'ambition qui l'a si long-temps livré aux
» illusions, qu'il cessât un moment d'être le
» perturbateur du repos du monde, quelle
» seroit la puissance, quel seroit le peuple qui
» oseroit se reposer sur un traité conclu avec
» un homme qui n'inspire que soupçons et
» méfiance? N'est-ce pas lui qui a érigé la
» guerre en une calamité physique sans terme
» et sans but moral? C'est contre ce système
» horrible de carnage et de désolation que ré-
» clament l'humanité, la raison et la justice.

» En continuant la négociation sous de tels
» auspices, les cours alliées manqueroient à
» tout ce qu'elles se doivent; elles renonce-
» roient au but glorieux qu'elles se proposent,
» et leurs efforts ne seroient plus tournés que
» contre leurs peuples mêmes. En signant un
» traité sur les bases du contre-projet de Na-

» poléon, les puissances déposeroient les
» armes entre les mains de l'ennemi commun ;
» elles tromperoient l'attente des nations et
» la confiance des alliés. »

Ces considérations l'emportèrent, et le congrès se sépara. « L'histoire, a dit depuis le
» meilleur des rois (1), l'histoire rappellera à
» jamais que c'est dans les murs de Châtillon
» que la Providence a montré de la manière
» la plus éclatante les desseins qu'elle avoit
» sur la France. »

Dans un moment si décisif pour le salut du Monde, les souverains confédérés renouvelèrent l'engagement solennel de ne point poser les armes avant d'avoir atteint le grand objet de leur alliance.

Ainsi la nation française ne pouvoit plus s'en prendre qu'à Napoléon des maux qu'elle souffroit. Le 15 mars encore il étoit le maître d'accepter la souveraineté de l'ancienne France; agrandie de plusieurs provinces limitrophes; mais rejetant avec dédain toutes les propositions fondées sur des bases raisonnables, il ne daigna pas même justifier ses refus aux yeux de la nation abusée.

---

(1) Réponse de S. M. Louis XVIII à la députation de la ville de Châtillon-sur-Seine.

Qu'alloit-il opposer à l'Europe conjurée sans retour contre lui ? Une armée valeureuse sans doute, mais réduite à un noyau de quarante à cinquante mille combattans : aussi ses ennemis ne virent-ils dans la rupture des conférences, que l'avant-coureur de sa catastrophe ; mais ses partisans et lui-même rêvèrent encore des triomphes. Ils attendoient surtout leur salut de cette guerre d'extermination provoquée par des décrets sanguinaires. Tout fut employé pour armer la population des villes et des campagnes. De faux cosaques, secrètement organisés en bandes de pillards, commettoient, sous les couleurs ennemies, tous les excès capables de porter les Français au désespoir et à la vengeance. A ce moyen atroce se joignirent toutes les autres machinations de l'imposture. Les autorités des villes et des villages devenus momentanément le théâtre de la guerre, furent mandées à Paris auprès des ministres de Napoléon, qui leur suggérèrent et leur dictèrent même des rapports remplis d'exagérations et d'hyperboles sur les dévastations et les cruautés de l'ennemi. La publicité de ces récits effrayans tendoit à faire considérer les Russes et les Prussiens comme des cannibales. Tel fut l'excès de l'impudence, qu'on osa affirmer que les cosaques se précipitoient sur les enfans les plus charnus, pour les mettre à la broche, et les dévorer ensuite dans d'horribles festins.

Pendant son expédition d'outre-Marne, Napoléon mit à nu sa politique. De son quartier-général à Fismes, il lança plusieurs décrets révolutionnaires qui avoient pour objet non seulement de soulever les peuples, mais d'exciter une guerre d'extermination. C'est ainsi que, voyant les alliés rétorquer ces terribles ordonnances, proclamées dans les pays où il avoit porté ses armes, il déclara qu'il useroit sur-le-champ de représailles, en faisant fusiller ses prisonniers. Ce décret il le fit afficher et insérer au Bulletin des Lois, comme pour fournir à la postérité la preuve authentique de la condamnation de sa propre conduite.

Par un autre décret il déclara traîtres à la patrie tous les maires, fonctionnaires publics et habitans qui, au lieu d'exciter le peuple à s'armer, le *dissuaderoïent* de se défendre. La terrible extension des termes de ce décret, et l'accusation générale d'incivisme, dirigée contre les fonctionnaires publics, attestoient à la fois le caractère implacable de Napoléon, et l'état désespéré dans lequel il étoit réduit. Il plaçoit entre la vengeance de l'ennemi et ses décrets de mort le peuple et les autorités. Que prétendoit-il ? Que les Français, désormais sans ressources, n'eussent plus d'autre parti à prendre que de se joindre à son armée. Il lui falloit des soldats, et il croyoit plus facile de s'en procurer, en réduisant le peuple aux dernières extrémités du désespoir, de la fureur et de la vengeance. Tel étoit son but en essayant de renouveler les levées en masse dont les proconsuls conventionnels, sous les lois mêmes de la terreur, avoient avoué la désastreuse inutilité ; mais peu lui importoit que la France fût ravagée dans toute son étendue, pourvu qu'il régnât sur ses ruines. Le trait suivant suffit pour attester à cet égard la fatale perversité de son âme : « Sire, lui disoit un » général (en le félicitant sur sa victoire de » Montmirel) quel beau jour ! si nous ne » voyions autour de nous tant de villes et de » pays dévastés ! — Tant mieux, réplique Na- » poléon, cela me donne des soldats ! »

Ses décrets d'extermination provoquèrent des déclarations menaçantes et de terribles représailles. Par sa proclamation datée de Troyes le 10 mars, le prince de Schwartzenberg s'expri-

moit en ces termes : « Français, votre gouverne-
» ment veut que vous vous souleviez ; il cherche
» à vous égarer par des promesses trompeuses,
» par des moyens qui prouvent sa foiblesse.
» Jamais les alliés n'ont eu le dessein de con-
» quérir la France ; mais ils ne feront la paix
» qu'à des conditions qui puissent assurer à
» l'Europe et à la France elle-même un repos
» durable. Nous voulons la conquérir cette
» paix si nécessaire à l'univers ; de nouveaux
» bataillons couvrent les routes de l'Alle-
» magne, de la Belgique, de l'Espagne et de
» l'Italie : la paix seule peut délivrer le terri-
» toire français de la présence des armées
» alliées. Français, élevez votre voix en faveur
» de la paix de l'Europe ! songez que tout ce
» qui résisteroit à nos armes, s'exposeroit à
» une destruction inévitable. »

Une autre proclamation dans le même sens fut publiée à Laon le 13 mars par le feld-maréchal Blucher. « Français, dit ce général,
» on cherche à vous égarer par des relations
» mensongères : Napoléon ne veut que pro-
» longer la guerre aux dépens de vos pro-
» priétés et de la dernière goutte de votre sang.
» Si des excès ont été commis, c'est que plu-
» sieurs de nos soldats ont été massacrés par

» des habitans égarés, et pourtant j'ai réprimé
» ces excès : je les ai même fait punir de mort;
» mais aussi je déclare, quelque pénible qu'il
» soit pour moi de confondre l'innocent et le
» coupable, que je ferai brûler désormais les
» villes et les villages dont les habitans ose-
» ront prendre les armes contre nos troupes,
» et entraver nos opérations militaires. Nous
» ne désirons que la paix et le repos de l'Eu-
» rope ; toutes les nations ne combattent plus
» aujourd'hui que pour la paix : or, l'issue de
» cette guerre ne sauroit être douteuse. Fran-
» çais, une plus longue résistance ne feroit
» qu'aggraver vos malheurs. »

Ces déclarations étoient fortifiées par des argumens plus directs encore, qui tendoient à isoler Napoléon au milieu de tant de millions d'hommes qu'il appeloit ses sujets. « Nous
» l'avons déclaré hautement, disoient les alliés,
» nous ne faisons point la guerre à la nation
» française, mais à son gouvernement, ou
» plutôt à Buonaparte seul. Nous venons tous
» pour rétablir l'ordre et la paix dans votre
» sein; nous n'en voulons qu'à votre chef; lui
» seul est irrévocablement mis au ban de l'hu-
» manité : mais il est nécessaire, ô Français !
» que vous ne preniez aucune part à cette lutte,

» et que vous restiez spectateurs, au moins
» indifférens, des combats à outrance que nous
» allons livrer à l'ennemi du genre humain.
» Songez à l'épuisement des ressources et à
» l'inutilité des efforts d'un chef aussi impru-
» dent qu'inflexible. Il s'obstine à refuser la
» paix, ne pouvant plier son orgueil aux sa-
» crifices qu'on lui demande; il veut ne pas
» restituer ce qu'il n'a obtenu que par la vio-
» lence, et ce que la force des armes saura
» lui arracher : mais aussi est-il à la veille de
» tout perdre. »

Cependant sur ce théâtre de la guerre, ni les batailles, ni les siéges, ni les assauts, ni les menaces, ni les proclamations ne sembloient suffire pour mettre enfin un terme à une si grande crise; la gloire de préluder à l'heureux dénoûment qui devoit préserver la patrie, étoit réservée au midi de la France.

FIN DU TOME PREMIER.

TABLE DES MATIÈRES.

pag.
Préface de la nouvelle édition.   v
Préface de la première édition.   xxxiij

LIVRE PREMIER.

Introduction. — Caractère et élévation de Napoléon Buonaparte. — Ses succès, sa domination, ses revers. — Tableau des principaux événemens des campagnes de 1812 et de 1813. — Confédération des Rois et des peuples de l'Europe pour abattre la prépondérance de Napoléon, et pour ramener la paix générale.   x

LIVRE II.

Marche des armées coalisées vers le Rhin. — Le désir de la paix se manifeste. — Communications secrètes pour les bases d'une pacification générale. — Séance extraordinaire du conseil d'Etat, présidée par Napoléon. — Décrets qui doublent la contribution et lèvent trois cent mille hommes. — Déclaration de Francfort. — La Hollande se soulève. — Evacuation de Bréda et de Villemstadt. — Grand conseil de guerre des alliés. — L'invasion de la France est résolue. — Ouverture de la session du Corps-Législatif. — Formation d'une commission extraordinaire. — Entrée des alliés en Suisse. — Passage du Rhin. — Premières hostilités. — Investissement de Béfort et d'Huningue. — Entrée des Autrichiens à Genève. — Rapport de la commission extraordinaire sur les ouvertures de paix. — Ajournement du Corps-Législatif. — Discours de Napoléon aux députés. — Envoi de commissaires extraordinaires dans les provinces. — Napoléon appelle les Français à la défense de la patrie.   34

LIVRE III.

Passage du Rhin par les Prussiens et les Russes. — Prise de Coblentz. — Investissement de Mayence. — Retraite du maréchal Victor et du maréchal Marmont. — Passage du Rhin   30.

par le prince royal de Wurtemberg. — Entrée du général comte de Wrede à Colmar. — Entrée des alliés à Vesoul. — Description de la chaîne des Vosges. — Marche combinée des alliés. — Irruption des Cosaques. — Combats de Sainte-Marguerite et de Saint-Dié. — Progrès de l'aile gauche des alliés dans les départemens du Jura, de l'Ain et du Doubs. — Investissement de Besançon. — Résistance et pillage de Bourg en Bresse. — Les trois souverains coalisés passent le Rhin à Bâle. — Proclamation de l'empereur Alexandre à ses soldats. — Napoléon cherche à se populariser. — Ses efforts pour nationaliser la guerre. — Adresse du sénat. — Marche de l'armée de Silésie sur Metz, Thionville, Pont-à-Mousson et Nancy. — Projet de défendre les villes sur la ligne d'invasion. — Retraite de la vieille garde. — Prise de Langres par le général comte Giulay. .. 87

LIVRE IV.

Prise de Toul. — Entrée du fed-maréchal Blucher à Nancy. — Sa déclaration adressée aux notables de cette ville. — Les alliés divisent en quatre gouvernemens les provinces de la rive gauche du Rhin. — Marche des Cosaques. — Manière de combattre de ces troupes légères du Nord. — Marche du comte de Bubna vers la Saône et vers Lyon. — Résistance de Châlons, prise de Mâcon. — Lyon est menacé, sommé et délivré. — Châlons succombe. — Marche des Autrichiens sur Dijon. — Tumulte dans cette ville. — L'autorité du commissaire extraordinaire, comte de Ségur, y est méconnue. — Entrée des Autrichiens à Dijon. — Arrivée des monarques coalisés à Langres. — Premier combat de Bar-sur-Aube. — Retraite de la vieille garde sur Troyes. — Situation des esprits à l'approche du danger. — Napoléon défère la régence à l'impératrice Marie-Louise. — Son discours d'adieu aux officiers de la garde nationale parisienne. — Il part et va se mettre à la tête de l'armée réunie à Châlons-sur-Marne. 133

LIVRE V.

Arrivée de Napoléon à Châlons-sur-Marne. — Concentration de son armée. — Marche de l'armée de Silésie sur l'Aube. — Napoléon attaque et prend Saint-Dizier. — Il se dirige en hâte sur l'Aube, par la forêt de Montierender. Il surprend l'armée de Silésie à Brienne. — Premier combat de Brienne. — Les deux armées restent en présence. — Bataille de Brienne et de la Rothière. — Retraite de l'armée française sur Troyes. 176

DES MATIÈRES.

LIVRE VI.

Détresse de l'armée française dans sa retraite vers Troyes. — Situation et alarmes de Paris. — Hésitation des coalisés. — Ils marchent sur la capitale avec deux armées séparées. — Napoléon s'obstine à garder la position de Troyes. — Il est débordé vers la Marne — Plan du feld-maréchal Blucher. — Marche du général York. — Il s'empare de Vitry et de Châlons. — Le maréchal duc de Tarente se replie sur Château-Thierry. — Napoléon abandonne Troyes, et se replie sur Nogent. — Entrée des alliés à Troyes. Ouverture du congrès de Châtillon — Napoléon demande une suspension d'armes — Les alliés lui proposent la signature des préliminaires de paix. — Politique des cours alliées : elles songent enfin aux Bourbons.   210

LIVRE VII.

Détermination de l'Angleterre à l'égard des Bourbons. — Trois princes de la famille royale s'embarquent pour différens points du continent. — Entrée des monarques alliés à Troyes. — Conversation du prince héréditaire de Wurtemberg avec le marquis de Widranges sur les intentions des alliés. — Une députation des principaux royalistes de Troyes réclame le rétablissement de la dynastie légitime. — Réponse de l'empereur Alexandre. — Situation de Paris à l'approche des alliés. — Tout semble se dissoudre. — Napoléon prend tout à coup l'offensive sur la Marne. — Défaite de l'arrière-garde russe à Champaubert. — Combat de Montmirail, et défaite du corps d'armée de Sacken. — Poursuite des Prussiens et des Russes jusqu'à Château-Thierry. — Sac de cette ville. — Les ennemis se réfugient derrière la Marne. — Marche du maréchal Blucher sur Montmirail. — Combat de Vauchamp ou de Janvilliers. — Retraite du maréchal Blucher sur Châlons.   237

LIVRE VIII.

Effets des victoires remportées sur l'armée de Silésie. — Marche de la grande armée austro-russe le long de la Seine et de l'Yonne. — Les Cosaques se répandent dans le Gâtinais, jusqu'aux portes d'Orléans. — Ils sont repoussés à Sens; ils se rendent maîtres de Courtenay, de Montargis et de Nemours. — Siége de Sens par le prince royal de Wurtemberg. — Prise de cette ville. Nogent est attaqué, brûlé et presque détruit. — Les maréchaux ducs de Reggio et de Bellune se replient sur la rive droite de la Seine. — Les alliés s'emparent de Nogent, de Bray et de Montereau. — Leur hésitation. — Ils passent la Seine, poussent jusqu'à

Provins et à Nangis.—Nouvelles alarmes dans Paris.—Marche de Napoléon pour combattre la grande armée austro-russe. —Combat de Nangis et de Mormant : défaite du corps russe de Wittgenstein.—Combat de Montereau ; reprise de cette ville.—Retraite des alliés.—Causes de leurs défaites. 286

LIVRE IX.

Les alliés demandent en vain un armistice.—Napoléon rejette les préliminaires de paix.—Jonction de l'armée de Silésie avec la grande-armée alliée.—Marche de l'armée française vers Troyes.—Napoléon cherche à détacher l'Autriche de la ligue européenne.—Il attaque l'armée de Silésie à Méry-sur-Seine.—Incendie de Méry.—L'armée de Silésie se dirige vers la Marne, et l'armée française vers Troyes.—Diversion du maréchal Augereau.—Le général Bianchi et le prince Philippe de Hesse marchent au secours de l'armée autrichienne du sud.—Rentrée de Napoléon à Troyes.—Condamnation à mort du marquis de Widranges et de M. de Gouault.—Exécution de M. de Gouault.—Décret contre les partisans déclarés de la dynastie des Bourbons.—Entrée en France de S. A. R. Monsieur, comte d'Artois.—Enthousiasme des Francs-Comtois.—Arrivée de S. A. R. à Vésoul. 325

LIVRE X.

Retraite de la grande armée austro-russe.—Marche de l'armée de Silésie depuis l'Aube jusqu'à la Marne.—Napoléon reste stationnaire à Troyes : digression à ce sujet.—Conférences de Lusigny.—Le feld-maréchal Blucher menace Meaux, et passe la Marne à la Ferté-sous-Jouarre.—Marche des deux armées de Bulow et de Wenzingerode depuis la Belgique jusqu'à l'Aisne, pour se joindre à l'armée de Silésie.—La Belgique est soustraite à la domination de Napoléon.—La frontière du Nord est franchie.—Mort du général Rusca devant Soissons.—Sac de cette ville par les Russes.—Napoléon se remet en marche pour combattre l'armée de Silésie. —Expédition d'outre-Marne.—Reprise de Soissons par les alliés.—Combat de Craonne.—Description de Laon, occupé par l'armée de Blucher.—Combats de Laon.—Echec de l'armée française.—Napoléon se retire vers l'Aisne, et déclare la position de Laon inattaquable. 355

LIVRE XI.

Reddition de Saint-Quentin.—Incursion du baron de Geismer en Picardie.—Echec des Anglais devant Berg-op-Zoom.— Diversion du général comte Maison vers la frontière du

Nord. — La grande armée alliée reprend l'offensive. — Second combat de Bar-sur-Aube. — Rentrée des alliés à Troyes. — Les maréchaux Macdonald, Victor et Oudinot repassent la Seine. — Occupation de Sens par le prince royal de Wurtemberg. — Marche de l'hettman Platow sur Arcis et sur Sézanne. — Nouveau traité d'alliance signé le 1er mars entre les puissances de la ligne européenne. — Reprise de Reims par Napoléon. — Mort du général Saint-Priest. — Dernières conférences de Châtillon. — Projet de pacification. — Contre-projet de Buonaparte. — Rupture du congrès. — Vues des puissances confédérées. — Napoléon proclame une guerre d'extermination, et veut armer la population en sa faveur. — Son décret contre les maires. — Proclamation des généraux alliés contre la guerre d'extermination. 417

www.ingramcontent.com/pod-product-compliance
Lightning Source LLC
Chambersburg PA
CBHW070946240426
43669CB00036B/1876